GRUPOS MASTERMIND

ACELERADORES DE ÉXITO

Publicado por:

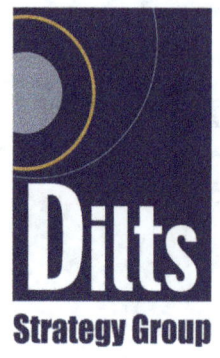

Dilts Strategy Group
P. O. Box 67448
Scotts Valley CA 95067
USA
Phone: (831) 438-8314
E-Mail: info@diltstrategygroup.com
Portal: http://www.diltstrategygroup.com

Copyright © 2018 por Robert Dilts y Dilts Strategy Group.
Todos los derechos reservados.

Impreso en los Estados Unidos de América. Este libro o parte del mismo no pueden ser reproducidos de forma alguna sin el consentimiento en escrito del editor.

I.S.B.N. 978-1-947629-38-7

GRUPOS MASTERMIND

ACELERADORES DE ÉXITO

Por:

Eric Baudet

Celine Baysselier

Olivier Christol

Christophe Genre-Jazelet

Nadia Grandclement

Catherine Pena

Laurent De Rauglaudre

Jean-François Thiriet

Responsables de la traducción:

Florisela Rodriguez y Dominique Duarte

Ilustraciones y diseño: Antonio Meza

ÍNDICE DE CONTENIDOS

Agradecimientos	3
Prefacio	5
Cuestionario de prelectura del libro	8
Introducción	10
¿Quién debería leer este libro?	15
¿Cómo leer este libro?	17

1- ¿Dónde reside la fuerza de un Grupo Mastermind? 19

1.1 ¿Qué es un Grupo Mastermind?	19
1.2 ¿Qué es un Grupo Mastermind en inteligencia colectiva?	25
1.3 Lo que un Grupo Mastermind no es	30
1.4 Los postulados de un Grupo Mastermind	35
1.5 Los tipos de Grupo Mastermind	39
1.6 Los beneficios para los participantes	49

2- ¿Quién puede crear un Grupo Mastermind? 58

2.1 Las funciones del facilitador Mastermind	59
2.2 La preparación del facilitador	74
2.3 El perfil del facilitador	76
2.4 La postura del facilitador	77

ÍNDICE DE CONTENIDOS

3- Una sesión Mastermind   78

3.1 ¿Por qué el "Hot seat" es una herramienta tan poderosa?   78

3.2 ¿Cómo utilizar el Círculo de Coaching?   89

3.3 ¿Cómo utilizar el "Pro Action café"?   93

3.4 ¿Cómo utilizar el "World café"?   98

3.5 ¿Cuán rigurosa debe ser la gestión del tiempo?   101

3.6 ¿Cómo presenta un participante su situación al Grupo?   103

3.7 ¿Desea lanzar su propio Grupo Mastermind?   104

4- ¿Cómo un facilitador crea y prepara un Mastermind?   133

4.1 La preparación del proceso global   133

4.2 Lanzar las invitaciones y preparar el orden del día   136

4.3 ¿Cuánto tiempo de vida tiene un Grupo Mastermind?   139

4.4 ¿Cómo volver un Mastermind duradero y atractivo?   140

4.5 ¿Con cuántos participantes?   147

4.6 Frecuencia, duración y ritmo de las reuniones   149

4.7 Los seminarios de varios días   152

4.8 Y ¿entre las sesiones?   155

4.9 Las sesiones online (webinario o videoconferencia)   156

ÍNDICE DE CONTENIDOS

4.10 Grupos Mastermind que solo trabajan (o casi solo) online	158
4.11 El precio de un Mastermind	158
5- ¿Cómo seleccionar los participantes para su Grupo Mastermind?	*163*
5.1 ¿Quién puede unirse a un Mastermind?	163
5.2 El Grupo de Mastermindianos	170
5.3 ¿Dónde encontrar personas que deseen participar en Mastermind?	170
5.4 Aceptación o rechazo de un candidato	173
5.5 Los frenos para la participación en un Grupo Mastermind	177
5.6 Testimonios: ¿Qué dicen los participantes de un Mastermind?	178
6- ¿Qué factores claves conducen al éxito de un Grupo Mastermind?	*194*
6.1 La "calidad" de los participantes	196
6.2 El papel del facilitador	198

ÍNDICE DE CONTENIDOS

6.3 Los campos relacionales y generativos	200
6.4 Pasar a la acción	205
6.5 Un marco de funcionamiento estimulante y protector	207
Conclusión	*220*
Checklist de preparación de un Grupo Mastermind	223
Sobre los autores y colaboradores para la traducción al español	225
Sobre el ilustrador	229
Bibliografía	230
Síntesis del modelo Mastermind en inteligencia colectiva	*232*
Conscious Leaders Mastermind	237

¿Por qué quise ayudar a publicar este libro en español?

Todo empezó en el verano 2017 en la Universidad de Santa Cruz (California) durante las jornadas de formación "Conscious Leadership" dirigidas por Robert Dilts.

Unas setenta personas de numerosas nacionalidades trabajamos la inteligencia colectiva, la colaboración generativa, el confluir y el confrontar, y una de las herramientas principales de inteligencia colectiva: los Grupos Mastermind, aceleradores de éxito.

A lo largo de esas dos semanas de trabajo me reuní con algunos de los autores del libro a los que me une una gran amistad. El libro había sido escrito en francés e iba a ser traducido al inglés por Dilts Strategy Group. Sin pensarlo dos veces, sugerí ocuparme de su traducción y publicación al español.

Por lealtad hacia mis amigos y su trabajo apasionado y perseverante con la escritura de este libro, pero también para aportar al mundo de las organizaciones una herramienta compleja y sencilla que permite alcanzar unos resultados impresionantes e impredecibles, empecé esa labor de traducción al castellano de este libro y su posterior edición, con la ayuda de mi amiga Florisela.

Mi recomendación personal sería que leyeses este libro *"Grupos Mastermind"* con unos post–it y rotuladores de colores. No es una novela; sino todo un manual de trabajo. En él descubrirás abundantes repeticiones, (importantes porque señalan el corazón del Mastermind, enfatizado repetidas veces por cada uno de los autores,) y numerosos apuntes prácticos, esenciales y extraordinarios que marcarán una diferencia en tu trabajo con grupos y equipos.

A mis amigos y ocho coautores del libro, expreso toda mi gratitud por haber confiado en mí y haber dejado entre mis manos a vuestro "niño pequeño" para que viaje hacia otros mundos de habla hispana.

Y a ti, lector, para tu equipo, para tu organización, para que puedas disfrutar y compartir las enseñanzas de "Grupos Mastermind" con el mundo empresarial y organizacional que te rodea, te deseo una lectura provechosa.

Dominique Duarte
Fundadora Dd International Training & Coaching Group

"Tienes muchas más posibilidades de tener éxito y más rápido, si ayudas a otros a tener éxito."
- Napoleon Hill

"Eres el promedio de las cinco personas con las que más tiempo pasas."
- Jim Rohn

Agradecimientos

Queremos agradecer a Robert y Deborah Bacon Dilts por su inspiración y por el apoyo que prestaron a este proyecto de escritura sobre inteligencia colectiva. Este libro surgió durante la formación de *Facilitador en Inteligencia Colectiva* y en proyectos que ambos impartieron en Aviñón. Gracias a estos dos autores por contribuir al impulso colectivo que la inteligencia colectiva está ganando internacionalmente,

A Gilles Roy de *Formation Évolution et Synergies*, y a la asociación *Vision 2021*[1] por lograr reunir a todas las buenas voluntades del movimiento de inteligencia colectiva en Francia y en todo el mundo,

A Colette Normandeau, Nick La Force, Xavier Lee, Karyn Greenstreet, Laurie Wann, Dorothy A. Martin-Neville, Yvonne Gerard, Alex Barker, y Dominique Le Martret por la manera apasionada en que respondieron a nuestras preguntas sobre sus experiencias con Grupos Mastermind.

Gracias a todos aquellos que se atreverán a involucrarse en Grupos Mastermind, como participantes o como facilitadores, y que contribuirán a la reconciliación de los egos y las almas de los empresarios que han decidido hacerse cargo de sus propias vidas.

---

1 www.vision-2021.fr

Prefacio

"Grupos Mastermind" es una guía completa, estructurada y pragmática dedicada a aquellos que quieren aprender a crear y a facilitar un Grupo Mastermind apasionante y eficaz. Los Grupos Mastermind se vuelven cada vez más una nueva manera de promover el desarrollo personal y profesional. Ofrecen una combinación de *brainstorming*, formación, apoyo y responsabilización entre pares.

El concepto de Grupo Mastermind fue inicialmente popularizado/creado/desarrollado por el autor Napoleon Hill en su *best-seller Think and grow Rich* (1937). En su libro, Hill definió el principio de Mastermind como *"la coordinación del conocimiento y esfuerzo de dos o varias personas que trabajan hacia un objetivo definido, en un espíritu de armonía"*. Según el principio de Hill, el así llamado "Cerebro del grupo"[2] no es un individuo particular sino más bien la inteligencia colectiva de todo el grupo. Hill subraya en su libro que "dos mentes no se reúnen nunca sin crear así una tercera fuerza, invisible e inmaterial, que puede ser concebida como una tercera mente". Este "Cerebro de grupo" es el "Mastermind".

En los últimos años, los Grupos Mastermind han ganado popularidad rápidamente y se han transformado en un potente acelerador de éxito en la vida personal y profesional de las personas. Estos grupos Mastermind son una aplicación práctica de lo que se llama "la inteligencia colectiva". La inteligencia colectiva es una inteligencia compartida o colectiva nacida de la colaboración y de la comunicación entre los individuos en grupos y en equipos.

Este fenómeno no siempre es fácil de crear en un grupo. Encontramos numerosos ejemplos de grupos que no demuestran ningún aumento de la inteligencia a través de las interacciones de sus miembros, sino más bien todo lo contrario. Algunos movimientos de masas, equipos disfuncionales o familias son algunos ejemplos de ello. La inteligencia colectiva exige una comunicación abierta, confianza, respeto mutuo, curiosidad y el compromiso hacia un objetivo común.

Así, la creación y la facilitación de un Grupo Mastermind es a la vez un proceso enriquecedor y potencialmente estimulante. Facilitarlo y animarlo exige conocimientos y competencias particulares. Cierto es que un Grupo Mastermind es un proceso totalmente diferente de una formación, de un grupo de *coaching* o de un grupo de *networking*.

---

2 Mastermind en inglés en el texto original de Robert Dilts.

Para mostrar las ventajas potenciales y la eficacia de los Grupos Mastermind, organicé mi primer Grupo Mastermind en la Silicon Valley en 2013, con el apoyo de mis compañeros Mitchell y Olga Stevko. Este programa, titulado *"The Successful Genius Mastermind Group"*, estaba destinado a tener una duración de un año para directivos de diferentes industrias comprometidas con una voluntad de crecimiento exponencial a nivel personal al igual que empresarial. La estructura se componía de tres fines de semana presenciales, varios webinarios mensuales en directo, pequeños grupos presenciales mensuales y el apoyo en persona o a distancia por parte de nuestro equipo de facilitadores.

Los procesos de Grupos Mastermind se enfocaron en tres campos: la modelización de factores de éxito y la puesta en marcha de estrategias comprobadas por algunos de los líderes empresariales más exitosos del mundo; la implementación de estrategias de los genios más importantes a lo largo de la historia, y las habilidades de transformación personal a partir de los avances en la programación neurolingüística de tercera generación.

Trabajando juntos, los participantes compartieron las mejores prácticas relativas a esas estrategias y se apoyaron para ponerlas en marcha de manera creativa y concreta.

Como resultado de estas prácticas, varios miembros del grupo midieron rápidamente los beneficios vinculados a su participación. El autor John Gray (autor de *Los hombres vienen de Marte y las mujeres vienen de Venus*), por ejemplo, declaró: *"después del primer fin de semana, tuve tal claridad, energía, inspiración que terminé en sólo 30 días el libro sobre el cual trabajaba desde hacía dos años"*. La experiencia fue tan potente y positiva para los miembros de este Grupo Mastermind que dura desde hace cuatro años hasta hoy.

El libro *"los Grupos Mastermind, aceleradores de éxito"* provee los detalles prácticos necesarios para reunir y dirigir uno de esos grupos. El libro aborda preguntas clave, tales como:

- ¿Qué es un Grupo Mastermind?
- ¿Qué beneficios aporta el participar en un Mastermind?
- ¿Cómo concebir y preparar un Mastermind?
- ¿Cuánto tiempo dura un Grupo Mastermind?
- ¿Cómo seleccionar a los participantes para un Mastermind?
- ¿Cómo crear la confianza en un Mastermind?
- ¿Cómo gestionar el tiempo en un Mastermind?
- ¿Cómo facilitar una sesión Mastermind?
- ¿Qué pasa entre las sesiones?
- ¿Cuáles son los ejemplos de proceso de Grupos Mastermind?
- ¿Cómo hacer para que un Grupo Mastermind resulte duradero?

- ¿Cómo tratar con personas difíciles y con las emociones en un Grupo Mastermind?

"Los Grupos Mastermind, aceleradores de éxito" es el fruto de los esfuerzos de ocho personalidades excepcionales: Eric Baudet, Celine Baysselier, Olivier Christol, Christophe Genre-Jazelet, Nadia Grandclement, Catherine Pena, Laurent De Rauglaudre, Jean-François Thiriet. Han coescrito el libro aplicando los principios de la inteligencia colectiva durante más de un año para producir este trabajo impresionante.

La semilla de este libro fue sembrada durante una formación certificadora de tres años de duración, sobre la facilitación de la inteligencia colectiva, la cual dirigí en Aviñón, Francia, a partir del 2011, apadrinada por Gilles Roy y la asociación *Vision 2021*. Los coautores se encontraron durante este programa y quedaron en contacto gracias a los conocimientos adquiridos a lo largo de esta formación.

Si desea descubrir y aprender a crear una manera nueva e interesante de colaborar, desarrollarse y tener éxito, este libro es para usted. Me siento orgulloso y honrado de haber sido una fuente de inspiración para un trabajo tan importante y pertinente.

Robert Dilts
Cofundador de Dilts Strategy Group, de la universidad de PNL "NLPU", y de l' Association Internationale pour le Changement Génératif.

Cuestionario de prelectura del libro

Antes de iniciar la lectura de este libro, le proponemos tomar un momento para reflexionar y hacerse algunas preguntas. Sus respuestas le permitirán entrar de lleno en el tema.

¿Qué es tener éxito para usted? ¿Cuál es su definición de éxito?

Su turno: para mi "tener éxito", es _____

_____

_____

Para usted, para "tener éxito", hace falta... ¿Cuáles son las condiciones necesarias para el éxito según usted?

Su turno: para tener éxito, hace falta _____

_____

_____

Ahora, en términos concretos: ¿Cómo sabrá usted que habrá tenido éxito? ¿Cuáles serán los logros que le permitirán decir *"he tenido éxito"*?

Su turno: habré tenido éxito cuando _____

_____

¿Cuánto tiempo necesita para conseguirlo?

Su turno: para conseguir realizar lo que aspiro, necesitaré (días, meses, años) o me doy hasta el ...(fecha) _____

_____

_____

Considere ahora esta duración de tiempo y divídala por dos.

Esto es lo que le espera si decide participar a un Grupo Mastermind.

¿No se lo cree? Pues escuche lo que dijo John Gray, el célebre autor de la serie de *best-seller* Marte y Venus, vendido a más de 50 millones de ejemplares: *"Gracias a mi participación en mi Mastermind, gané en claridad, energía, e inspiración, y terminé el libro sobre el que trabajaba desde hacía dos años en sólo 30 días. Tener acceso a las estrategias de los grandes genios del mundo y de los líderes más exitoso me fortaleció para alcanzar mi más alto potencial con mayor facilidad. Las personas en este grupo son extraordinarias y recomiendo altamente este grupo."*[3]

---

3   http://successfulgenius.com/about/

Introducción

"Lo he hecho yo solo, papá, lo has visto, ¿verdad?". Mi hijo tiene cinco años y siempre me extraña escuchar hasta qué punto "lo he hecho yo solo" cuenta para él. A los cinco años es normal, me dirá usted. Antes era más directo, decía *"yo solo"* cuando quería que yo le dejase hacer algo tranquilamente. Cuando le escucho exclamarse así con tanta satisfacción, el rostro falsamente indiferente, erguido, derecho como una "i" desde su altura de 1 m 10, pienso también hasta qué punto nuestra visión del éxito, aun siendo adultos, sigue siendo siempre la de un niño de cinco años. Lo queremos conseguir… ¡solos!. El mito del self-made woman/man sigue teniendo mucho de mito y poco de realidad).

Esta voluntad de hacer algo "solo" se expresa también cuando pensamos en el éxito en general, no solamente en el nuestro. En deporte, nos vamos a acordar del que marcó el gol, pero no del jugador que hizo el pase decisivo, ni del defensa que interceptó el balón. Es verdad que, al final, un éxito colectivo, ¿de quién depende? Ningún rostro, ningún nombre, ningún rastro.

Al mito del héroe solitario le esperan buenos tiempos por muchos años: *"Soy un pobre jinete solitario lejos de mi casa"* y *"voy a conseguirlo solo"*. El proverbio también dice: *"solo, se va más rápido"*. Porque el camino debe ser difícil, lleno de trampas, ya que el mérito será en proporción al esfuerzo, la satisfacción en proporción al sufrimiento padecido, y la gloria proporcional al número de cicatrices recibidas. Sin embargo los mitos modernos demuestran que los héroes que llegan a su destino no lo consiguen nunca solos. Para lograr su misión, se han encontrado en el camino aliados que les han ayudado en su búsqueda.

Mirad a Frodo, en *El Señor de los Anillos*, que llega hasta Mordor gracias al apoyo de Sam, Pippin, Merry, Legolas, Gandalf y Aragorn. Olvidamos por ejemplo que es Sam en el Señor de los Anillos quien, con su fe y su amistad inquebrantable en Frodo, llevará a éste, mientras ni puede llevarse a sí mismo, hasta el abismo donde el anillo será destruido.

Competencias externas de unos, cualidades internas de otros, están puestas al servicio del Héroe.

Mirad también a la Princesa Leia en *Star Wars* que se rodea de Luke, Skywalker, R2D2, C3PO, Han Solo y Chewbacca para llevar a cabo el fin de la rebelión. Todos a la vez, llevados por la misma búsqueda en la cual se reconocen, cada compañero pone sus habilidades al servicio del grupo sin las cuales el héroe no podría superar esa prueba, que es suya, ni acceder a la etapa siguiente.

Y ¿si éstos cuentos mitológicos fuesen el reflejo de una realidad y no solamente la trama de una historia que nosotros hubiésemos pasado por alto interpretar en un mejor sentido?

De la misma manera, cuando uno se interesa por los "Héroes" modernos, los Bill Gates, Elon Musk, Mark Zuckenberg, Richard Branson y otros, que han transformado profundamente nuestras vidas con sus inventos, olvidamos fácilmente que son héroes que todo un colectivo ha llevada hacia la cima.

Escuchad a Steve Jobs cuando describe parte de su proceso creativo: *"Cuando emerge una buena idea, parte de mi trabajo es pasearla, justo para ver lo que opina la gente, lo que dicen de ello, hablarlo con ellos, intercambiar ideas con esas 100 personas muy diferentes, explorar los diferentes aspectos de la idea... solo explorar el tema"*. ¿Qué le ocurre a la idea de alguien cuando se beneficia de la perspectiva de otras 100 personas? Y sin embargo, ¿quién va más allá de su propia opinión, de su propia perspectiva, o más allá del consejo de 2 ó 3 personas cercanas?. Se dice que *"las personas extraordinarias hacen cosas ordinarias que otros no hacen"*. No significa que deban ser necesariamente complicadas, pueden ser extremadamente sencillas como pedir su opinión a varias personas a su alrededor.

Steve Jobs

¿Dónde encontrar estas perspectivas múltiples? ¿Qué espacios ofrecen la posibilidad a los líderes (y todos somos líderes de nuestras vidas) y a los dirigentes de recibir tal ayuda? Muchos de ellos os lo dirán, la soledad pesa mucho en la cima de la jerarquía, principalmente frente a las grandes decisiones. Sí, es fácil que uno se sienta solo en el mundo de las organizaciones, que sienta que los sistemas de colaboración se reducen, que se degrada la calidad de las relaciones, y que pocos son los que tienen la suerte de tener un comité de dirección que les apoye...

Y aunque ese fuera el caso, se nos plantea otra pregunta: ¿Qué espacios se ofrecen a dichos líderes donde haya un sentimiento de suficiente confianza para que puedan recibir esas perspectivas múltiples?, ya que no se trata solo de estar "rodeado" sino de estar "bien rodeado". La calidad de su entorno y la calidad de su relación con ese entorno es mucho más determinante que el número de personas a su alrededor. Los dirigentes, por el vínculo jerárquico que les une a sus equipos, ya no tienen el lujo de poder recibir devoluciones de espejos sin distorsión y sin falsos halagos.

"Bien rodeados" también nos lleva a preguntarnos: "¿Las personas que rodean a los dirigentes son las óptimas para acompañarlos?" Numerosos son los dirigentes que llenan esa soledad acudiendo a Consultores. A pesar de todas las cualidades de las cuales hacen prueba estos intervinientes, ellos son externos a la profesión del dirigente y ofrecen un solo punto de vista sobre la situación que él vive. En estos días cuando todo cambia tan deprisa, los desafíos a los que se enfrentan los líderes son elevados, su necesidad de seguir aprendiendo esencial. Ahora bien, ya se sabe hoy en día: sin ayuda en la acción, leer un libro no basta (¿cuántos de nosotros hemos comprado un libro y no hemos llegado a leerlo hasta el final, o a aplicarlo hasta el final?). Asistir a un seminario no funciona tampoco: una formación solo ofrece un formato. Sin aprendizaje continuo y sin ayuda para nuestro paso a la práctica, todo nos lleva a rehacer lo que ya hacíamos y que no funcionaba. Si haces lo de siempre, lograrás los resultados de siempre...

Hoy en día, otros desafíos mayores guían los progresos de los dirigentes: aprender rápido, ganar tiempo, encontrar atajos, modelizar sus éxitos y los de los demás. ¿Quién mejor que otro dirigente, que tal vez ya haya pasado por las mismas situaciones y tenido los mismos retos, puede aconsejar en esta situacion?

"Un gran grupo de iguales puede ser de más ayuda para la resolución de problemas que un pequeño grupo de expertos..."

- James Surowiecki

Y al final, en la actualidad no se trata únicamente de aprender rápido, se trata de obtener resultados a corto plazo asociados a estos aprendizajes. Lamentablemente la distracción más grande del dirigente consiste en todo lo que le aleja de la acción. Así se plantea la cuestión: ¿Dónde están los espacios que le permiten aprender, con rapidez, de forma continuada, y que le exigen transformar esos aprendizajes en acciones, y estas acciones en resultados para su negocio? Un grupo eficaz de pares que le ayuden a pasar del "yo lo sé" al "yo lo hago" y hasta al "yo lo soy". Aquí es donde se produce un gran vacío; faltan respuestas, o las que existen no ofrecen este nivel de exigencia. Gracias a los conocimientos y a los ánimos de otros, encontraremos el coraje de salir de nuestra zona de confort para pasar a la acción. Este es uno de los más importantes beneficios de pertenecer a un Grupo Mastermind.

¿Entonces? ¿Y si existiese una manera de ir más deprisa (y bien), colectivamente? ¿Y si existiese ese camino para evitar trampas porque otros, que ya hubieran pasado por allí, compartiesen el fruto de sus experiencias y aportasen su apoyo? ¿Y si existiese un lugar multiplicador de puntos de vista, un catalizador de aprendizajes, un formidable acelerador de resultados? Cierto, sería un camino a contracorriente del que sigue el héroe quien logra su éxito solo, pero sería un camino, a la vez moderno y ancestral, para franquear etapas gracias a la inteligencia colectiva puesta al servicio de una búsqueda.

Creemos que esta herramienta existe y que se llama Grupo Mastermind. Nuestra intención al redactar este libro es la de compartir con usted nuestra convicción sobre el alto interés de este tipo de grupos utilizando los principios de la inteligencia colectiva. El Grupo Mastermind es una respuesta pertinente y potente a los desafíos de los líderes, ejecutivos y empresarios de hoy. El Grupo Mastermind es el equipo con el que siempre han soñado, un Dream T.E.A.M (Together Each Achieves More) (juntos cada uno alcanza más). Sí, solo se va más deprisa, juntos se llega más lejos. Este dicho es el corazón de los retos del desarrollo duradero de los líderes, de los dirigentes y de sus negocios.

¿Demasiado bonito para ser cierto? ¡Tranquilícese! Todos los que aún no han vivido la potencia de un Grupo Mastermind piensan lo mismo. Como anécdota, Napoleon Hill, que inventó el término "Mastermind" y de quien volveremos a hablar, decía que un Mastermind permite realizar en un año lo que no se podría haber realizado en una vida.

Este libro le propone descubrir las condiciones necesarias para llevar los participantes de un Grupo Mastermind hasta este alto nivel de éxito. Evocaremos las maneras de reunir a las personas en inteligencia colectiva -y no solamente en inteligencia aglutinada. ¿Cómo pueden las inteligencias presentes multiplicarse, en vez de solamente sumarse (o, en el peor de los casos, restarse)? Esa es la promesa de Mastermind.

"En ciertas circunstancias, los grupos pueden ser extraordinariamente inteligentes".

- James Surowiecki

Estos Grupos Mastermind requieren procesos específicos para lograr el éxito. Esto es por lo que queremos contribuir, con este libro, al desarrollo de la Inteligencia Colectiva, basada en Grupos Mastermind, en el mundo. Por ello queremos compartir nuestra experiencia contigo lector, y permitirte al mismo tiempo, llegar a descubrir que es un Grupo Mastermind para poder crearlo tú mismo.

¿Quién debería leer este libro?

El concepto de Grupo Mastermind es un formato de desarrollo para personas y colectivos bastante novedoso en el momento en el que escribimos este libro. Cuando hablamos de ello a nuestro alrededor, observamos que nuestros interlocutores no saben muy bien de qué hablamos.

A menudo nos preguntan con una mirada irónica, si hablamos de este conocido juego de mesa de ingenio y reflexión. No, hablamos de un formato de desarrollo profesional y humano de líderes, de dirigentes y de todas las personas emprendedoras. Porque todo el mundo no está preparado para participar en un Grupo Mastermind. Volveremos más tarde en el libro sobre las características humanas a tener para integrar eficazmente un Mastermind, para el buen provecho de los participantes y para la buena dinámica de grupo. Vamos a ver ahora a qué tipo de personas se dirige este libro.

Un Grupo Mastermind se dirige a todas las personas que se consideran emprendedoras. A primera vista son principalmente las personas que son fundadoras de sus negocios, dirigentes de sociedades o líderes de opinión. Que esas sociedades sean gigantes en bolsa o empresas de autónomos, poco importa. El Mastermind va dirigido a todas las personas que desean desarrollar rápidamente su negocio o su modelo económico cualquier que sea su sector de actividad o el volumen de su cifra de negocio.

Pero "ser emprendedor" no significa únicamente ser el jefe del negocio. Algunos Grupos Mastermind pueden componerse de personalidades que no son jefes, o que aún no lo son, como por ejemplo estudiantes o personas que tienen un proyecto en el marco asociativo y que desean realizarlo rápida y correctamente. Un Mastermind podría también componerse de buscadores de empleo...

Ahora pasamos a evocar algunos rasgos de personalidad necesarios para integrar un Grupo Mastermind:

* El participante debe aceptar el principio de aprendizaje en contacto con otros, es decir gracias a los demás. Las personas que lo saben todo mejor que los demás no tienen su lugar en este tipo de grupo porque van a interrumpir el funcionamiento del mismo. Es necesario que el "mastermindiano" tenga suficiente distanciación y humildad. No lo sabe todo, y justamente desea beneficiarse de ideas, recursos, aportes diversos de otros miembros para progresar.

* Es responsable de lo que hace y de lo que piensa; no echa balones fuera, ni echa la culpa de las dificultades ni a los demás ni a la situación.

* Es exigente hacia sí mismo. No viene para pasar un rato agradable sino para avanzar rápidamente en sus proyectos.

* Finalmente, el mastermindiano tiene una verdadera intención de llegar al éxito. El que aparenta actuar solo va a ralentizar la dinámica del grupo y a debilitar el esfuerzo del resto de los participantes.

Nos hemos preguntado si el formato Mastermind está adaptado para un uso en empresa, tal como ya se hace con los grupos de codesarrollo profesional. Hemos llegado a la conclusión de que el Grupo Mastermind no es una herramienta de desarrollo directivo como lo son grupos de codesarrollo profesionales. El Grupo Mastermind está orientado en la empresa más en el sentido de "yo desarrollo mi propio negocio". Tendemos a desaconsejarlo por lo tanto para propuestas de desarrollo managerial.

Sin embargo algunas organizaciones y empresas han desarrollado en su estructura espacios de intraemprendimiento. El intraemprendimiento es la posibilidad ofrecida a algunos empleados de concebir, con el beneplácito de su organización, proyectos de negocio que podrán ser desarrollados para el beneficio de la organización (con el interés del jefe de proyecto). A veces también permitir al intraemprendedor crear su propia actividad. Google, en particular, practica esta forma de intraemprendimiento. En este caso el formato Mastermind puede ser utilizado con éxito en el mismísimo corazón de las empresas.

Así que este libro está dirigido por un lado a consultores y *coachs* que desean comprender mejor los principios, métodos y etapas cruciales del Grupo Mastermind antes de implementarlo para clientes. Y por otro lado a personas que se sientan "emprendedoras y empresarias" y que quieran entender cómo funciona un Mastermind con el objetivo de saber si quieren unirse a uno.

¿Cómo leer este libro?

La mayoría de nosotros tenemos interés en tener una idea precisa de las especificidades de un Mastermind en inteligencia colectiva. Es por lo que les aconsejamos empezar por el capítulo 1 antes de seguir leyendo otros capítulos. Podrán así entender los fundamentos de un Mastermind, como se posiciona y se diferencia de otras formas de acompañamiento como son el codesarrollo, el *coaching* de equipo, la formación… sobre todo a la hora en que esta herramienta novedosa busca aún su lugar en la cultura empresarial.

Le aconsejamos después leer el capítulo 2 si le interesa el rol del facilitador de un Grupo Mastermind. ¿Tiene usted todas las cualidades necesarias para lanzarse? El capítulo 2 da respuesta a la pregunta siguiente: ¿quién es el animador y cuáles son las competencias esperadas?

Los capítulos 3 y 4 le llevan directamente a la experiencia y al desarrollo de unas sesiones de Grupo Mastermind: operacionales, en directo, descubrirá qué es un Hot seat, el famoso Hot seat de los Mastermind, pero no únicamente esto. Compartiremos aquí algunas de nuestras técnicas, tanto herramientas de animación como nuestra reflexión sobre la dinámica de Grupos Mastermind y su estructura.

El capítulo 5 es importante porque aborda la cuestión de los participantes. Y si no hay participantes, no hay Mastermind, claro. Aprenderá a encontrarlos, a seleccionarlos, a despejar sus aprensiones y sus dudas ante este nuevo método, y también a rechazar candidatos que no esten alineados con el grupo. Es una clave indispensable antes de seguir más adelante.

En el capítulo 6, descubrirá los factores de éxito de un grupo Mastermind, una síntesis final de los grandes ejes de desarrollo del grupo para asegurar su éxito y su continuidad, ambos principales desafíos de los Grupos Mastermind.

Démonos cuenta que nosotros, autores de este libro, somos miembros del mismo Grupo Mastermind. Hemos escrito este libro y sus capítulos a partir de los principios de la inteligencia colectiva y le proponemos descubrirlo. Cada capítulo ha sido redactado por un miembro de nuestro grupo y representa un aspecto de Grupo Mastermind que refleja la experiencia de su autor. Observaréis a veces redundancias y puede que hasta ciertas contradicciones, señal de la geometría variable de Grupos Mastermind.

Durante una de nuestras entrevistas sobre los grupos de Mastermind, una facilitadora americana contestó espontáneamente a la pregunta: ¿qué es lo que hace que su Grupo Mastermind sea diferente? "- Soy yo, porque yo soy quien lo anima". Esto nos demuestra la formidable libertad de acción a la hora de crear un Grupo Mastermind a su imagen y según su intención.

Para terminar aquí algunas precisiones de vocabulario que le permitirán entender mejor de que hablamos cuando describimos los Grupos Mastermind:

* Mastermindiano (o masterminder): se trata de un participante en un Grupo Mastermind.

* CoMastermindiano (o comasterminder): utilizaremos este término para designar los participantes cuando ayudan a otro Mastermindiano durante los talleres.

* Sentarse en el Hot seat: es pedir a otros Mastermindianos que nos den consejos, sus puntos de vista, su sentir, sus ideas geniales, su feedback determinante para superar un bloqueo, para desarrollar nuestro liderazgo o para mejorar un proyecto o plan de negocio. Podemos utilizar otros términos como pasar bajo los focos, subir en el cohete, subir a escena, ser orador, o coger el micrófono. Sentarse en el Hot Seat puede hacerse con numerosos procesos diferentes. Vamos a presentar cierto número de ellos en este libro (en particular el de "Booster").

* Animador: se trata de la persona que organiza las reuniones y que anima los procesos. A veces, el grupo se auto organiza, pero en la inmensa mayoría de los casos, un animador se hace cargo del conjunto de las tareas de organización y animación.

* Facilitador: utilizaremos este término de facilitador para designar un animador que tiene las competencias específicas en animación de grupos, en dinámica de equipos, y más específicamente aún, en el acompañamiento del desarrollo de la inteligencia colectiva. Se trata en general de un coach de equipo o de un consultor que ha sido formado en dinámicas colectivas.

Capítulo 1

¿Dónde reside la fuerza de un Grupo Mastermind?

1.1 ¿Qué es un Grupo Mastermind?

"Dime quiénes son tus amigos y te diré cuál es tu futuro."
- John Wooden

Se atribuye a Napoleon Hill el concepto de Mastermind Alliance. En su libro *Think and grow rich* (*Piense y hágase rico*)[1] escrito en 1937, cuya lectura recomendamos a quien le interese el éxito en general, describe los principios más importantes que contribuyen al éxito. A partir de la modelización de 500 personas que entrevistó, Hill desarrolló los principios que les condujeron al camino del éxito. En estas entrevistas se concluye que las personas que tienen éxito tienen lo siguiente en común:

---

1   Hill, Napoleon, *Think and Grow Rich*, 2016, Official Publication of the Napoleon Hill Foundation, Sound Wisdom.

- deseo claro para el éxito
- auto confianza
- pericia en alguna área
- mente imaginativa
- habilidad para tomar decisiones
- capacidad de planificación
- perseverancia

Descubrirá al leer este libro que un Grupo Mastermind ofrece la mayoría de estas palancas en el mismo momento y en el mismo lugar. Gracias a sus implicaciones en su Grupo Mastermind, los participantes logran:

- ser más conscientes de lo que quieren (claridad del deseo para el éxito)
- aumentar su confianza en sus habilidades para conseguirlo (auto confianza)
- desarrollar sus competencias para lograrlo (múltiples habilidades)
- liberar su imaginación para considerar más opciones (mente imaginativa)
- comprometerse y decidir
- facilitar el pasar a la acción (planificación)
- aprender de sus errores tanto como de sus éxitos (perseverancia).

En el capítulo 10 de *Think and grow rich* aparece por primera vez la noción de Grupo Mastermind. Según Napoleón Hill, para que el deseo del éxito encuentre su expresión en el mundo hace falta darle más empuje. Define el empuje como un "conocimiento organizado" y enuncia tres maneras de obtenerlo:

- a través de la creatividad
- a través de la experiencia colectiva (también incluida en los libros)
- a través de los estudios y la investigación

A pesar de todos nuestros esfuerzos, nadie puede acumular suficientes conocimientos por sí solo en el espacio de una vida. Nadie puede a la vez ser plenamente creativo, ni lleno de la experiencia colectiva ni haber acumulado suficiente experiencia e investigación por sí solo. Dicho de otra manera, aunque hagamos lo mejor a nuestro alcance con los conocimientos que tenemos, nuestro saber es limitado. Lo que nos ha traído hasta donde estamos no nos llevará probablemente más lejos, si sólo nos apoyamos sobre nosotros mismos.

Think and Grow Rich es el primer libro que habla abiertamente de Mastermind y menciona hasta la "Mastermind Alliance". Por otro lado, parece que la existencia de Grupos Mastermind haya empezado mucho antes de nuestra era. Se habla del rey Salomón que ya decía en su época qué el que anda rodeado de sabios se volverá sabio el mismo.

También se habla del Rey Arturo y de los Caballeros de la Mesa Redonda e incluso de Benjamín Franklin y de su grupo "Juntos" con el que inició las primeras bibliotecas y los primeros servicios de bomberos en los Estados Unidos. Tomas Edison por su parte entre 1915 y 1924, pertenecía al Mastermind *"The Vagabonds"* con Henry Ford, John Burroughs y Harvey Firestone, tres nombres célebres en el mundo automovilístico hoy en día. Para la pequeña historia, Tomas Edison sólo atendió tres meses de estudios en su vida y se apoyó enteramente en los demás para sus inventos. Se cuenta también que el día en que el laboratorio de Tomás Edison se incendió, llegó Henry Ford con un talón de 75.000$ y le dijo: "Vuelve a empezar". También se habla de Franklin Delano Roosevelt y de su *"Brain Trust"*, un grupo de consejeros del presidente elegidos por la variedad de sus competencias.

Para utilizar una metáfora, tal vez usted conozca este ejercicio en el que se distribuye a unas 7 /8 personas un sobre con piezas de puzzle y se les solicita reconstituir el puzzle. Acabado el tiempo reglamentario, el facilitador pregunta quien lo consiguió.

Claramente nadie levanta la mano. Porque, lo que nadie sabe, es que algunos tienen parte del puzzle de otros, y qué para que cada uno tenga éxito en completar su puzzle, es imprescindible reunirse y colaborar.

¿Entonces qué es exactamente un "Grupo Mastermind"?

Napoleon Hill define el Mastermind como: *"la coordinación de conocimientos y esfuerzos de dos o más personas que trabajan hacia un objetivo común en un espíritu de armonía"*. Para él dos mentes no pueden trabajar juntas sin crear una tercera fuerza, invisible e intangible, parecida a una tercera mente. Es aquí donde intervienen los conceptos de la inteligencia colectiva que hacen la diferencia con algunos modelos de Mastermind ya existentes y de los cuales hablaremos más adelante.

Hemos obtenido otras definiciones de Mastermind durante las entrevistas que hemos realizado con facilitadores o con participantes a Grupos Mastermind:

"Estar en un Mastermind es estar rodeado de gente excepcional y lograr cosas geniales".

"Un Grupo Mastermind son personas que se reúnen y se ayudan para conseguir lo que más añoran realizar en la vida."

"Un grupo que ofrece 3, 4, 5, 6 o 7 pares de ojos para estudiar mi situación desde diferentes perspectivas".

"Al contrario de cursos que ofrecen un formato específico, o de la formación que responde a necesidades solicitadas por los managers para la transformación de la organización y que es impartida por intervinientes externos al mundo de la organización, el Mastermind da respuesta a la necesidad del participante individual rodeados de personas que están trabajando en el mismo mundo que él o que ella".

"Un Mastermind consiste principalmente en contribuir al éxito de los demás, y al mismo tiempo encontrando nuestras propias soluciones y actuando para acercarnos a nuestros objetivos y a nuestros sueños".

"Un Mastermind es una fuente de empoderamiento, estímulo y feedback constructivo".

"Un Mastermind es un punto de encuentro en el que tiene lugar un empoderamiento aunque no es necesariamente agradable".

"Un Mastermind es un compromiso para compartir lo mejor de cada uno, de nuestras experiencias, nuestras habilidades y aprendizajes".

"Un Mastermind es un círculo de sabios o un círculo de sabiduría".

"Un Mastermind es un encuentro formal, estructurado y focalizado hacia un objetivo, que tiene lugar con regularidad en un entorno no competitivo".

"Un Mastermind reagrupa personas brillantes, entusiastas, motivadas y las reúne en condiciones óptimas".

He aquí lo que algunos autores dicen sobre ello:

"Un Mastermind es un grupo de personas con talento y motivación, cada una con un background diferente y maneras de pensar diferentes, pero todas concentradas en liberar el potencial de la organización"[2].

"Un Mastermind es un medio práctico a través del cual uno se puede apropiar y beneficiar plenamente de la experiencia, de la formación, de la educación, de la pericia y de la inteligencia de los demás como si fueran las suyas propias"[3].

"Los Grupos Mastermind combinan aspectos como el brainstorming, la formación, la toma de responsabilidad entre pares y grupos de apoyo con el objetivo de reforzar su negocio y sus competencias personales"[4].

" Un Grupo Mastermind es un lugar donde puedes compartir tus retos y pedir una ayuda constructiva, es decir que te guiará hacia una solución"[5].

Y finalmente aquí la definición que nosotros proponemos: **"Un grupo Mastermind es un grupo restringido de personas emprendedoras, en busca de excelencia y de desarrollo rápido para su negocio, generalmente animado por un facilitador experimentado, en una lógica de inteligencia colectiva."**

---

2 Dias, Carlos, *Creative Leadership for Turbulent Times, in Collaboration with Jay Abraham*, online program: www.creativeleadership.info.

3 Hill, Napoleon, in (Hill, N., Stone, W. Clement, (1960), *From Success through Positive Mental Attitude*, 1960, Prentice-Hall Inc. Edition).

4 Robert Dilts (Formation "Facilitateur en Intelligence Collective, Formation Evolution et Synergie", 2015, Avignon, training document).

5 Robert Dilts (Formation "Facilitateur en Intelligence Collective, Formation Evolution et Synergie", 2015, Avignon, training document).

Puesta en práctica: La visión de su Grupo Mastermind

Uno de los primeros pasos a dar para poner en marcha su Grupo Mastermind consiste en escribir su visión; y que esta visión responda a la siguiente pregunta: ¿qué me gustaría que sucediera en este grupo?

He aquí algunos ejemplos sencillos:

"Estar en un lugar formidable donde las personas puedan obtener una inspiración profunda que les permita dar la mejor versión de sí mismos."

"Abrir un espacio positivo y seguro donde las personas puedan aprender, desarrollarse y encontrar una mayor libertad personal y profesional."

La siguiente fórmula nos resultó de un gran interés para crear la visión de nuestro grupo. Más enriquecedora que los ejemplos anteriores, también resultó ser una definición más exigente para el facilitador. He aquí la estructura:

Nuestro grupo es (quién): _____

Que hace (qué): _____

Para: _____

Con el objetivo de: _____

Les proponemos la visión del grupo *Core Leadership Circle*[6] que utiliza perfectamente esta matriz: "el *Core Leadership Circle* es un grupo potente de pares que reúne líderes e influenciadores del mundo empresarial, que se reúnen mensualmente para encontrarse, apoyarse e inspirarse mutuamente con el objetivo de sacar lo mejor de uno mismo y lograr plenamente sus objetivos profundos".

---

6 http://corelc.org

1.2 ¿Qué es un Grupo Mastermind en inteligencia colectiva?

"Es por el choque de dos ideas improbables que nacen siempre las grandes ideas".

— Tim Brown, CEO of IDEO

"La inteligencia colectiva es un término que se refiere a las capacidades cognitivas de una comunidad, que resulta de múltiples interacciones entre sus miembros[7]". Es la inteligencia, en el sentido más amplio del término, fuertemente correlacionada con la capacidad de encontrar nuevas soluciones, sin necesidad de reutilizar las soluciones existentes. La inteligencia colectiva también está estrechamente relacionada con la capacidad de una comunidad de individuos para adaptarse a nuevas situaciones y nuevos problemas sin depender de soluciones pasadas.

La inteligencia colectiva se puede usar potencialmente bajo varias circunstancias. Un experimento bien conocido ilustra esta idea[8]: a un grupo de personas se le muestra un recipiente transparente lleno de caramelos y luego se le pide que adivine de manera independiente cuántos dulces hay dentro (sin permitir que lo abran). Incluso si a nadie se le ocurre la cantidad exacta de dulces, el promedio de todas las respuestas inevitablemente se acerca al número real (en unas pocas piezas). Google emplea este principio para determinar, de antemano, la cantidad de usuarios potenciales para su producto. Del mismo modo, Microsoft lo aplica para identificar la mejor fecha para salir con su *software*.

El comportamiento de los animales proporciona muchos ejemplos de inteligencia colectiva, como los delfines que nadan a gran velocidad y se cruzan uno con el otro, sin colisionarse, o aves que vuelan en bandada sin necesidad de comunicarse, y bancos de peces que se reagrupan para formar, de manera colectiva, una masa más oscura y más grande, para que puedan ahuyentar a los depredadores.

---

7 https://fr.wikipedia.org/wiki/intelligence_collective

8 Treynor, Jack, Jelly Bean Experiment. http://wisdomofcrowds.blogspot.fr/2009/12/jelly-bean-experiment.html

Los estudios del profesor Thomas Malone, fundador del Centro de Inteligencia Colectiva del MIT[9], presentaron los principales factores que contribuyen al surgimiento de la inteligencia colectiva en grupos humanos.

Son:

1. La participación equilibrada de cada persona en un grupo.
2. La cantidad de mujeres en el grupo.
3. La capacidad de cada miembro para reconocer a las emociones de los otros miembros del grupo. Este criterio tiene una alta correlación con el anterior, ya que las mujeres a menudo tienden a ser más competentes en el plano emocional.

Este último criterio es fundamental para la inteligencia colectiva. En otras palabras, la inteligencia emocional y social son factores clave cuando se trata de crear con éxito la inteligencia colectiva.

Esto nos lleva a una de las pautas fundamentales para facilitar a los Grupos Mastermind, específicamente, la de utilizar los principios de la inteligencia colectiva: la noción de inteligencias múltiples.

En lugar de solo operar desde la inteligencia cognitiva y una mente puramente pensante, como suele ocurrir con demasiada frecuencia, un Grupo Mastermind en inteligencia colectiva recurre a otras cuatro capacidades esenciales:

* inteligencia emocional;
* inteligencia corporal;
* inteligencia relacional y sistémica;
* "Conciencia colectiva"; es decir, la capacidad de incluir todos estos tipos diferentes de inteligencias dentro del contenedor espacio-tiempo del Grupo Mastermind.

Las inteligencias relacional y sistémica vienen relacionadas por el sistema sanguíneo o linfático (sistema inmunitario) que vincula todo el conjunto y asegura la comunicación entre ellas.

Animar un Grupo Mastermind en inteligencia colectiva implica recurrir a los cuatro tipos de inteligencia en cada individuo, así como a nivel del grupo, y atrevámonos a decirlo, para definir el objetivo del grupo. Esto es muy significativo, especialmente cuando se trata de seleccionar los miembros para su Grupo Mastermind. Por ejemplo, hemos encontrado

---

9 http://cci.mit.edu/malone/index.html

que muchos grupos efectivos de Mastermind buscan personas que demuestren inteligencia del corazón incluso más que sus éxitos comerciales o el tiempo que han estado en su profesión. Incluso se podría decir que algunos Grupos Mastermind están más orientados al "cerebro", otros más al "corazón" y otros más al "intestino". Sin embargo, el enfoque de inteligencia colectiva de Mastermind recurre a todas esas capacidades al mismo tiempo.

> *"La calidad de los resultados producidos por cualquier sistema depende de la calidad de la conciencia de las personas que piensan y actúan en él".*
>
> – Otto Scharmer

Participantes en estado generativo

Cuando las inteligencias múltiples se activan, y es tarea del facilitador garantizar que así sea, el grupo pueda experimentar lo que se llama un estado generativo. Es un estado donde cada uno de los miembros está profundamente conectado consigo mismo y, al mismo tiempo, conectado con algo más grande. Este estado produce, para un grupo, resultados creativos que van más allá de las competencias de cada miembro individual, al igual que las capacidades de una mano superan las capacidades de cada dedo considerado por separado.

¿Alguna vez ha participado en un grupo donde las ideas no le vienen a usted sino que emergen través de usted? Ideas inéditas y cargadas de emoción. Es difícil olvidar esos momentos, cuando los miembros del grupo experimentan un estado generativo. Y también es difícil olvidar cuando el grupo no está en ese estado. La gente se aburre, tiene la impresión de que está perdiendo el tiempo y la energía... Al contrario, cuando el grupo está en un estado generativo, todos los tipos diferentes de inteligencia (cuerpo, corazón, cerebro, mente) trabajan al 200%, al mismo tiempo y en el mismo lugar. El grupo está funcionando a plena potencia al servicio de cada miembro. ¡Y eso es tremendamente estimulante!

> *"Si no permites que madure la armonía en tu Grupo Mastermind, ese no es un Grupo Mastermind. Solo es cooperación, o algún esfuerzo coordinado".*
>
> — Andrew Carnegie

El campo generativo

Cuando un grupo experimenta la colaboración generativa, el proceso trasciende más allá de los miembros del grupo. Las ideas rebotan de una persona a otra, se amplifican, convergen, se enriquecen las unas a las otras, todo ello gracias a tres experiencias simultáneas que produce el estado generativo:

1. **Experiencia de la resonancia:** se refiere a la capacidad de sentir las emociones, percibir los comportamientos de los demás a través de nuestro sistema nervioso, y más específicamente, de nuestras "neuronas espejo". Esta habilidad de todos en el grupo para vibrar en el mismo tono que los demás genera un "efecto estimulante" que hace que todos sientan que sus corazones están latiendo como uno solo. No es raro escuchar el siguiente tipo de comentario en un Grupo Mastermind: *"Es increíble lo que ha compartido con nosotros. Es como si estuviera dirigiendo sus palabras directamente a mí. Incluso si no se dirigía directamente a mí, lo que se dijo era completamente aplicable a mi propia situación"*. Esta es una expresión concreta de lo que se llamaría "resonancia". La resonancia resulta de la pregunta: *¿Qué nos conecta?*

2. **Experiencia de la sinergia:** se refiere a la capacidad de ver nuestras diferencias como cosas que se complementan entre sí y, de esa forma, producen la generatividad. Esta habilidad se ilustra con una cita de Thomas Jefferson: *"Si dos personas intercambian un dólar, cada uno de ellos tiene un dólar. Pero si dos personas intercambian una idea, cada una de ellas tiene al menos dos ideas"*. La sinergia resulta de la pregunta: **¿Cuáles son las diferencias que tenemos y que nos enriquecen?**

3. **Experiencia de emergencia:** se refiere a la capacidad de un sistema para producir otros sistemas que se vuelven cada vez más complejos y cada vez más enriquecedor, debido a la multiplicidad y calidad de las interacciones de los miembros. Esto es similar a cuando las moléculas de hidrógeno y oxígeno se mezclan para producir agua, que es un sistema que trasciende sus componentes originales. La emergencia resulta de la pregunta: **¿Qué novedades pueden emerger a través de la forma en que resonamos y de nuestras sinergias?**

Estas tres experiencias hacen posible el estado generativo, al mismo tiempo que lo refuerzan. Juntas, estas tres experiencias contribuirán a la creación de lo que llamamos un "campo" en el grupo; es decir, "un tipo de espacio o energía creado por relaciones e interacciones entre individuos que son parte del mismo sistema".[10]

Es a través de la interacción entre los miembros del Grupo Mastermind como surge la inteligencia colectiva. Esto es lo que hace que los Grupos Mastermind sean tan únicos. Uno de los objetivos principales de un Grupo Mastermind es crear interacciones que generen un campo. La calidad de este campo es también la razón por la cual los participantes querrán seguir volviendo al grupo todos los meses, año tras año. Es responsabilidad de los facilitadores mantener esta alta calidad de interacción.

Los participantes se unen a un Grupo Mastermind para experimentar los beneficios de este campo. Quieren crear un campo colectivo de forma consciente. Algunos lo llaman un "estado de flujo o *flow*", que es el estado más alto que se puede alcanzar mientras están en un grupo. Los participantes en un Grupo Mastermind que aprovecha los principios de inteligencia colectiva buscan en el facilitador la capacidad para crear esta conexión generativa.

Esto es lo que caracteriza y diferencia a un Grupo Mastermind. Es el famoso "espíritu de equipo" o "espíritu grupal". Y la capacidad generativa de un Grupo Mastermind depende en gran medida de la calidad de este campo. La creación del campo es la primera meta más importante para un Grupo Mastermind.

Para el facilitador, liderar un Grupo Mastermind, utilizando los principios de la inteligencia colectiva, significa que es capaz de crear las condiciones para una experiencia armoniosa y generativa. Sin el factor de la armonía, esta asociación de beneficio mutuo no es más que una cooperación ordinaria o amistosa. El facilitador, es un actor importante para la calidad de las relaciones en el grupo; y el éxito de su facilitación depende, en gran medida, de su estado interno.

"El éxito de una intervención depende de la condición interna del interventor"-
— Otto Scharmer

---

10   Dilts, R., Delozier, J., Bacon Dilts, D., NLPII, *The Next Generation* (2010), p. 243, Metapublications.

> **En un Grupo Mastermind: ¡Cuidado con el pensamiento grupal!**
>
> Lo opuesto a la inteligencia colectiva se conoce como "pensamiento grupal", que se define como "un método de pensamiento que la gente usa cuando está profundamente involucrada en un grupo unido, donde el deseo de llevarse bien excede la motivación para llegar a otras soluciones de una manera realista"[11]. Se debe tener mucho cuidado para que este fenómeno no surja en los Grupos Mastermind. Si lo hace, mermará enormemente el valor añadido del grupo y como consecuencia de ello, la participación de los miembros en el mismo.

1.3 Lo que un Grupo Mastermind no es

Es importante tener en cuenta que el objetivo principal de un Grupo Mastermind no es ofrecer apoyo para un equipo o grupo en su conjunto, sino que es un apoyo individual dentro del marco de un grupo. En este sentido, hemos buscado ubicar el Grupo Mastermind entre otros métodos existentes como son: un grupo de terapia, entrenamiento colectivo, *coaching* grupal o grupos de codesarrollo. Hemos considerado la orientación de dichas herramientas y retenido las orientaciones que nos parecen más pertinentes para posicionar el Grupo Mastermind en este "paisaje del acompañamiento":

Para nosotros, el acompañamiento puede estar basado en:

* **Eliminar un problema o buscar una nueva solución.** La versión "patógena" de esto se enfoca en eliminar el sufrimiento, mientras que el enfoque "benéfico" busca el funcionamiento óptimo y el bienestar total. Aunque estas dos orientaciones son diferentes, no son mutuamente excluyentes.

* **Acción o reflexión.** ¿Está el acompañamiento del grupo dirigido hacia la palabra y la reflexión simbólicas, o hacia la acción y el ejemplo de naturaleza más operativa?

* **La estabilidad en el estilo de vida o el cambio.** ¿Busca el acompañamiento mejorar las cosas en el contexto del estilo de vida actual de la persona, o bien ayudarle a llegar a donde quiere llegar aunque signifique cambiarlo todo?

* **Contenido o relaciones.** ¿El acompañamiento está enfatizado en la adquisición de nuevos conocimientos o habilidades, o podría centrarse en la calidad de la relación de la persona consigo misma, con los demás, y con la dinámica del grupo?

* **Creación de identidad o refuerzo del comportamiento.** ¿El acompañamiento puede estar dirigido a reforzar las conductas

---

11 https://fr.wikipedia.org/wiki/Pensée_de_groupe#cite_ref-1

de las personas, a través del uso de técnicas y herramientas, o a mejorar su identidad personal y / o profesional?

Juguemos. Considere la tabla a continuación. Para cada tipo de grupo, indique si cree que se centran en un problema y/o solución, acción y/o reflexión, estabilidad en el estilo de vida y/o cambio de estilo de vida, contenido y/o relaciones, o creación de identidad y/o nuevos comportamientos.

Grupo centrado en	Grupo de conversación	Formación colectiva	Coaching grupal	Co-desarrollo	Mastermind
Problema					
Solución					
Acción					
Reflexión					
Estabilidad					
Cambio					
Contenido					
Relaciones					
Construcción identitaria					
Contribuciones técnicas					

He aquí nuestras respuestas. ¿Son nuestras opiniones las mismas que las suyas?

Grupo centrado en	Grupo de conversación	Formación colectiva	Coaching grupal	Co-desarrollo	Mastermind
Problema	Si	Si	Si	Si	Si
Solución	No	Si	Si	Si	Si
Acción	No	Si y No	Si	Si	Si
Reflexión	Si	Si	Si	Si	Si
Estabilidad	Si	Si	Si	Si	Si
Cambio	No	Si	Si	Si	Si
Contenido	No	Si	No	Si	Si
Relaciones	Si	Si y No	Si	Si	Si
Construcción identitaria	Si	No	No	Si	Si
Contribuciones técnicas	Si y No	Si	No	Si	Si

No estamos, por supuesto, tratando de contraponer estos diferentes enfoques, al mismo tiempo que elogiamos a los Grupo Mastermind, sino que tratamos de señalar qué hace que los Grupos Mastermind sean únicos. Esta matriz es muy importante para comprender el rol del facilitador, así como para seleccionar a participantes potenciales. Permite a un facilitador Mastermind preguntar a los participantes potenciales sobre sus expectativas para convertirse en miembros del grupo y establecer el encuadre adecuado para facilitar el proceso grupal.

Uno de los beneficios clave de un Grupo Mastermind es que integra todos los diversos métodos aplicados por los otros tipos de grupos:

En un Grupo Mastermind, los participantes:

* Presentan **sus problemas** y están llamados a buscar y compartir **soluciones**.

* **Reflexionan** sobre sus situaciones, y el grupo los ayuda a **actuar**, usando esas situaciones como un trampolín.

* **Evolucionar** en sus negocios y en sus vidas personales. La **estabilidad** solo se considera como una etapa en el proceso.

* Se benefician, no del conocimiento **teórico**, sino del conocimiento que proviene de escuchar las **prácticas** y las experiencias de los demás miembros.

* Están rodeados de pares, líderes, ejecutivos, emprendedores (que son probablemente un poco más "experimentados" que ellos). Este contacto refuerza su propia identidad como líderes y, como Jim Rohn señaló: **"Nos convertimos en el promedio de las cinco personas con quienes pasamos más tiempo"**. Esto da lugar a nuevos comportamientos coherentes con esta identidad que se fortalece.

Veamos ahora qué hace que un Grupo Mastermind que emplee inteligencia colectiva sea único y cómo se diferencia de otras formas de acompañamiento. Se trata de un **compromiso responsable y recíproco**.

Creemos que este es el criterio que hace que los Grupos Mastermind sean diferentes de otras formas de grupos de acompañamiento. Los grupos de codesarrollo también usan el principio de compromiso responsable, pero de una manera mucho menos intensa. En el codesarrollo, la persona que quiere comprometerse a actuar puede hacerlo, pero no es una obligación. Por el contrario, este compromiso de actuar es una necesidad fundamental en un Grupo Mastermind.

Dado que cada participante se compromete a acciones específicas frente a sus compañeros, crea una poderosa red de personas que se comprometen recíprocamente a actuar. Este compromiso, basado en los sentimientos de responsabilidad, se hace a nivel cognitivo, pero aún más a nivel emocional, y este último elemento es lo que hace que el grupo sea tan poderoso.

Una vez aceptado en un Grupo Mastermind, cada uno se compromete a actuar, primero para sí mismo, pero también para servir a los otros miembros del grupo. Y aquí también está la diferencia en relación con el codesarrollo: cada persona se convierte en un recurso de alta calidad para todos los demás; cada uno le dará su "todo" al resto (eso no significa que lo hará en lugar de los demás, porque eso dejaría a este último sin ningún sentido de responsabilidad). Cada persona se compromete a hacer todo lo que pueda para que otros miembros puedan reunirse y alcanzar sus metas, utilizando su tiempo, su red y sus competencias. Veremos más adelante que un buen facilitador favorecerá la inclusión, en su Grupo Mastermind, de personas que parecen ser capaces tanto de "dar" como de "recibir". Y aún más de "dar" que de "recibir".

Los Grupos Mastermind también están muy alejados de los grupos de conversación terapéutica. Un Grupo Mastermind está fuertemente orientado hacia la acción, y hacia el bucle de acción-resultado-retroalimentación. Cada vez que un participante presenta una situación, pide ayuda al grupo y, como resultado, cosecha una gran cantidad de ideas y consejos, se compromete a ponerse en movimiento para mejorar su situación. Con frecuencia, los participantes presentan un plan de acción cuando se sientan en el "Hot seat". En la siguiente sesión Mastermind, el facilitador le preguntará qué se ha puesto en marcha, sobre los resultados que se han logrado y, posiblemente, lo que aún es necesario para actuar de forma más eficaz. Vamos a profundizar más en esto más adelante en este libro: baste decir por ahora que los errores y fracasos son mejor tolerados en un Grupo Mastermind que la procrastinación y la inactividad.

Estamos en el corazón del valor añadido del Grupo Mastermind: obliga, confronta, responsabiliza y expone a las consecuencias. ¿Quién, hoy en día, tiene la oportunidad de ser confrontado de esta manera, en un ambiente benévolo pero no complaciente, por un grupo tan diverso de pares?

Dos testimonios

> *"Lo que hace único a un Grupo Mastermind es el pacto entre caballeros de cada uno de los participantes, que apoya el éxito de los demás en el grupo. Si algo le sucede a uno de los miembros del grupo, siente la responsabilidad de hacer algo para ayudarlo, mucho más de lo que hubieran hecho por alguien con quien hayan pasado por un grupo de formación, por ejemplo. ¡Hay un verdadero espíritu de fraternidad en un Grupo Mastermind. Te sientes cercano a los otros participantes. Es una muy buena experiencia".*

"Cuando me enfrentaba a algún problema empresarial complicado, uno de los miembros del grupo subió a un avión y se vino, por su propia cuenta, para pasar el fin de semana y trabajar con mi equipo".

Para resumir las herramientas de acompañamiento colectivo son múltiples. El Mastermind no es una de ellas. Un Grupo Mastermind es paradójicamente una herramienta colectiva de acompañamiento individual. De allí su originalidad. Un Grupo Mastermind posee numerosas cualidades que se encuentran en la mayoría de las otras formas de acompañamiento. De hecho, posee todos ellos y a la vez, lo que explica que este grupo sea tan poderoso.

Grupo centrado en	Grupo de conversación	Formación colectiva	Coaching grupal	Co-desarrollo	Mastermind
Generatividad	Si y No	Si y No	Si y No	Si y No	Si
Emergencia	Si y No	Si y No	Si y No	Si y No	Si
Resonancia	Si y No	Si y No	Si y No	Si y No	Si
Sinergia	Si y No	Si y No	Si y No	Si y No	Si
Campo	Si y No	Si y No	Si y No	Si y No	Si

La generatividad de un Grupo Mastermind, está en función de la resonancia, la sinergia, la emergencia y la calidad del campo relacional. Todos ellos son objetivos del Grupo Mastermind en inteligencia colectiva. Son el centro de atención del facilitador. También lo es el compromiso responsable en la acción de cada miembro hacia el éxito de los demás. Esto es lo que diferencia el Mastermind de las otras formas de acompañamiento colectivo.

1.4 ¿Los postulados de un Grupo Mastermind?

Aunque, como acabamos de determinar, un Grupo Mastermind es diferente del grupo de codesarrollo, sus premisas básicas tienen mucho en común. Payette y Champagne[12] han definido una serie de principios que operan en un grupo de codesarrollo que también pueden ser aplicados y mejorados por un Grupo Mastermind.

1- **"La práctica produce conocimiento que la ciencia es incapaz de producir"**.
Los principios pedagógicos son claros al respecto: Haciendo se aprende a hacer. Sin embargo, muchas experiencias grupales de aprendizaje tienden a enfocarse principalmente en teorías e ideas (como dice el refrán, *"uno debería vivir en teoría, porque, en teoría, todo va bien"*). Un Grupo Mastermind busca, al máximo, el aprendizaje por la experiencia y el servicio del grupo.

2- **Aprender una práctica profesional es aprender a actuar.**
El corazón de un Grupo Mastermind, su fuente y expresión, consiste en alentar a los participantes a actuar, utilizando los nuevos "materiales" que han recibido durante las sesiones. Los participantes no se presentan para saber más, sino para actuar más. Aprender a través de la acción es fundamental. De ahí viene el compromiso con la acción en cada sesión. Si no pone en práctica lo que aprendió, priva al resto del grupo de aprender incluso de los errores. El facilitador también debe tener un rol de *coach* en lo que se refiere a la acción: asegurarse de que los participantes tengan claro dónde, cuándo, con quién y con qué actuarán. También confronta a los miembros individuales del grupo cuando las sesiones no llevan a ningún resultado.

3- **Los intercambios con otros sobre experiencias permiten un aprendizaje que de otro modo sería imposible.**
Un Grupo Mastermind crea intercambios de apoyo a través de la práctica de intercambios estructurados entre pares. No es solo una simple discusión, conversación o curso.
Estos intercambios, organizados por el facilitador, garantizan el progreso de cada participante. El conocimiento evoluciona constantemente o se estabiliza. Los intercambios con pares más jóvenes permiten mantenerse al día, y con pares seniors, aprender cosas que nunca han cambiado.
Como ejemplo, uno de los participantes de nuestro Grupo Mastermind que pasó al "Hot seat" dijo: "Me gustaría entender por qué nunca tengo el valor de decir no". El facilitador y otros miembros del grupo recordaron rápidamente que el objetivo de la sesión de Mastermind no es entender "por qué" sino moverse en la dirección del "cómo". El grupo le condujo, de manera concreta, a la identificación de "a qué" y "a quién"

---

12 Payette , A., Champagne, C., *Le groupe de codévelopment professionnel* (2012), Presse de l'université du Québec.

le gustaría decir "no", y lo ayudó a idear algunas estrategias concretas para conseguirlo.

4- **El participante que toma acción es una persona única que se encuentra en una situación única.**
Una de las suposiciones en grupos de formación es que es posible ofrecer herramientas y estrategias prefabricadas a los participantes que pueden ser aplicadas de manera similar por todos, independientemente de su contexto específico o personalidad. El propósito de un Grupo Mastermind es ofrecer múltiples perspectivas sobre la situación específica que viven los participantes. No hay una respuesta preparada. Y cada uno elige entre todas las ideas que se le ofrecen, seleccionando aquellas que se corresponden mejor con su situación.

5- **La subjetividad de los participantes es tan importante como la naturaleza objetiva de la situación.**
En los Grupos Mastermind, los miembros intentan comprender de qué manera específica una situación en particular plantea un problema para la persona en el "Hot seat" en lugar de centrarse únicamente en los hechos objetivos de la situación. En otras palabras, los participantes miran más allá de la situación objetiva, miran la forma en que el individuo la está experimentando. Esto plantea un problema para un individuo pero no para otros.
Preocuparse por lo que la situación representa como un desafío para esa persona, en particular, permite a los miembros del grupo encontrar respuestas y soluciones que siempre son más pertinentes para la persona que ocupa el "Hot seat".

6- **Trabajar en la identidad profesional está en el corazón del codesarrollo del líder.**
Estar entre compañeros es beneficioso cuando se trata de desarrollar la identidad profesional. Como afirmó Jim Rohn, nos convertimos en el promedio de las cinco personas con quienes pasamos la mayor parte de nuestro tiempo. Y esa experiencia social fortalece nuestra identidad.

7- **Cada individuo es el experto en lo que respecta a su situación y su problema.**
En un Grupo Mastermind, es importante reconocer la competencia natural de los participantes. El facilitador y los demás participantes deben dejar de lado cualquier sentimiento de obligación a aportar soluciones al compañero que se encuentra en el "Hot seat". Al acudir a un Grupo Mastermind, uno no participa para afirmar su incompetencia, sino que reconoce su autonomía y la responsabilidad que tiene a la hora de encontrar y aplicar soluciones a las situaciones a las que se enfrenta. En otras palabras, es usted quien sabe si una sugerencia particular es pertinente y cómo hacerla pertinente, en relación con su propia situación.

8- Para aprender cómo actuar, es necesario dar lugar a nuestras incompetencias.
Este principio se puede resumir en la siguiente frase: **"No siempre logramos nuestro objetivo, pero siempre obtenemos algún resultado"**. Y como Nelson Mandela dijo: *"A veces tengo éxito, a veces aprendo"*. Tomar nota de nuestras deficiencias es un recurso importante ya que nos permite aprender lo que necesitamos. A veces nos encontramos con el fracaso; eso también, paradójicamente, nos acerca a nuestro objetivo. Como mínimo, podría decir que acaba de encontrar otra forma de no resolver su problema. Aprendemos tanto de nuestros errores como de nuestros éxitos. Cada encuentro del Grupo Mastermind permite a los participantes aprender sobre lo que funcionó, y lo que no, modelizándolo.

9- La calidad de las relaciones en un grupo determina la calidad del contenido de los intercambios.
Una de las condiciones necesarias para que se produzca la resonancia, la sinergia y la emergencia es la calidad del campo relacional y generativo que el grupo ha sabido crear. Como analogía, vemos que cada dedo de una mano puede completar un cierto número de acciones. Pero cuando se unen, se convierten en una mano capaz de mucho más de lo que un solo dedo puede hacer por sí mismo. Es por eso que el apoyo del facilitador para la creación y el mantenimiento de la calidad de este campo, durante las sesiones de trabajo es tan fundamental. Ese es el enfoque principal de su función.

10- El valor añadido en un Grupo Mastermind es directamente proporcional al estado de ánimo generativo del facilitador y de cada miembro del grupo.
No todos los grupos son generativos. Un grupo puede unirse de tal manera que la productividad del grupo sea menor de lo que sería si cada participante trabajara por su cuenta. En otras palabras, $1 + 1 = -1$. Esto es común en equipos donde hay conflictos y tensiones, y todos intentan sabotear a la otra persona. En otros casos, la productividad de un grupo es esencialmente la suma de lo que cada participante puede lograr trabajando por sí mismo, $1 + 1 = 2$. En estos dos casos, estar en un grupo no aporta ningún valor añadido y no representa ningún beneficio para los participantes. Debido al campo generativo creado entre los participantes en un Grupo Mastermind, la productividad del grupo es mucho mayor que la suma de sus partes; es decir, $1 + 1 = 3, 4, 5, 6$, etc. En resumen, hay una conciencia creativa en los grupos: y es aquí donde el enfoque de un Grupo Mastermind, con las herramientas de la inteligencia colectiva, adquiere todo su sentido. Esas herramientas, ingredientes que bajo ciertas condiciones generan un campo, son las que comentamos anteriormente: intención compartida, resonancia, sinergias, emergencia y campo.

11- **La alineación de un grupo hacia una intención común hace que cada uno de sus miembros converja en la misma dirección.**
Un Grupo Mastermind es aquel que tiene una orientación clara: permitir a los participantes dar un paso hacia su éxito según su propia definición de éxito.

Esta intención compartida es un factor de éxito importante para un Grupo Mastermind; el facilitador del grupo debe enfocarse en seleccionar a los participantes que tengan intenciones similares y que estén de acuerdo con el propósito principal del Grupo Mastermind. Es importante que el facilitador enfatice la intención común de los miembros del grupo en el momento en que se lanza el grupo, y cada vez que se agrega un nuevo miembro. El grado en que los miembros del grupo compartan una intención común determinará la generatividad del grupo, así como la excelencia de los resultados de cada miembro.

Las premisas enumeradas anteriormente son importantes porque son los fundamentos sobre los que se construye un Grupo Mastermind.

Expresado en otros términos, estos principios son la expresión explícita de los valores en los que opera un Grupo Mastermind:

* **Pragmatismo**
* **Aprendizaje**
* **Compartir**
* **Confianza**
* **Autenticidad / Autoconocimiento**
* **Enfoque eco-sistémico**
* **Autonomía**
* **Creatividad/Innovación**

Es importante que el facilitador del Grupo Mastermind comprenda bien esos principios, porque implican una postura específica y le llevarán a estar alineado con esos valores. También le proporcionarán los criterios que se utilizarán para seleccionar nuevos participantes para un Grupo Mastermind. ¿Los participantes son pragmáticos? ¿Son confiables? ¿Tienen el deseo de aprender y compartir, la autenticidad y la autonomía suficiente para participar activamente en el grupo.

1.5 Los tipos de Grupo Mastermind

¿Personal o profesional?

Hemos aclarado que el grupo debe tener una intención clara. Y aunque hayamos mencionado principalmente participantes en términos de líderes o emprendedores, no creemos que solamente los jefes de empresa puedan constituir un Grupo Mastermind.

Concebir, pertenecer y animar un Grupo Mastermind es aplicar el principio según el cual se es más inteligente y más creativo entre varios que uno sólo. Varias mentes valen (generalmente) más que una sola. Esta evidencia se aplica tanto a la vida personal como profesional. Por lo tanto siéntase libre de crear su Grupo Mastermind tanto a título profesional como personal. Todos los principios que representamos se aplican igualmente tanto para uno como para otro.

Durante nuestra gira de entrevistas, nos hemos reunido con una animadora que todos los meses se reúne con cuatro amigas no para una "cena entre chicas" si no para llevar discusiones estructuradas. ¿Su intención? Evolucionar profesionalmente y encontrar el apoyo y los consejos que necesitan. Así descubrimos la existencia de grupos de personas decididas a escribir un libro juntas, o ayudarse para encontrar los fondos necesarios para ofrecerse un viaje alrededor del mundo, o también para compartir su desarrollo espiritual.

¿A cuántos? Mastermind, micro-Mastermind y mega-Mastermind

El primer Grupo Mastermind empieza con dos personas. Se puede hablar del micro-Mastermind. No nos parece necesario esperar a ser 5 ó 6 para lanzarse. Lanzarse con dos personas es un primer paso fácil, fácilmente accesible. Lanzarse con dos sin esperar a un tercero, ya es demostrar que se está en el espíritu del Mastermind: actuar sin esperar. Así podríamos decir, cómo Napoleón Hill, que un matrimonio feliz es el primer Mastermind porque es un espacio en el cual uno llega a ser más que uno mismo.

La diferencia entre un Grupo Mastermind y una reunión amistosa, es otra vez y siempre, el encuadre. Se programa con anticipación reuniones regulares, a las cuales cada uno se compromete a estar presente. Se prohíben las discusiones tipo "parte trasera del bús" o "las charlas de cafetería". El proceso está animado por los dos miembros del micro-Mastermind. Los intercambios son comprometedores para pasar a la acción. Cada uno llega con un objetivo a alcanzar, una necesidad, una demanda. Cada uno se compromete a entrar en acción. Cada uno presenta la realidad tal como es y no como quisiera que fuera. Una parte habla, la otra escucha y ofrece el feedback, y se da mucha importancia a las sensaciones.

El valor de los grupos micro-Mastermind

Dos testimonios de participantes de un micro-Mastermind de dos personas:

Logros: 19 kilos menos y deporte con regularidad para Nicolás que pertenece a un micro-Mastermind con un amigo para "volver a coger las riendas de su salud", o puesta en marcha de conferencias de forma exitosa por parte de Hervé que está en el Mastermind para "dar el paso" con otro consultor.

Con la experiencia, medimos cada vez más la fuerza de un Grupo Mastermind a dos. También descubrimos la importancia de llevarlo rápidamente a tres personas. Entre dos, la comodidad del "tú y yo" se instala, mientras que entre tres, la tercera parte llega a menudo para discrepar, matizar, equilibrar, aclarar la discusión y así enriquecerla. Salir de 2 para ir hacia 3 es un progreso en los micro-Mastermind y puede ofrecer la oportunidad de ir hacia el 5, 6, 7…

Por otra parte, recomendamos crear binomios de apoyo a dos personas incluso en los Grupos Mastermind con más participantes. Dos personas que tienen cosas en común que buena conexión pueden declararse "binomios de responsabilidad" y ser co-coachs. Puede que las afinidades en el grupo generen espontáneamente la aparición de estos binomios que también van a trabajar con procesos estructurados y con un encuadre. Resulta aún más beneficioso si el facilitador anima a esas emergencias y a esas participaciones en micro-Mastermind en el seno del Grupo Mastermind.

Otros facilitadores animan a crear mega-Mastermind, con grupos que pueden llegar a hasta 300 participantes, como por ejemplo Jeff Mooree[13] en los Estados Unidos. Es entonces aún más importante crear subgrupos y micro-Mastermind.

---

13 https://www.thesuccessalliance.com/jeff-moore-Mastermind-group/

¿Le suena el nombre de Dunbar?

El nombre de Dunbar corresponde al número por encima del cual un grupo tiene mayor dificultad para mantener un vínculo social sólido y estable, y una buena calidad relacional. He aquí la fórmula: $N \times (N-1)/2$. Concretamente si hay 7 personas en su Grupo Mastermind, cada persona debe gestionar 21 relaciones en total en el grupo, lo que sí, es factible.

Añadiendo solamente dos participantes más, o sea un total de 9, cada uno debe gestionar 36 conexiones. Lo que consecuentemente se vuelve mucho más difícil en términos de atención y gestión del grupo. Éste número 7 es por lo tanto una garantía de calidad para la concentración del grupo y la calidad de sus interacciones.

Ratios de participación

Para determinar el tamaño adecuado de un grupo y con qué frecuencia debe reunirse, el facilitador debe realizar ratios de participación. Este cálculo le permite conocer si su grupo ofrece suficientes oportunidades a los participantes de sentarse en el "Hot seat". Así podrá determinar el número de sesiones de "Hot seat" que serán necesarias durante la existencia del grupo. Por ejemplo, un grupo que se reúne unas diez veces al año y que ofrece tres oportunidades de "Hot seat" en cada reunión, ofrece hasta 30 oportunidades durante un período de un año. Este número se debe dividir entre el número de participantes del grupo. Por ejemplo, si hay 30 oportunidades totales de sentarse en el "Hot seat", para un grupo de 20 personas, cada persona tendría 1,5 oportunidades al año. Eso no es mucho. Si hubiera 12 mastermindianos en el grupo, sería hasta 2.5 veces por persona. Y con 6 participantes, el número aumentaría a 5 veces por persona, es decir, uno cada dos meses. Claramente, si el ratio de participación es más alto, habrá consecuentemente mayor cantidad de oportunidades para los participantes de vivir una sesión de "Hot seat" y de disfrutar de las ventajas que esto conlleva.

¿Con una meta común o cada uno con su meta?

Ya hemos insistido sobre la pertinencia de tener una intención clara y común en el seno de un Grupo Matermind. Sin embargo esto no quiere decir que los perfiles de los participantes deban ser homogéneos. Todo lo contrario, la diversidad de los perfiles es una gran riqueza para cada uno, aunque no nos parezca que un Grupo Mastermind compuesto de participantes con intenciones diferentes pueda vivir mucho tiempo.

O sea esto significa que podemos tener 3 tipos de Grupo Mastermind:

1. Con perfiles comunes y objetivos comunes: por ejemplo un grupo de amigos que decir leer un libro juntos y aplicar sus principios en su vida personal.

2. Con perfiles comunes y objetivos diferentes: un grupo de empresarios de empresas liberadas que se reúnan para compartir a que estado han llegado.

3. Con perfiles diferentes y objetivos comunes: como por ejemplo responsables en diferentes sectores (industria, consultoría, medicina...) que quieran llegar a ser líderes conscientes.

Y más difícilmente:

* Con perfiles diferentes y objetivos diferentes. Cierto, son condiciones a evitar para que un Mastermind funcione bien y que cada uno pueda encontrarle su beneficio.

Según nuestra experiencia y nuestra investigación, hemos observado sobretodo grupos en los cuales son los perfiles comunes lo que prevalece en el reclutamiento de los participantes. En contrapartida, las metas de los participantes pueden ser diferentes. O sea, parece ser que es prioritario que el perfil de los participantes sea común, más que sus objetivos. Así existen Grupos Mastermind compuestos únicamente de restauradores, de directivos, de directivos de *Start-up*, de madres, de agentes inmobiliarios, de nuevos managers. Nos enfrentamos aquí al desafío del reforzar la identidad de los Grupos Mastermind. También hemos descubierto la limitación de estos grupos de pares donde la falta de diversidad acaba por hacer dar vueltas al grupo sin avanzar.

¿Horizontal o vertical?

Cuanto más se concentra un Grupo Mastermind en simplemente compartir de forma descendente la información y la experiencia de una persona en particular (generalmente el facilitador del grupo), más se tratará de lo que llamamos un Mastermind vertical orientado "supervisión", o Mastermind de *mentoring*.

Curiosamente hemos visto ilustrado este enfoque en una entrevista cuando a la pregunta: "¿qué es lo que hace su Mastermind diferente?", nos contestaron: "simplemente, yo que soy quien lo facilita", y esto parece ser propio de los Masterminds orientados a supervisión.

En respuesta a la misma pregunta, otro fundador del Grupo Mastermind nos dijo: "El Grupo Mastermind que facilito no está centrado en mí, sino en los participantes". Podemos decir que cuanto más está un grupo centrado en el apoyo mutuo y la dinámica de grupo, más tiene que ver con la "inter-visión" orientada horizontalmente.

El concepto de "supervisión" es una expresión que da la idea de que hay un individuo en el grupo que está en una posición más alta en relación con los demás: Él es el experto. El individuo que ha lanzado una iniciativa Mastermind de este tipo a menudo tiene buenas respuestas y un nivel de éxito con el que los demás participantes han soñado.

El concepto de "inter- visión" se basa en la idea de que no hay una única solución correcta para una situación, y que el mapa de cada miembro del grupo servirá para enriquecer el de los demás. Ese es el enfoque que ofrece un Grupo Mastermind cuando emplea la inteligencia colectiva. La determinación de la proporción de supervisión y de inter-visión al diseñar su Grupo Mastermind es importante. A su vez, determinará el estilo de facilitación y el tipo de expectativas que los miembros del grupo deberían tener.

En nuestro estudio de varios Grupos Mastermind, descubrimos algunos grupos donde los facilitadores también asumían periódicamente el rol de formadores. Facilitaron el proceso de Mastermind en sus grupos y luego agregaron dos o tres sesiones al año para tratar temas específicos surgidos durante las sesiones Mastermind. Por otra parte, estos facilitadores a menudo fueron elegidos por sus habilidades, tales como: *marketing* en Internet, imagen y relaciones parentales... En general, cuanto más famoso sea el facilitador, más popular será su Grupo Mastermind.

Si bien es totalmente posible ofrecer algunas sesiones orientadas a la formación para un Grupo Mastermind, o traer expertos o personas que compartan sus testimonios personales, esto solo debe tener lugar de manera ocasional y limitada. Las sesiones orientadas a la formación solo deberían ofrecerse porque responden a una necesidad específica de los participantes. También deberían hacerse de tal manera que involucren a los miembros del grupo para que no se conviertan en lo mismo que una sesión de formación un seminario.

Mastermind inter-visión	Mastermind supervisión
Enfoque circular	Enfoque piramidal
Rotación del facilitador entre profesionales	Un experto/ Profesionales
Todos expertos	Un profesional con más conocimiento
Focalizado en la emergencia de soluciones	Focalizado en el aporte de soluciones
Co-creación del proceso y adaptación	Proceso prestablecido
El facilitador está centrado en el proceso y las relaciones	Facilitador está centrado en el aporte de contenido

Diferencias entre supervisión e inter-visión

Aunque al principio de nuestro estudio suponíamos que un facilitador de Mastermind debería estar orientado principalmente hacia la inter-visión, nuestras entrevistas con varios Grupos Mastermind en todo el mundo nos mostraron el valor añadido para los participantes que aporta el enfoque supervisión.

Grupos cara a cara o "online"

Ya dijimos que los Grupos Mastermind comenzaron en los Estados Unidos. Dado el tamaño de ese país, los Grupos Mastermind frecuentemente requieren el uso de medios electrónicos para la comunicación. Varios grupos llevarán a cabo sus actividades mediante el uso de la tecnología de Internet, con una o dos sesiones presenciales al año. De hecho, algunos facilitadores ya solo lideran sus Grupos Mastermind a distancia u "online". Los medios de telecomunicación ofrecen las ventajas de no tener que reservar una sala, evitar los desplazamientos o de una mejor gestión del tiempo. Además, se pueden encontrar participantes dentro de un área geográfica mayor. Esto también puede reducir el riesgo de competencia local entre los miembros.

Sin embargo, si los miembros del grupo están lo suficientemente cerca como para hacerlo posible, le recomendamos que utilice el modelo cara a cara. Esto puede ser especialmente importante si usted es parte de un grupo que se reúne al menos una vez al mes. La interacción cara a cara permite fortalecer los vínculos entre los participantes; las personas se involucran mucho más entre sí que si estuvieran participando desde la distancia, en particular cuando se trata del uso del "Hot seat".

Para Grupos Mastermind que se reúnen semanalmente, las herramientas virtuales para reuniones *online* son una buena alternativa que permite a las personas mantener el ritmo y un enfoque cuando se trata de implementar su plan de acción. Al crear un circuito de retroalimentación muy corto, ayuda a promover un aprendizaje individual y colectivo más intensivo. En cualquier caso, se recomienda que el primer encuentro sea cara a cara sobre todo si se trata de un lanzamiento del grupo en fin semana.

¿Gratuito o con cargo?

Volveremos más adelante sobre el tema de la tarifa de los Grupos Mastermind. Por el momento, digamos que el precio de un Grupo Mastermind, en gran medida, depende del alcance de la presencia de un facilitador profesional. La tarifa real dependerá de su valor añadido, principalmente basado en la organización logística y administrativa, en la facilitación y en el apoyo al grupo durante el proceso. Cuanto más desafiante sean las responsabilidades de los miembros, más numerosas serán las reuniones y más exigente el acompañamiento de la dinámica de grupo durante la sesiones y entre ellas. Por ello, será más coherente con las expectativas del grupo contar con la presencia de un Facilitador profesional. En este caso, no hay una tarifa preestablecida.

Hay otros Grupos Mastermind de alto nivel donde el grupo se basa en el modelo de supervisión: un experto reconocido reúne a los participantes principalmente para que puedan beneficiarse de su experiencia y para que alcancen el mismo nivel de resultados que él en su mismo ámbito profesional y personal. Esos son a menudo los Grupos Mastermind más costosos.

Por el contrario, los Grupos Mastermind que se basan en la inter-visión (es decir, la contribución complementaria de todos los participantes) a menudo son menos costosos porque la responsabilidad del progreso del grupo se comparte entre los participantes.

Un Grupo Mastermind que se autogestiona completamente es generalmente gratis, o puede implicar una pequeña tarifa pagada en el momento de las reuniones. Por ejemplo, entrevistamos a una persona que creó un Grupo Mastermind personal, y el coste de la participación fue traer una botella o un plato para compartir durante la reunión de trabajo. El tema de la gratuidad de un grupo es una parte importante del encuadre del Mastermind y debe abordarse desde el comienzo.

Entrevistamos a una persona que expresó su arrepentimiento tan pronto como vio que el modelo de Mastermind se había convertido en uno en el que los participantes debían pagar una tarifa. Explicó que veía a los grupos como una fuente de apoyo a la que todos deberían tener acceso. Reconocemos la existencia de ese punto de vista y, al mismo tiempo, observamos que las personas a menudo devalúan cosas cuando no tienen que pagar un precio para ello. Constatamos en nuestro propio Grupo Mastermind que cuando la participación era gratuita, esto tenía un impacto negativo en el grado de compromiso y participación de los miembros: más ausencias, las personas llegaban tarde a las sesiones, etc.

Sea cual sea el modelo que elija, un Grupo Mastermind no debe verse principalmente como una fuente de dinero, sino como un vehículo para construir relaciones generativas y apoyar a los participantes.

Aquí algunos consejos a considerar sobre este tema:

* Convierta a sus clientes de *coaching* o *training* en participantes Mastermind. Ya se estableció una gran confianza, por lo que ahorrará mucho tiempo.
* Haga que la experiencia cobre vida (con transmisiones en vivo, reuniones presenciales o seminarios web) en lugar de solo hablarle de su grupo a la gente. Ese es el mejor *marketing*.
* Mantenga modalidades de pago sencillas.
* Establezca su tarifa desde el inicio para que resulte atractiva y no excesiva.

* Reflexione al fijar su tarifa: bien la puede fijar calculando el tiempo que va a dedicar mensualmente al grupo, multiplicado por su tarifa por hora y dividido por el número de participantes; bien puede cobrar un forfait mensual, o incluso puede establecer su tarifa acorde con el valor añadido que usted considera que va a aportar al grupo (un concepto que a menudo usan los gurús de Internet).

* Solicite un pago por adelantado; establezca reglas claras con respecto al reembolso cuando alguien cancela su participación o cuando una persona no puede asistir a una sesión.

* Asegúrese de incluir en su tarifa los costes logísticos, las intervenciones llevadas a cabo por expertos, los fines de semana, si se van a agregar nuevos miembros al grupo, o cuando hay algún otro tipo de integración o celebración.

* Finalmente, debe recordar que los participantes que se hayan acostumbrado a no tener que pagar nada por formar parte de un Grupo Mastermind tendrán muchos más problemas cuando tengan que hacerlo posteriormente. Es mejor pedir una tarifa mínima al comienzo y dejar claro que tendrá que haber una obligación financiera por parte del participante. Estamos seguros de que, una vez que haya realizado una evaluación de todo lo que se requiere para la facilitación y preparación de un Grupo Mastermind, ya no tendrá ninguna duda sobre la conveniencia de solicitar una contribución financiera razonable.

¿Participante y facilitadora al mismo tiempo?

El rol adoptado por el facilitador debe ser claro y coherente con el encuadre del grupo.

En el caso de Grupos Mastermind gratuitos, el facilitador puede ser un participante como los demás. Incluso algunos Mastermind son dirigidos por facilitadores que se turnan. ¡Esa puede ser una muy buena demostración de inteligencia colectiva! Por otro lado, tan pronto como el facilitador comience a estar remunerado, no recomendamos que use los roles de facilitador y participante al mismo tiempo. Si el facilitador de un Grupo Mastermind también quiere ser participante en un grupo, le sugerimos que se una a otro grupo donde "solo" será un participante. Como resultado, estará más disponible y productivo en ambos grupos. Eso le permitirá llevar a cabo más a fondo todos los roles que se esperan de un facilitador de un Grupo Mastermind.

Hay tantos tipos de Grupos Mastermind como situaciones de vida. Obviamente, aquellos que nos vienen primero a la mente son aquellos vinculados con problemas de nuestro negocio. Sin embargo, también existen grupos especiales Mastermind a título personal, para personas solteras, parejas, personas divorciadas recientemente, personas que desean perder peso, artistas, madres, padres de adolescentes y personas jubiladas.

He aquí algunos ejemplos concretos de Grupos Mastermind:

* Amigos que se reúnen porque todos han leído el mismo libro y desean intercambiar ideas sobre su contenido y hablar sobre cómo pueden aplicarlo a sus vidas. Por ejemplo: un Grupo Mastermind para el libro, The Leadership Gold, de John C. Maxwell[14], que acompaña a los lectores con ejercicios en cada capítulo

* Consultores que desean ver el video de un seminario o MOOC juntos. Por ejemplo: un Grupo Mastermind que estudia the MOOC U.Lab Theory U de Otto Scharmer.

* *Coachs* y consultores que desean aprender *marketing* o el *blogging online*. Por ejemplo: Grupos Mastermind para gurús de *marketing online*.

* Cónyuges / jefes de empresa que desean equilibrar su vida personal y profesional.

* Mujeres empresarias que están en los primeros cinco años de inicio de sus carreras.

* Empresarios, que han estado en el negocio por lo menos durante dos años, llevan a cabo *marketing* directo y desean aumentar su presencia *online*.

---

14 http://lindatravelute.com/leadership-gold-mastermind-group/

¿Está familiarizado con los Grupos Mastermind SHUT UP AND WRITE[15]?

Algunas personas crearon lo que resulta ser un tipo asombroso y muy inteligente de Grupo Mastermind. Sus miembros se reúnen únicamente *online*, durante dos horas cada dos semanas, ¡y no hablan entre sí! ¿Sabes por qué? Bueno, porque es un grupo "SHUT UP AND WRITE" ("CIERRA LA BOCA Y ESCRIBE"). Estos grupos reúnen a personas que quieren escribir un libro y a quienes nunca se les ha dado el tiempo para ver un proyecto así en todo el proceso. Sí, eligen el Grupo Mastermind solo para beneficiarse de un marco exigente libremente consentido. Se beneficia cada uno de cuatro secuencias de 25 minutos de escritura, seguidas de 5 minutos de pausa. Por ello se ven obligados a tomarse el tiempo de escribir con el resto de los miembros del grupo. Sí, han elegido libremente este grupo solo para que puedan beneficiarse de un foro que requiere que sean disciplinados. Aprovechan cuatro secuencias de escritura seguidas de pausas de cinco minutos. La productividad de cada miembro es, como resultado, prodigiosa.

¿Y un Mastermind ONE SHOT (en un sola vez)?

Estos grupos no tiene la vocación de durar un largo período de tiempo. Se crean y luego se dividen, dependiendo de la solicitud de una persona específica en relación con un tema específico. Muy a menudo, duran solo una hora o un día. Para decirlo en términos concretos, una persona puede tener un problema importante y desea obtener algunos comentarios en respuesta a sus preguntas y a las opciones que ha analizado. A continuación, la persona se encarga de convocar, cara a cara o en una conference call, a varios expertos que tienen experiencia con su problema para una reunión de corta duración. El formato de la llamada se adhiere al proceso de reunión Mastermind y se desarrolla durante un período de tiempo predefinido. La persona que organiza la reunión puede ofrecer una compensación financiera o material a quienes participen en ella. Por ejemplo, hace unos años, un gurú de Internet estadounidense se encontró con dificultades (de orden jurídico, /legales). Esta era un área que estaba muy alejada del dominio profesional en el que destacaba. Se encargó de reunir a 20 abogados, expertos en el problema, y durante una conferencia telefónica de no más de una hora de duración compartió su problema con ellos. A cambio de sus sugerencias, les ofreció una invitación a uno de sus seminarios. Luego constató que probablemente fue la mejor inversión que hubiera hecho nunca. Añadió que ninguno de los abogados, por sí solo, podría haberle ofrecido el nivel de respuesta que recibió reuniendo a 20 abogados. Aunque no todos somos gurús de Internet, también vemos, en este tipo de Grupos Mastermind espontáneos, una forma muy poderosa de obtener respuestas instantáneas a nuestros problemas.

---

15   https://thesiswhisperer.com/shut-up-and-write/

Muchos Grupos Mastermind están formados para abordar problemas específicos. Las sesiones grupales para empresarios pueden enfocarse como una lluvia de ideas sobre cómo diseñar un logotipo, abordar la creación de ingresos pasivos, atraer nuevos clientes, diseñar su tarjeta de visita, compartir las mejores prácticas para un sitio web que convierta visitantes en clientes, etc. Un grupo de directivos puede en su lugar, enfocarse en temas como: cómo tratar con su jefe, establecer objetivos, gestionar relaciones inter-generacionales, pedir un aumento de sueldo y así sucesivamente.

Luego hay Grupos Mastermind que abordan el tema del desarrollo personal, donde los participantes pueden tener interés por ejemplo, en descubrir su verdadero potencial, explorar cómo permanecer positivo, encontrar su pasión, gestionar sus miedos o aprender a decir "no".

Estos grupos son muy diferentes de los que hacen redes porque el objetivo de un grupo de redes es esencialmente aumentar el número de conexiones dentro del grupo para generar más oportunidades de negocios a sus miembros. El propósito de un Grupo Mastermind es mejorar la calidad generativa de las relaciones entre los participantes. Debido a esto, la mayoría de los Grupos Mastermind tienen a menudo (no siempre) un tamaño limitado.

1.6 Los beneficios para los participantes

Napoleon Hill presentó el Grupo Mastermind como un lugar que permite a los participantes:

* Saber lo que quieren, sus deseos, su intención.
* Tener confianza en su capacidad para alcanzar sus resultados deseados.
* Desarrollar sus habilidades para alcanzar su objetivo a través de múltiples tipos de experiencia provenientes de sus pares.
* Liberar su imaginación y beneficiarse de las ideas de su grupo para que puedan prever todas las posibilidades y opciones.
* Comprometerse y tomar decisiones.
* Anclar su decisión en acción, planificándola.
* Aprender de sus éxitos, así como de sus errores (y de los de los demás).

Estas ventajas son fuentes importantes de motivación para unirse a un Grupo Mastermind. También pensamos que hay algunas más.

Como parte de un Grupo Mastermind, tienes una cita. Y no cualquier cita; sino una cita obligatoria, o sea, a la que finalmente uno consiente. A través de su compromiso con su grupo uno decide libremente dedicarle tiempo a su desarrollo profesional, en la mayoría de los casos, una vez al mes durante un año.

El facilitador se encargará de todos los aspectos logísticos para que su mente se sienta a gusto y no tenga que pensar en todos esos detalles. Usted sabe que todos los meses tiene una reunión importante con sus pares para analizar su negocio, encontrar soluciones, y también, paradójicamente, para dejar que su cerebro se actualice y recargue sus baterías en buena compañía. Y eso ya es un proceso interno fuerte. Varios participantes del Grupo Mastermind dicen que asistir a una reunión es como una actividad recreativa. Pocas son las ocasiones que le ofrecen la posibilidad de estar ocupándose de sí mismo y de su negocio al mismo tiempo.

Dado que el facilitador se encarga de toda la logística, todos los participantes solo tienen que dirigir su atención a sus proyectos, sus negocios, a sí mismos y a la calidad de sus relaciones con los otros miembros del grupo. Todo lo que tienen que hacer es liberar su potencial y cosechar los beneficios que surgen de los intercambios con sus pares, gracias a las interacciones dirigidas por los facilitadores.

La segunda ventaja, y parecerá obvio, es que usted es parte de un grupo de apoyo. Ser parte de un grupo de apoyo puede traer beneficios que van más allá del conocimiento cognitivo intercambiado con los miembros del grupo. Un ejecutivo o líder a menudo está solo en la cima de la pirámide de su organización. E incluso si tiene un comité ejecutivo, los problemas que surgen durante las interacciones con colegas profesionales pueden dar lugar a desafíos que pueden experimentarse como paradojas y convertirse en fuentes de tensión.

Algunos de los desafíos que surgen con respecto a los compañeros profesionales y los miembros del equipo pueden ser:

* Dificultades para asumir un rol jerárquico de liderazgo y, al mismo tiempo, ser fiel a uno mismo.

* Dificultades para mantener altura, claridad de visión y la perspectiva adecuada con respecto a un grupo que se encuentra en su mismo ecosistema.

* Dificultades para tomar a la vez decisiones objetivas en un entorno con grandes desafíos posicionales.

El Grupo Mastermind al que pertenece, por otro lado, está ahí para apoyarle. Los miembros le han elegido a usted y usted los has elegido. Nadie está allí para brillar más que nadie.

Cada persona llega al grupo con su propia realidad, con lo que es realmente, aportando su experiencia y perspectiva, sus fortalezas, sus áreas de mejora, su potencial y las áreas sobre las cuales no está claro. La paridad reina. Básicamente, cada persona está invitada a dejar que caiga su máscara de ejecutivo o empresario responsable y que, sin dudarlo, apoye a quien busca ayuda y a quién aspira a seguir adelante. Otto Scharmer, profesor del MIT, expresa esta idea bastante bien: "Convertirse en un miembro de un grupo de pares es como tirar las rodillas al suelo y aceptar mostrar tu vulnerabilidad".

La tercera ventaja es que no tiene que hacer nada. Qué alegría saber que otra persona se está ocupando de todo:

* De organizarlo todo, a menudo en lugares donde usted. nunca iría por su cuenta.

* De liderar el grupo, usando herramientas específicas de inteligencia colectiva.

* De asumir la responsabilidad de convertir los intercambios en algo que sea rentable, para que todos se lleven más de lo que invirtieron en ellos.

Y de únicamente cosechar los frutos de su presencia en el grupo. Sí, en un Mastermind existe esta posibilidad de dejarse llevar... Sin ese sentimiento de culpa por no hacer nada.

La penúltima ventaja que vemos en relación con su participación **en un Grupo Mastermind es que se beneficiará de la entrada de 7, 8, o 9 consultores expertos al mismo tiempo**: 7, 8 o 9 profesionales diferentes, que si bien pueden tener diferentes trayectorias profesionales, de vida o habilidades que usted, al menos tendrán el mismo nivel de éxito que usted. Y que están aquí para usted, todos comprometidos con su éxito (como lo estará usted para el de ellos).

Así que tiene 7, 8 o 9 perspectivas sobre sus problemas, provenientes de personas, sin agendas ocultas, que no trabajan en su campo, pero que solo desean una cosa: ayudarle. Eso es el núcleo del Grupo Mastermind: esos son los "tesoros" asociados a su Grupo Mastermind.

¡Solo esta ventaja justifica la tarifa de un Mastermind y esas no son solo palabras vacías! Haga los cálculos: 7, 8, 9 entrenadores, 1 día por mes, durante el período de 1 año = ...

Y finalmente, la ventaja más importante que compartimos de nuevo con usted aquí **es el fuerte compromiso que existe entre los miembros**.

Tener una reunión establecida por adelantado: ¡eso es realmente bueno! Con un grupo que tiene 7, 8 o 9 entrenadores: ¡eso es aún mejor! ¡Pero un grupo que apela a su compromiso, ese es el mejor escenario! Es, sin duda, mejor que involucrarse cara a cara consigo mismo. A la gente, como regla general, le encanta hablar, intercambiar ideas, pensar en todos sus problemas (a menudo quejándose de ellos), pero el Mastermind está allí para asegurarle pasar de su sueño a implementar un proyecto real. El grupo está ahí para apoyarlo hasta el final. Es muy exigente e igualmente muy gratificante. Y decimos esto porque lo hemos experimentado en todos y cada uno de nuestros Grupos Mastermind.

La efectividad de un Mastermind depende de los bucles de acción-retroalimentación-aprendizaje. Sin acción no hay aprendizaje, y por lo tanto no puede haber progreso (o solo muy poco). Aprendemos mucho de nuestros errores. Cuando hablamos sobre el aprendizaje que tiene lugar en un Grupo Mastermind, tiene que ver con el aprendizaje de la persona que está tomando acción, pero también con el aprendizaje compartido con todos los demás que están en el grupo. Compartimos nuestros éxitos y nuestros errores. Los otros miembros del grupo también aprenden cuando nos escuchan describir las dificultades que hemos experimentado. Los participantes constantemente aprenden unos de otros a través de su modelado, de lo que funciona y lo que no funciona.

Participar en un Mastermind le brinda una buena dosis de energía constructiva. Necesitamos energía además de conocimiento para lograr el éxito. Participar en un Grupo Mastermind le permite generar la cantidad de energía necesaria para asumir un riesgo, emprender acciones, innovar (seguir yendo más lejos / ir más allá) Al final de cada reunión, los participantes del Mastermind están ansiosos de llegar al trabajo, impulsados por las ideas y sugerencias de los demás, el aliento y los puntos de vista. Los participantes sienten que son capaces de convertirse en la mejor versión de sí mismos, e incluso en algo mejor que eso debido al ejemplo proporcionado por otros participantes.

En lo que a nosotros respecta, no hay duda de que el apoyo brindado por los Grupos Mastermind, hoy y aún más mañana, satisface la gran necesidad de los líderes de empresas y de todas las personas que desean lograr sus objetivos, actualizarse y lograr su realización personal y profesional. Además del hecho de que es innovador el enfoque Mastermind, donde se emplea la inteligencia colectiva, aborda varios niveles de retos:

* **Desafíos de identidad:** Encontrar modelos de conducta y apoyo de otros líderes y empresarios.

* **Desafíos operacionales:** Encontrar recursos concretos para resolver problemas.

* **Desafíos económicos:** Hacer que su negocio sea más rentable e innovador.

* **Desafíos epistémicos** (de significado intrínseco): Disfrutar aprendiendo y progresando.

* **Desafíos socio-afectivos:** Encontrar un gran apoyo emocional en un contexto de aprendizaje.

Estos cinco desafíos pueden usarse como una base para evaluar la calidad de cualquier Grupo Mastermind. Pida a los participantes que respondan a las siguientes afirmaciones utilizando la siguiente escala numerada:

Usar una escala del 1 al 9 -1 significa "nada", y 9 significa "definitivamente"- responda a las siguientes afirmaciones:

1. Debido a mi participación en este grupo, me estoy convirtiendo, cada vez más, en lo que quiero ser (soporte de nivel de identidad).

    1   2   3   4   5   6   7   8   9

2. Debido a mi participación en este grupo, puedo obtener respuestas concretas a mis preguntas (soporte de nivel operacional).

    1   2   3   4   5   6   7   8   9

3. Debido a mi participación en este grupo, puedo hacer avances en mi negocio (soporte de nivel económico).

    1   2   3   4   5   6   7   8   9

4. Debido a mi participación en este grupo, me complace aprender cosas nuevas (apoyo de nivel de significado intrínseco).

    1   2   3   4   5   6   7   8   9

5. Obtengo placer al participar en este grupo (apoyo socio-afectivo).

    1   2   3   4   5   6   7   8   9

La siguiente lista recopila los beneficios para el participante de un Grupo Mastermind como individuo:

* Tiene un desafío cuando se trata de sus ideas y convicciones.
* Su identidad profesional se construye y fortalece.
* Siente que está recibiendo apoyo.
* Tiene acceso a una mayor creatividad.
* Se ve obligado a pensar en su actividad profesional de una manera diferente.
* Desarrolla su autoestima (sin convertirse en una persona pretenciosa).

* Logra un entrenamiento mental.
* Accede a años de experiencia de los otros participantes.
* Su nivel de ambición y / o de realismo aumenta.
* Sus fracasos se transforman en experiencias de aprendizaje. Desarrolla su capacidad para actuar.
* Se siente más a gusto cuando se enfrenta a la incertidumbre.
* Se permite ser más auténtico (¡finalmente!). Comienza a pensar en nuevas maneras.
* Se siente rodeado y apoyado por una red de personas de alta calidad.
* Sus necesidades de relación (para no estar solo) están satisfechas.
* Aprende a ayudar a los demás.
* Sabe cómo pedir ayuda.
* Desarrolla confianza en sus decisiones y adquiere una mayor capacidad para asumirlas.
* Libremente acepta el ejercicio de la disciplina.
* Minimiza sus errores .
* Tiene una mayor conciencia de sí mismo.
* Puede recibir y alentar.
* Crece y luego crece como ser humano.

La siguiente lista detalla algunos de los beneficios del Grupo Mastermind para un ejecutivo o emprendedor:

* Un "Comité ejecutivo" de apoyo que se dedica al éxito.
* La capacidad de modelar inmediatamente los éxitos de los demás.
* Reconocimiento del progreso real de su negocio.
* Resolución más fácil de problemas. Menos intentos y menos errores
* Obtener múltiples perspectivas sobre problemas profesionales.
* Nuevas ideas a las que de otro modo no tendrían acceso.
* Desarrollo de madurez estratégica y operativa.
* Identificación más fácil de los problemas reales.
* Distancia del ecosistema propio (para que uno pueda regresar a él de una mejor manera).

* Adquisición de conocimiento no teórico que se basa en la experiencia de otros participantes.
* Adquisición de *feedback* pertinente, honesto (¡a veces, despiadado!) de personas que ya han pasado por lo que uno está pasando ahora.
* Adquisición de la capacidad de avanzar más rápidamente debido a las experiencias de otros participantes.
* Adquisición de la capacidad de identificar soluciones que están fuera del campo de conciencia de uno.
* Creación de una red de excelencia.
* Las experiencias, el conocimiento, la información y las habilidades que, de otro modo, uno nunca podría adquirir.
* Estar rodeado de co-entrenadores que promueven las actividades comerciales de uno.
* Ser desafiado, ser forzado a salir de la zona de confort.
* El refinamiento de las habilidades de resolución de problemas.
* Aceptar las propias vulnerabilidades, y activar en un recurso.
* Ser decisivo e involucrarse en la acción.
* Ahorrar tiempo entre la etapa de la idea y la etapa de su realización.
* ¡Tomar riesgos y atreverse, atreverse, atreverse!

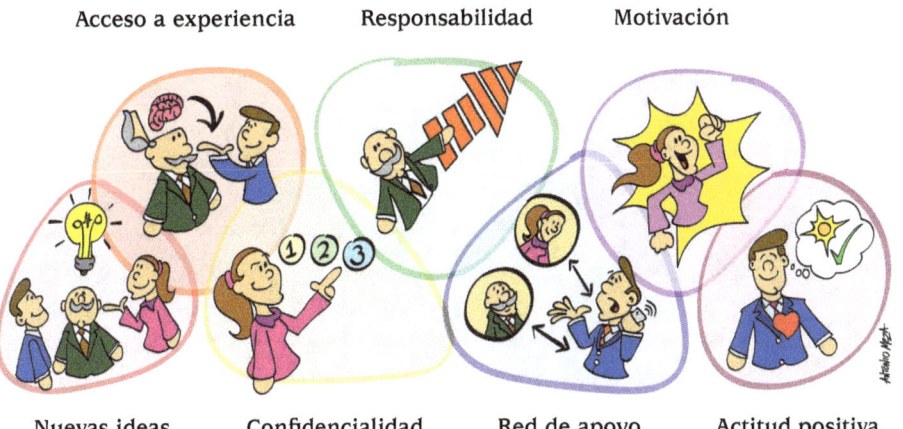

Beneficios de un Grupo Mastermind

Anthony Robbins a menudo comparte la historia de su visita a un cuartel del ejército donde había habló con un pelotón de soldados. El general que lo había invitado comentó que la experiencia de los soldados en el ejército era uno de los momentos más poderosos de sus vidas, pero luego se lamentó de que la mayoría no convirtiera su entrenamiento de alto nivel en parte integrante de sus vidas.

Como resultado, en su vida civil no tuvieron acceso al éxito en el mismo alto nivel que lograron durante su tiempo en el ejército. Cuando le preguntaron a Robbins por qué era esto así, él respondió: "*Cuando estos soldados abandonan el ejército, ya no tienen el nivel de exigencia que se les impone en ese entorno, la exigencia de hacer lo mejor que puedan*". Esas son el tipo de demandas que se llevan a cabo en Grupos Mastermind.

Testimonio de un participante:

> *"Participar en este Grupo Mastermind me ha dado confianza en mí mismo. Y a pesar de que no nos vemos todas las semanas, es como si estuviera conectado al grupo y a su energía de todos modos. Es como si el grupo me estuviera apoyando, incluso desde la distancia... Me permitió creer que tener éxito sería algo a lo que podría acceder, y que yo también podría lograr. Entonces me decidí a manejar mejor mis prioridades y comenzar el día a las 10h00 meditando o realizando alguna actividad deportiva durante una hora. Perdí alrededor de 11 kilos debido a eso y he aumentado mi nivel de energía. Ahora asumí la responsabilidad de recibir el pago correcto que merezco en mi trabajo. Y he hecho nuevos amigos y a menudo nos llamamos cuando no estamos en las reuniones".*

El nombre de su Grupo Mastermind

Darle un nombre a su Grupo Mastermind cuando está bien elegido, refuerza el sentimiento de pertenencia de los participantes.

Aquí hay algunos consejos sobre cómo elegir uno:

* La palabra "Mastermind" no necesariamente tiene que aparecer como parte de tu nombre: puedes reemplazarla por palabras como "círculo", "grupo", "alianza", "comunidad", "colectivo", etc.
* Elija el nombre teniendo en cuenta el tipo de personas que desea atraer: ¿Quiénes son? ¿Cuál es su edad? ¿Quién los refirió? ¿Qué están buscando? ¿Qué tienen en común? Y al mismo tiempo, ¿Qué tienen de único?
* Puedes elegir un nombre que parezca ofrecer algún tipo de promesa, usando verbos que describan los resultados que una persona debería poder obtener: el grupo "*Trabaja menos y gana más*" o el grupo "*Aceptamos oportunidades*", por mencionar algunos ejemplos.
* Puedes usar palabras que identifiquen a los participantes, es decir, exactamente a lo que quieren llegar: "*Mommy Entrepreneurs Group*" o "*Zentrepreneurs*".
* También puede usar una imagen o un sonido que sea familiar para los participantes: "*The WOW Group*", (*El Grupo "GUAU"*) o incluso un "*All for One Group*" (*Grupo Todos para Uno*).
* Su grupo puede llevar a cabo la actividad de encontrar cuál sería el nombre correcto para sí mismo. Eso podría ser un excelente rompehielos en el momento de sus primeras sesiones.

Capítulo 2

¿Qué es un Grupo Mastermind?

Somos de la opinión de que cualquier persona puede crear un Grupo Mastermind. Es bastante simple juntar a algunos amigos emprendedores, para que puedan, cada uno a su turno, ser escuchados mientras presenta su propio proyecto, y para que los demás puedan aconsejarle y darle sugerencias. En principio, liderar un Grupo Mastermind no es más complicado que eso. Sin embargo, las personas que crean y lideran dichos grupos son a menudo formadores o consultores y tienen experiencia en dinámica de grupos y en en la gestión de procesos colectivos.

Por ejemplo, el grupo de ocho personas que han escrito este libro está formado por Coachs que recibieron formaciones específicas para el desarrollo de la inteligencia colectiva. Tales entrenadores y consultores saben cómo enfatizar las cosas que son importantes, los puntos más sobresalientes y cómo hacer surgir las verdaderas demandas, detrás de las preguntas, para que el trabajo sea realmente efectivo. Hacen que la tensión creativa aumente cuando sea necesario y regulan la actividad que tiene lugar entre los participantes; también adoptan la postura correcta de un líder o facilitador.

En resumen, para responder a la pregunta "¿quién puede crear un Grupo Mastermind?", Nuestra respuesta es: todos, pero preferiblemente personas con experiencia en acompañamiento o en moderación de grupos pequeños.

Quien decida, un gran día, dirigir o facilitar un Grupo Mastermind asumirá la responsabilidad de llevar a cabo diferentes roles: "selecciona" a los participantes, motiva, regula la dinámica del grupo, vigila el mantenimiento de un espíritu colectivo, constructivo y ambicioso, lidera sesiones e intervenciones, y finalmente permite la construcción conjunta de un campo relacional generativo que libera el potencial de cada Mastermindiano.

2.1 Las funciones del facilitador de un Grupo Mastermind
Crear el grupo y gestionar los recursos humanos del mismo

Selección de participantes

Por lo general, un facilitador comenzará reuniendo a un grupo de 5 ó 6 personas para lanzar su Grupo Mastermind. Este es un tamaño de grupo que permite la interacción generativa sin ser demasiado fatigoso de manejar.

Seleccionar a los miembros del grupo requiere cierta cantidad de trabajo promocional por parte del facilitador. Es una cuestión de habilidades específicas de comunicación para las cuales el facilitador puede querer obtener ayuda, si siente que la necesita. Dependiendo de sus hábitos de trabajo, habilidades de comunicación y de la calidad de su red de contactos, el facilitador puede reclutar de su *network* profesional más cercano (amigos, colegas de trabajo, compañeros de trabajo), a través de eventos de red o realizando promociones en Internet. Puede optar por hacer las tres cosas.

El facilitador querrá asegurarse de que no recluta participantes cuyas actividades profesionales sean demasiado parecidas. Esto puede conducir a un riesgo de percepción de competencia entre los miembros del grupo. Además, tener participantes que comparten la misma experiencia no proporciona el nivel necesario de diversidad necesaria para crear un alto nivel de inteligencia colectiva. El facilitador debe tratar de crear un Grupo Mastermind que reúna a participantes que provienen de entornos muy diferentes. La riqueza de la diversidad es claramente uno de los grandes beneficios de un grupo efectivo de Mastermind.

Los grupos mixtos, donde hay mujeres y hombres, también son muy deseables. Garantizan la diversidad cuando se trata de cómo se ven las cosas, y permiten la generación de múltiples soluciones.

Al mismo tiempo, el facilitador querrá tener cuidado de elegir a los participantes que tengan necesidades similares. Obviamente, los asuntos pertinentes y más relevantes para un grupo compuesto por personas desempleadas serán muy diferentes de aquellos cuyos participantes son jefes de compañías que cotizan en bolsa. Algunos facilitadores crean sus grupos según ciertos criterios comerciales, por ejemplo, que la empresa del participante tenga más de 200.000 euros de cifra de negocio o más de 10 empleados.

Los resultados para un Grupo Mastermind, en cuanto a éxito individual o colectivo, dependen en gran medida de la "calidad" de los miembros del grupo y por tanto de sus personalidades y experiencias.

Es por ello que el facilitador, en la entrevista de reclutamiento, querrá buscar rasgos de personalidad de los candidatos, y en particular, asegurarse de que dichos posibles candidatos comparten valores que son parte integrante de Mastermind (valores contenidos en capítulo 5).

Este rol de "seleccionador" debe tomarse muy en serio, porque en última instancia es el facilitador quien crea su grupo. Es quien hace la elección sobre si un determinado candidato puede convertirse o no en un miembro del grupo. No se es candidato porque uno sea un magnate de alguna industria, o porque sea popular en los medios; deberá descubrir si tiene las cualidades humanas que asegurarán que será un socio responsable, de modo que la dinámica del grupo sea realmente buena.

El facilitador debe tener el derecho de negar la incorporación a ciertos candidatos. Esto puede no ser la mejor decisión para sus ingresos a corto plazo; pero evitará que "le salga el tiro por la culata". Además de evaluar las personalidades de los candidatos, el facilitador querrá asegurarse de que los candidatos quieren comprometerse y asistir a todas las reuniones (cara a cara u *online*). El compromiso de participación y asistencia es una condición sine qua non y no negociable que debe cumplirse para la incorporación de una persona a un Grupo Mastermind. Si el candidato no puede comprometerse a asistir regularmente y con total asiduidad a todas las reuniones, casi sin excepciones, entonces no se le debe invitar al grupo. Cuando selecciona a "sus" Mastermindianos, el facilitador debe acordarse de que el rechazo de un candidato antes de que comience el grupo es mucho más fácil, y va mucho mejor, que tener que expulsar a un participante más tarde.

Cuando un facilitador está en el proceso de registrar a una persona para su Grupo Mastermind, debe explicar cuán crítico y esencial es el compromiso, y cuáles son los beneficios para cada miembro en el seno de su Grupo Mastermind, incluido el mismo. La asiduidad con la que asista regularmente a las reuniones permite a los miembros conocerse mejor a medida que pasa el tiempo, y crear conexiones para que, gradualmente, se creen equipos autosuficientes, que faciliten a los miembros ayudarse unos a otro, en el día a día.

Cuando se registran por primera vez el facilitador proporcionará el calendario de las sesiones por adelantado y pedirá a los miembros que bloqueen esas horas en sus agendas respectivas. Si una persona no puede participar en la mayoría de las fechas que se han reservado para las reuniones, entonces, simplemente, no es un buen candidato para el grupo.

Gestión de salidas del grupo

Crear un grupo no está limitado, por supuesto, simplemente a seleccionar los candidatos y luego a animar dicho grupo. El facilitador también debería apoyar la despedida voluntaria de ciertos miembros del grupo. Además, si ciertos miembros no están suficientemente comprometidos, el facilitador debería finalizar su participación. En tal situación, es imperativo que el facilitador se comunique, de manera fáctica, con el individuo en cuestión y con el resto del grupo, para explicar los motivos de la salida. Este es un movimiento muy importante para mantener la cohesión y la "salud" del grupo.

Para que las razones de tal movimiento se basen en hechos, sugerimos que los facilitadores lleven un registro actualizado de la asistencia y de los compromisos que cada mastermindiano hace durante las reuniones. Por lo tanto, si uno de los miembros no asiste a las reuniones o no cumple con sus compromisos de una manera seria, el facilitador tiene justificación para finalizar su participación.

Preparación y liderazgo de las sesiones

Como organizador del Grupo Mastermind, debe elegir un lugar donde los participantes se sientan cómodos y seguros de abrirse para obtener información sobre cómo están llevando a cabo su vida cotidiana. Debe definir el contenido de sus sesiones, planificar las fechas de las sesiones y, finalmente, comunicarse con todos los miembros del grupo.

Cada paso es importante en sí mismo y requiere una atención especial.

Debe comunicarse con sus participantes antes de la primera sesión, en particular sobre sus deseos y metas para el grupo, y prepararlos para una experiencia maravillosa. Aproximadamente una semana antes de su primera sesión enviará un correo electrónico que contenga toda la información necesaria para la primera reunión.

La facilitación de las reuniones se aborda en el capítulo 3.

Crear y mantener una mentalidad positiva y constructiva

El éxito de un Grupo Mastermind depende principalmente de la mentalidad del grupo. Esta mentalidad tiene un fuerte impacto en los resultados individuales y colectivos. La mentalidad del grupo determinará la fuerza y la calidad del "campo generativo" que crean juntos.

Para ayudar a los martermindianos a abrirse camino en un espacio donde las oportunidades son casi ilimitadas, será importante que el facilitador del grupo les "enseñe" cómo cuidar al otro sin confluir en exceso.

El espíritu de un Grupo Mastermind también integra una buena dosis de ambición individual y colectiva. Cada participante viene para lograr su proyecto, superarse, explorar criterios de éxito, trabajar sobre sí mismo y sobre sus propósitos. Esto requiere una gran determinación y perseverancia. Los procrastinadores generalmente no tienen su lugar en un Grupo Mastermind, todo lo contario, tienen allí precisamente su lugar para ser ayudados a pasar a la acción. No tomar medidas dificulta el aprendizaje y la evolución en un miembro. Cada persona debe ser benévola y exigente hacia lo que hacen otros mastermindianos para ayudarles a conseguir dar su "salto cuántico".

Eso es lo que llamamos "benevolencia sin complacencia". Los participantes no viven "entre algodones". Participan para encontrar soluciones con sus pares, para que puedan emprender el camino hacia el éxito. Es un curso de acción exigente que, con toda probabilidad, debe repetirse numerosas veces, ya que los participantes se enfrentan a sus bloqueos, a sus límites (que necesitan superar) y a sus zonas oscuras.

Algunos participantes se desestabilizan durante algunas de las sesiones y deberán ser capaces de demostrar que tienen una gran capacidad para abrirse y recibir comentarios constructivos para que puedan obtener retroalimentación constructiva de sus pares. Este efecto espejo es un regalo maravilloso, ofrecido por un Grupo Mastermind que trabaja en un espíritu de corresponsabilidad.

Los mastermindianos también deberán integrar la lógica "el otro antes que yo", o "dar antes que recibir". Cada miembro debe venir con la intención de dar más de lo que se va a llevar para sí mismo. Es esa espiral virtuosa de dar "primero para el otro" la que genera la potencia de verdaderos y maravillosos aportes recíprocos.

Esta lógica "el otro antes que yo" también se aplica a los turnos y a los tiempos de palabra entre los participantes. En grupos "normales", no es extraño que algunas personas se apropien todo el tiempo de palabra. El Grupo Mastermind no debe ser considerado como un grupo "normal". Todos participan para primero escuchar a los demás, no para no escucharse hablar. El facilitador expresa autoridad sobre este importante punto en los términos del espíritu del grupo. Puede citar a Confucio: "Si la persona tiene una boca y dos orejas, es para que pueda escuchar el doble de lo que habla".

La actitud de los mastermindianos siempre está orientada hacia la acción. Para conseguir algo hay que empezar por atreverse. ¿No es así? Por lo tanto, los participantes pasan gran parte de su tiempo pensando en diferentes planes de acción. Se hacen las siguientes preguntas: "¿Cómo se puede hacer?" "¿Cómo se puede hacer mejor?" Se aconsejan y desafían entre sí. Emular el éxito de los demás se vuelve más importante y pasar a la acción se convierte en una obsesión. En el peor de los casos, nada funciona. Pero cada fracaso es un éxito en términos de aprendizaje para uno mismo y para el grupo. Y cada pedacito de aprendizaje equivale a éxito. Este "pasar a la acción" es uno de los componentes de la responsabilidad que cada miembro del grupo tiene que demostrar. Cada individuo es responsable de actuar. Y también de lograr que los otros actúen. Este espíritu de corresponsabilidad garantiza que cada miembro del grupo pueda ayudar a sus pares a avanzar y a atreverse a hacer algo nuevo o diferente. Cada individuo puede preguntarle al otro "¿Qué puedo hacer yo para ayudarte a pasar a la acción?"

Finalmente, los participantes del Grupo Mastermind deben reconocer el principio de que pueden progresar como seres humanos, junto con sus compañeros, gracias al grupo. Esto requiere un nivel de humildad, algo de transparencia y una capacidad para mostrar su vulnerabilidad. Un Grupo Mastermind es un espacio donde cada individuo comparte, con toda honestidad, sus problemas, dudas, miedos y preguntas. Y a veces, si el nivel de confianza es alto entre todos los participantes, comparte también algunos pequeños casos de vergüenza que podrían estar arruinándole la vida. Ahí es donde el principio de confidencialidad se vuelve totalmente necesario. Lo que se dice en el grupo se hace bajo el sello de confidencialidad.

Y me preguntarás, ¿y el humor? Al igual que C.W. Metcalf decía: "Haz tu trabajo seriamente, sin tomarte a ti mismo demasiado en serio". Cada individuo deja vivir a su "niño libre" mediante el uso del humor y de la auto ironía (auto curación). Eso permite que el grupo sea aún más creativo.

Asegurar la comunicación y el seguimiento entre las reuniones

Para que un Grupo Mastermind sea eficaz es importante que cada miembro se mantenga en contacto con el resto de los participantes para mantener un espacio a compartir y, sobre todo, para que los participantes cumplan con sus compromisos. Por lo tanto, es esencial que el facilitador:

* Envíe un correo electrónico de seguimiento describiendo los hitos que se lograron en la última sesión así como los cambios que se esperan tengan lugar antes de la próxima reunión.

* Agregue información complementaria, diferentes enlaces a páginas web y libros interesantes.

* Pida a sus participantes que le envíen una actualización sobre su progreso.

* Proponga una línea directriz para tareas de desarrollo específicas.

El facilitador, que siempre está al acecho de las últimas tecnologías, puede facilitar la comunicación con su grupo al introducir nuevas herramientas de colaboración que estén en Internet. Estas herramientas permiten mantener una conexión entre los miembros de un grupo sin inundar sus bandejas de entrada.

Es útil, por ejemplo, crear espacios privados *online* con herramientas como Facebook, Google Group, Slack, Trello, Asana entre otros. Así es como los miembros pueden publicar sus perfiles, colgar fotos, hacer preguntas, comentar sus progresos, participar en grupos de discusión y compartir documentos y recursos. Cuanto más conectados estén sus miembros, más compartirán y colaborarán.

Aunque las reuniones cara a cara son efectivas e incluso preferibles, el facilitador también puede organizar conferencias telefónicas o por video (Skype, Hang-out, Go-To-Meeting, etc.). En esos casos, es mejor planificar las sesiones con una duración superior a dos horas

Asegurar la buena circulación de la energía dentro del grupo

Dado que la calidad de lo que emerge del grupo, en términos de participación por la presencia de sus miembros, y por la fortaleza de sus intenciones, depende del nivel de confianza e interacción armoniosa entre los miembros, el facilitador deberá prestar especial atención al nivel de energía colectiva de su grupo. Napoleón Hill ya dijo en 1937 que el rol principal de un Grupo Mastermind es crear armonía para aumentar el nivel de energía disponible para todos los participantes. ¡Su creencia principal era que, al compartir, todos mejoran!

El facilitador contribuye a crear las mejores condiciones para generar relaciones de confianza y lograr que los participantes sientan el deseo, e incluso la necesidad, de darse consejos, apoyarse y ayudarse los unos a los otros. Durante las reuniones, guía a los participantes hacia niveles más profundos de discusión posible y presta atención a posibles bloqueos, como son la falta de comprensión, interacciones incómodas, juegos psicológicos, tensiones o cualquier caldo de cultivo para conflictos que podría alterar la libre circulación de la energía y comprometer la armonía existente dentro del grupo.

La energía principal del grupo proviene de sus participantes, de sus ambiciones individuales y de las intenciones que tienen hacia los demás miembros. El facilitador detecta y dinamiza a estos movimientos ascendentes/descendentes. Aumenta la energía ya presente en el sistema si siente que el nivel de energía del grupo es bajo. Permite que surjan fuentes de energía brillantes y poderosas, facilitando las condiciones adecuadas para que estas emerjan. Enfoca la atención de los participantes en lo que es importante, positivo y generativo. Esas son las condiciones necesarias para que surja la inteligencia colectiva y destaque la brillantez del grupo.

Un facilitador de Grupo Mastermind mantiene niveles de energía y entusiasmo altos, pero sin más. Dosifica. Un poco de sal, pero no demasiado. Es importante que el nivel de energía sea sostenible y que las personas no "se quemen". Para ello, aplica los principios básicos de una moderación grupal eficaz: vela para que todos se expresen, creando un entorno favorable para debates sobre ideas diferentes y procurando que los roles de los participantes varíen; acoge la expresión de las emociones de manera discreta, regula las interacciones entre los participantes, hace posible que los miembros liberen tensiones y ayuda a que todos encuentren soluciones que se puedan poner en práctica; mantenine conexiones de alta calidad que favorezcan la confianza, asegurando un riguroso control del tiempo, siendo a la vez flexible en este sentido, etc.

Fortalecimiento del compromiso de los miembros del grupo

Un grupo cuyos miembros no aparecen regularmente es uno que se extinguirá rápidamente. Todos y cada uno de los participantes deben ser conscientes de que sus sesiones Mastermind son parte integrante de un compromiso esencial para él/ella y sus compañeros. Las fechas establecidas para ellos no pueden modificarse, y la ausencia solo es permisible si uno tiene una crisis, como un problema de salud.

El facilitador establece las condiciones para la participación en el grupo para que no haya dudas sobre cuán importantes son. Para ese fin, debería:

* Traer algo nuevo, de una sesión a otra, para mantener un alto nivel de motivación por parte de los miembros.

* Alentar a cada miembro del grupo a actuar como mentor para otros miembros del grupo.

* Adaptar su programa, dependiendo de las capacidades de recopilación de información del sistema que se está utilizando y la situación.

* Promover el lema "el que da también recibe".

* Motivar a los miembros a estar presentes en todas y cada una de las sesiones.

* Exigir que los miembros estén 100% comprometidos con su propio éxito y el de los otros miembros.

* Averiguar que se hayan logrado todos los objetivos que se han compartido con el grupo.

El desarrollo de las habilidades de los participantes

Aunque esto no es necesariamente lo que los mastermindianos piden, el facilitador también está en el lugar para promover el crecimiento de los miembros como seres humanos, además de como líderes empresariales. Para facilitar este crecimiento, el facilitador debe servir de ejemplo, transmitir ideas y conocimientos, aportar mucho a lo que está sucediendo y actuar como un mentor que no pide nada a cambio, sino el compromiso de los miembros.

La capacidad de pedir ayuda o de ofrecer ayuda sin esperar nada a cambio es esencial para beneficiarse plenamente de los Grupos Mastermind. También está el crecimiento y desarrollo personal que provienen de reconocer su propia vulnerabilidad frente a un grupo de pares.

Estas capacidades son esenciales para el desarrollo personal de los participantes en Grupos Mastermind. ¡Las personas que poseen estas habilidades son a menudo más auténticas y se desarrollan a niveles más altos que los demás!

Para apoyar el desarrollo de las habilidades de los miembros de su grupo, el facilitador Mastermind a veces ofrecerá talleres dirigidos a mejorar ciertas habilidades. Él elegirá temas que se adapten a las necesidades de los participantes y los respaldará para tomar riesgos. El facilitador ayuda a los participantes a enfocarse en los aspectos positivos de la experiencia desafiante para que los participantes puedan experimentar el poder y el placer de convertir obstáculos en proyectos y proyectos en experiencias de aprendizaje.

El facilitador puede tener expertos externos que intervienen en el grupo si él/ella no tiene las habilidades específicas que se necesitan para que los participantes progresen. Podría ser alguien que sea conocido o no; como un entrenador en un área específica, o alguien que ha hecho algo extraordinario y puede dar su testimonio -alguien como un deportista altamente reconocido, por ejemplo. Algunos ejemplos de tales contribuciones desde el exterior pueden incluir temas tales como: gestión de proyectos, liderazgo empresarial, diseño de negocios, gestión de patrimonio, colocaciones financieras, *marketing*, pensamiento positivo, meditación, crowdfunding, financiación de esfuerzos innovadores, transformación numérica, diagramas de tendencia de las empresas, la postura del líder, etc.

Incitar al grupo a pensar diferente sobre las cosas

El facilitador ayuda al grupo a hacer buenas preguntas y estar abierto a otros puntos de vista.

Albert Einstein señaló que "la locura (consiste en) hacer lo mismo una y otra vez y esperar resultados diferentes". Una parte importante del rol del facilitador del Grupo Mastermind consiste en dirigir a los participantes a pensar de diferentes maneras haciendo preguntas, tales como:

* ¿Puedes imaginar otras opciones?
* ¿Puedes probar otras posibilidades?
* ¿Cómo se puede cambiar el curso de esta historia?
* ¿Cómo se puede interrumpir el curso de esta Historia?
* ¿Qué reajustes puedes hacer?

Aplicando el "Tetralemma"

Es sorprendente ver cómo los seres humanos a menudo tienen una tendencia a analizar las cosas desde un punto de vista binario; es decir, hacen elecciones entre dos soluciones contradictorias, cada una es tan insatisfactoria como la otra. Eso es lo que se conoce como un dilema. Es importante darse cuenta de que en cada situación hay infinitas formas de ver las cosas. Cuando surge un dilema en un Grupo Mastermind, es parte del rol del facilitador ayudar al grupo a considerar otros puntos de vista.

El "tetralemma" es un formato poderoso para lograr precisamente eso. En lugar de pensar de forma binaria, el facilitador lleva al grupo a pensar sobre otras perspectivas posibles. La diferencia entre un dilema y un tetralema se ilustra a continuación.

En la lógica binaria, o dilema, solo hay dos opciones:

1 – A es verdadero; B es falso.

2 – B es verdadero; A es falso.

En un tetralema, hay cuatro posibilidades diferentes:

1 – A es verdadero; B es falso.

2 – B es verdadero; A es falso.

3 – A y B son verdaderos.

4 – Ni A ni B son verdaderos.

El Punto 3 permite considerar dos puntos de vista al mismo tiempo, y el Punto 4 le permite a uno pensar en nuevos puntos de vista, aparte de A y B, al mismo tiempo que plantea la pregunta "y si ni A ni B son verdaderos, ¿entonces qué?". Esta es una forma poderosa de evitar el conflicto y crear las condiciones para una mayor inteligencia colectiva.

Facilitación basada en el Colectivo Inteligencia

¿Por qué debería la facilitación basarse en la inteligencia colectiva?

La inteligencia colectiva puede conducir a la co-creatividad, corresponsabilidad y co-gobernanza que es característica de los grupos de alto rendimiento. La creación de inteligencia colectiva implica establecer un marco de confidencialidad sin prejuicios que produce una "membrana" protectora alrededor del grupo.

Según Pierre Levy, cada ser humano tiene dentro de sí la capacidad de contribuir a una inteligencia colectiva más grande. La inteligencia colectiva requiere inteligencia individual y conocimiento especializado para ser incluido en las interacciones de un grupo.

La inteligencia colectiva resulta de la cooperación y la colaboración que es favorable para el surgimiento de la inteligencia y la sinergia individual. Crear las condiciones para que emerja la inteligencia colectiva es una necesidad para un Grupo Mastermind.

¿Cómo apoya un facilitador el surgimiento de la inteligencia colectiva de un grupo?

Los procesos del Grupo Mastermind siempre se organizan alrededor de participantes sentados en un círculo. Esta estructura permite que todos se vean unos a otros y simboliza que las aportaciones de todos los participantes tienen el mismo peso.

Facilitador en Inteligencia Colectiva

Mastermindianos

Cada vez que los participantes reflexionan sobre las cosas, o cuando se deben tomar decisiones, el facilitador les pide que formen un círculo para que cada uno de ellos tenga la oportunidad de expresarse y de que todos estén igualmente comprometidos.

Durante cualquier proceso de facilitación, los participantes aportan sus pensamientos y perspectivas al círculo. La sinergia y la integración de estas ideas y opiniones son la base de la inteligencia colectiva de los grupos. También es importante para la promoción de la inteligencia colectiva observar períodos de silencio, que significan reflexión y gestación.

El facilitador del Grupo Mastermind es EL GUARDIAN del círculo y se asegura de que sus reglas y su marco sean respetados.

El facilitador también establece un tiempo para la reflexión en subgrupos y luego vuelve a crear el círculo para que pueda haber un intercambio de grupos grandes. La contribución colectiva de los subgrupos es un factor clave de éxito en la promoción de la inteligencia colectiva en el grupo más grande.

Vale la pena enfatizar que, para que un Grupo Mastermind sea efectivo, los participantes necesitan sentir suficiente confianza para abrirse a los demás. Por lo tanto, el círculo del Grupo también es, simbólicamente hablando, el "Círculo de Confianza".

¿Qué estado interno es favorable para el desarrollo de la inteligencia colectiva?

Una de las preguntas que uno podría hacerse es "¿por qué algunos grupos crean resultados extraordinarios mientras otros nunca logran nada performante?" La diferencia radica en la actitud en el que se encuentre el grupo.

Desde nuestro punto de vista, hay ciertos estados generativos que conducen al descubrimiento de soluciones y, a la inversa, hay estados degenerativos que impiden que un grupo logre nada en absoluto.

El siguiente proceso, conocido como estado C.O.A.C.H., puede ayudar a un grupo o individuo a entrar en un estado generativo.

Estar en el estado C.O.A.C.H. es un requisito previo para facilitar y desarrollar la inteligencia colectiva. Recomendamos que tanto individuos como grupos practiquen el estado C.O.A.C.H. de forma disciplinada, varias veces al día, como una especie de meditación, con el fin de aumentar su capacidad de presencia y generatividad.

C Centrarse, especialmente en las "entrañas" (el centro de tu vientre)

O Obertura de tu campo de consciencia

A Alerta a lo que pasa en tu interior y a tu alrededor con atención

C Conectar contigo mismo y con el/los sistemas mayores de los que eres parte

H Hospitalidad para recibir lo que suceda desde un estado de recursos y curiosidad

Estas palabras describen el estado que buscan las personas que desean sentir en armonía consigo mismas y con sus intenciones en relación con los demás. Para un facilitador de Grupo Mastermind, el uso de este método es una manera rápida de lograr que los participantes y él mismo compartan el estado de ánimo adecuado para producir inteligencia colectiva. Cuando se usa con frecuencia, esta herramienta ayuda a reforzar el estado interno necesario para que emerja la inteligencia colectiva. Ayuda a los participantes a establecer entre sí un estado mental centrado, fluido y generoso.

Una parte clave del rol de un facilitador de Grupo Mastermind consiste precisamente en guiar al grupo al estado C.O.A.C.H. y luego a mantenerlo durante toda la sesión. Un buen facilitador está atento a la energía de su grupo e interviene cuando el grupo cae en un estado de ánimo "no generativo", o estado C.R.A.S.H.

C Contracción

R Reactividad

A Análisis en parálisis

S Separación

H Herido, o que odia

El estado del grupo tendrá claramente una gran influencia en la dinámica del grupo y, por lo tanto, en sus acciones e interacciones. A medida que el facilitador atrae repetidamente la atención de los miembros del grupo sobre la calidad de su modo de pensar, gradualmente serán capaces de detectar si están en un estado generativo (C.O.A.C.H.) o no generativo (C.R.A.S.H.).

Un buen facilitador es consciente de que la fuerza del estado C.O.A.C.H., individual y colectivo, es la que determinará la facilidad y la productividad de la interacción del grupo.

Ejemplo de Estado C.O.A.C.H.

Sugiero que cierres los ojos y te centres primero en tu respiración. Cada vez que inhalas, y cada vez que exhalas, observas cómo tu pecho se hincha y luego se desinfla. Luego coloca los pies firmemente en el suelo, relaja poco a poco los tobillos, las rodillas, la pelvis para que tu cuerpo pueda ser tan flexible como una caña resistente. Ahora estira la espalda, los hombros, los brazos, los antebrazos y los dedos de las manos. Tus pies están en el suelo; y al mismo tiempo, tu cabeza está conectada al cielo. Cada parte de tu cuerpo forma un todo, que a su vez es parte de otro todo. Una vez que estés centrado, puedes abrirte a las personas que están contigo en la sala y abrir tu mente a las ideas de los demás, para que, así, abras tu corazón y puedas aceptar las perspectivas de los demás. sin sentir ningún juicio. Ahora que estás centrado y abierto, ten en cuenta la luz que pasa por tus párpados, presta atención a los olores que hay en la habitación y al sabor en el interior de tu boca, observa la presión entre tus pies y el suelo, y finalmente, observa cómo tu cuerpo ajusta su posición para permanecer equilibrado. Ahora que estás enfocado, abierto a los demás y consciente, conéctate contigo mismo y con las personas que te rodean, así como con tus mentores y todas las otras personas que han sido importantes para ti. Pueden ser personas como Nelson Mandela, Gandhi, Albert Einstein, Mozart, maestros importantes para ti, o familiares , tus padres, tus abuelos. También puedes conectarte con todo el campo de conocimiento que te rodea. Albert Einstein dijo: "No creé mis ideas más importantes; las ideas vinieron a mí. "Eres como un receptor que abarca un campo de información que nos rodea. Y ahora que estás Centrado, Abierto a los demás, Consciente, Conectado contigo mismo y con los demás, te sientes también lleno de sentimientos de Hospitalidad, ese espacio desde donde recibes todo lo que te rodea de una manera incondicional, sin ningún prejuicio . Ahora, cuando estés listo, abre los ojos, mira al resto del grupo y pronuncia: "Estoy aquí". Te veo."

Presentando una intención

El acto de presentar una intención consiste en expresar en voz alta lo que uno desea hacer por los demás u obtener para uno mismo. Esa intención también puede incluir cómo lo logrará y el estado de ánimo que asumirá para conseguirlo. Enunciar lo que queremos lograr nos permite orientar nuestras acciones durante un día, un momento concreto de nuestra vida o, por qué no, durante toda nuestra vida.

Nos permite aclarar y poner conciencia a nuestras elecciones que a menudo son de origen inconsciente. Sin embargo, es importante tener en cuenta que una intención no es lo mismo que un objetivo. Actúa a un nivel más profundo que el de un objetivo. Las intenciones funcionan más a nivel emocional, a nivel del estado de ánimo, a nivel de la consciencia. Establecer la intención implica un ajuste mental sobre la forma en que uno se va a acercar a lo que quiere hacer, dándole una dirección.

Cuando no tenemos una intención clara, podemos dejarnos llevar por lo que sea que esté sucediendo a nuestro alrededor. Sin intención, es difícil aprovechar las oportunidades que surgen en cualquier momento. Nuestra mente comienza a vagar y nos perdemos oportunidades que pueden estar justo delante de nuestros ojos.

Ejemplos de Intención:

* Encontrar soluciones para los demás miembros del grupo.

* Ser auténtico y mostrar mi vulnerabilidad.

* Expresar honestamente mis opiniones.

Esta noción de intención se aplica a todas las áreas de la vida. Por ejemplo, cuando un tenista va a devolver el servicio, tiene ya una intención sobre el lugar en el que quiere devolver la pelota, antes incluso, de que su oponente haya hecho el saque. Eso le permite movilizar su cuerpo, con anticipación, y coordinar sus movimientos para que pueda devolver la pelota a donde quiera. En un teatro, los actores antes de volver al escenario ya han definido cómo van a desempeñar su papel. Durante un concierto, si el músico o cantante tienen que tocar o cantar una melodía feliz adoptan un estado de ánimo positivo, y sus dedos, su voz luego harán el resto.

De manera similar, un facilitador de Grupo Mastermind define su intención general para el grupo y para cada sesión grupal. El facilitador también le pide a cada mastermindiano que especifique que quiere y que espera de su participación en el grupo y de cada sesión. El facilitador ayuda luego a los participantes a determinar el estado de ánimo con el que lograrán esas intenciones y expectativas. Estimula a los participantes a intercambiar ideas sobre sus intenciones y a escribirlas en un diario o una libreta.

También anima a los participantes a elevar continuamente su intención y a apoyarse los unos a los otros en sus intenciones.

¿Por qué animar un Mastermind en inteligencia colectiva?

Porque permite:

* Conectarse consigo mismo y con los demás.
* Estar abierto a los demás, sin prejuicios.
* Estar centrado en el presente y a estar en el Aquí y Ahora.
* Tener una mente abierta, y no juzgar a nadie ni nada.
* Ser capaz de distanciarse de sus ideas.
* Estar abierto a pasar a la acción, al compromiso y la corresponsabilidad.
* Ser más fiable y más creativo.
* Tener la capacidad de usar los silencios como recursos facilitadores de emergencia.
* Ser receptivo y benévolo hacia sí mismo y hacia los demás.

Una de las tareas fundamentales de la inteligencia colectiva es crear un estado recurso de preparación en las personas, estado en el que se liberan (de sus egos) y al mismo tiempo prestan mucha atención a su intención, a lo que pretenden lograr.

La capacidad del facilitador para inducir una actitud apropiada en los participantes permite recoger perspectivas y captar las singularidades personales propias de cada participante. Todos permanecen conectados a las necesidades del grupo. Cada persona está allí para sí misma y presente para los demás, para que pueda aportar su apoyo sin juicio ni prejuicio.

Es entonces cuando surge en un Grupo Mastermind ese famoso cerebro colectivo del que habló Napoleón Hill, que permite generar algo mucho más grande que lo que una persona única podría imaginar por sí misma. Crea una situación en la que $1 + 1 > 2$. O sea que *"el todo es mayor que la suma de sus partes"* (Aristóteles).

2.2 La preparación del facilitador

El facilitador es responsable del encuadre que propone a los miembros del grupo para que cada participante pueda tener éxito con sus objetivos.

El facilitador define la intención general de su Grupo Mastermind e idea las dinámicas colectivas. Tiene que estar preparado para ser pertinente y efectivo para el grupo. En este sentido, el facilitador debe prepararse tanto como su intervención.

Cinco puntos clave que el facilitador debe organizar:

1) El facilitador debe tener claro sus motivaciones para querer ser el centro de este proceso de acompañamiento. Sin entrar en un debate al respecto, todos los que prestan su apoyo a otras personas también deberían tener interés en trabajar sobre sí mismos. Esto le ayudará a aclarar sus motivos para ayudar a otros. Es posible que reciba una remuneración, pero el dinero no debe ser el objetivo principal de dirigir un grupo de Grupo Mastermind. Al aclarar sus propias intenciones y al trabajar cualquiera de sus zonas de sombra, el facilitador logrará un alto nivel de alineación y congruencia. Esto también le ayuda a apoyar a los miembros para aclarar sus propias motivaciones y metas para estar en el grupo.

2) El facilitador se prepara elevando su nivel de "concentración". Se centra en los servicios que va a ofrecer a los participantes. Esta concentración, aliada con un enfoque profundo, le permite ubicarse mejor en una posición "meta", que consiste en observar lo que está ocurriendo desde una posición de testigo. Desde este punto de observación independiente, busca las cosas que están sucediendo que den sentido para los mastermindianos . Este alto nivel de concentración y de enfoque le permite detectar información destacada, significativa e importante que conducirá al crecimiento personal y profesional de los participantes.

3) El facilitador asegura su maestría para llevar a bien la gestión efectiva de talleres y procesos que va a proponer a los mastermindianos. Puede usar los formatos interactivos sugeridos en este libro u ofrecer diferentes procedimientos. Independientemente de los procesos que el facilitador elija, debe dar lo mejor de sí. Por lo tanto, debe planificar cuidadosamente y estudiar de antemano los procesos con los que dirigirá el grupo. Recuerde que el trabajo de facilitación se lleva a cabo principalmente por formadores y consultores que han sido capacitados en las áreas de dinámica de grupo y la facilitación de la inteligencia colectiva.

4) El facilitador se esfuerza por provocar fuertes movimientos emocionales en los Mastermindianos. La comprensión intelectual no es, la mayoría de las veces, suficiente para desencadenar una puesta en acción eficaz. El aprendizaje no es solo un proceso cognitivo, sino también un complejo proceso de integración somática. Las emociones conducen al aprendizaje y a la toma de decisiones. Aconsejamos al facilitador que elija procesos grupales que involucren los corazones, las

"tripas", sentimientos y emociones de los miembros del grupo para tener el impacto más positivo y más completo.

5) Finalmente, el facilitador trabaja su intención para el grupo. ¿Qué ofrecerá o que generará el mayor beneficio y tendrá el mayor impacto positivo para cada miembro de forma duradera? Define su visión para el grupo y se alinea plenamente con esa visión. La noción de alineamiento es importante cuando se trata de aumentar la motivación y la determinación. Por lo tanto, en el momento en que el facilitador se compromete con el proceso de definir su visión y su alineación con respecto a ella, aclara su misión, su rol o sus roles. Es decir, la persona que debería ser, para que su visión se realice.

VISIÓN	AMBICIÓN
Lo que quiero, como facilitador, para los demás, para el grupo y, en general, para la sociedad.	Lo que quiero obtener para mí cuando me pongo al servicio de los participantes. ¿Cuál es mi anhelo, para mí mismo y qué ambiciones tengo para los participantes en "mi" Grupo Mastermind?
MISIÓN	ROLES
Lo que debo hacer como facilitador para que mi visión se haga realidad, ya que soy el único capaz de hacer esta contribución de alto nivel al grupo. Lo que debo hacer para que los participantes cumplan con sus intenciones exigentes y se alineen con su propia visión ambiciosa.	La persona que debo ser para generar la realización de mi visión para mi Grupo Mastermind. Que deben ver, escuchar y sentir los mastermindianos cuando me miran y me escuchan.

Cuando el grupo tiene suficientes experiencias en común, el facilitador puede hacer rellenar esta misma tabla por el grupo para aclarar las intenciones para con ellos mismos y para con los demás participantes. Este enfoque de alineación con la visión se puede repetir a intervalos regulares para asegurarse de que los participantes estén siempre alineados con sus visiones exigentes, tanto individual como colectivamente.

2.3 El perfil del facilitador

La herramienta principal del facilitador es, por supuesto, su propia persona, sus ambiciones para sí mismo y sus intenciones para los participantes. Debe ser organizado, flexible, buen oyente, benévolo, atento y dinámico.

Estos son algunos de los elementos del perfil que posee un buen facilitador:

2.4 La postura del facilitador

Facilitar el desarrollo de la inteligencia colectiva en un Grupo Mastermind requiere que el facilitador adopte una postura diferente a la de un maestro (o la de un experto) para con su alumno. En otras palabras, no es quien aporta su experiencia frente a aquellos que no saben. Incluso si ha visto con anticipación que puede desarrollar las habilidades de los participantes, no está allí para dar una conferencia sino para llevar a los participantes en su papel de actores en un proceso. El facilitador dirige procesos reflexivos, propone procedimientos y metodologías (así como nuevas formas de ver las cosas) que harán emerger la inteligencia colectiva grupo. Adopta, dentro de este marco, una "posición baja" basada en la curiosidad, la escucha del otro y dándose el derecho al error y a la humildad.

Sin embargo, como animador del grupo, debe en otros momentos adoptar "la posición alta", para hacer cumplir el encuadre, las reglas, los valores (respeto, confianza, compromiso, convivialidad, etc.) del grupo.

El facilitador debe recordar a los mastermindianos sus compromisos con respecto a las reuniones y a las acciones que proyectan implementar entre las sesiones. Está allí para hacer que el grupo crezca en habilidades. Además, muchos participantes realmente eligen al facilitador por "quien es" antes de decidir a qué Grupo Mastermind se unirán. De hecho, eligen a una personalidad carismática cuyas habilidades de liderazgo ubican a ese facilitador en una posición elevada.

A lo largo de una sesión Mastermind, el facilitador debe desplazar el cursor (avanzar o retroceder) entre una posición baja y una posición alta, lo que requiere una gran flexibilidad, un buen auto conocimiento, y la experiencia para saber qué hacer y cuándo hacerlo.

Capítulo 3
Una sesión Mastermind

3.1 ¿Por qué el Hot seat es una herramienta tan poderosa?

¿Por qué el Hot seat es una herramienta tan poderosa?

Cuando un mastermindiano entra en el "centro del círculo" para formular su pregunta y pedir opiniones y consejos a los demás miembros del grupo, se ha de sentar en el Hot seat (renombrado por Robert Dilts como el "Love seat", "asiento de amor").

Aquí tenemos una historia real escrita por uno de los autores de este libro después de sentarse en el Hot seat:

"Estoy de pie, al lado del flipchart. Delante de mí hay unos 10 empresarios y líderes de organizaciones dispuestos a escucharme. Todos acabamos de experimentar un momento de estado C.O.AC.H. (ver explicación más adelante en este capítulo). Ahora toda la atención se centra en mí. Enciendo la grabadora de mi teléfono. Solo tengo 10 minutos para presentar mi situación y mi estrategia. La función cronómetro esta activada en un teléfono móvil. El teléfono va a sonar en 10 minutos. Estoy "en el escenario" durante ese tiempo, mientras explico mi visión, y la pregunta que quiero plantear en este momento...

Estoy preparado, por supuesto. Sé qué ideas voy a presentar. Se me ocurrieron algunos bosquejos que ilustrarían lo que estoy sintiendo. Estoy muy familiarizado con el dilema que me corroe y para el cual necesito ayuda y aclaraciones. Entonces me lanzo a ello. Desarrollo mi tema, escribo unas palabras en la pizarra, dibujo, contesto a algunas preguntas de clarificación, sobre todo, después de usar la jerga característica de mi profesión. El facilitador se asegura de que no se inicia ningún debate, no es el momento adecuado para ello.

Al cabo de 10 minutos, se escucha la alarma que indica que el tiempo que se me ha asignado ha terminado. No me detengo en ese mismo instante. Para cerrar mi intervención, expreso mi pregunta clave, escribo en el flipchart y termino mi argumentación. Me vuelvo a sentar y cojo un bolígrafo y algunas hojas de papel.

Empieza la segunda etapa del proceso Hot seat: cada uno de mis compañeros mastermindianos toma la palabra. Solo deben expresar sus sentimientos, emociones, sobre lo que acabo de compartir con ellos. ¿Qué tipo de sensaciones, vibraciones e imágenes ha provocado mi presentación en ellos? Ahora el cerebro emocional es el que trabaja. Aún no se trata de razonamiento, lógica, o análisis. Ningún debate, solo una ronda aleatoria por el círculo de participantes, mientras todos están muy vigilantes en lograr la expresión de sus "sentimientos".

Aunque sé que todo está siendo grabado, escribo en mis hojas todos los comentarios que recibo, escribo tan rápidamente como puedo, sin hacer ninguna interpretación de lo que escucho de todas estas ideas que capto mientras vuelan a mi lado. Esta ronda aleatoria dura algo más de 5 minutos.

Vuelve mi turno de palabra. ¿Cuál es mi reacción a todas esas impresiones? ¿Estoy sorprendido? ¿Lo encuentro alentador? ¿Cómo me afectan los comentarios de todos y cada uno? Ningún debate al respecto.

Comienza la tercera etapa, también cronometrada (10 minutos) y también grabada. Tengo papel y boli. Sin ningún orden concreto, y sin seguir ninguna regla, mis compañeros me bombardean con preguntas, desde las más pertinentes hasta las más absurdas, desde las más concretas hasta las más inesperadas, desde las más estratégicas hasta las más secundarias. Todas las preguntas son bienvenidas Todo ese rebote de ida y vuelta de ideas promueve el surgimiento de la creatividad. Las preguntas estallan en todo los sentidos, en un auténtico desorden creativo. Tomo nota de las cosas y las garabateo. Escribo y escucho las preguntas pero sin responderlas. Las almaceno. Llegará el momento del análisis más tarde, en frío. Mis compañeros mencionan muchas cosas nuevas nos expresadas durante mi intervención, cuestiones que dejé en la sombra, o cuya existencia ignoro totalmente... También, sus preguntas me vuelven a llevar a pensar en cuestiones con las que estoy perfectamente familiarizado. Esta fase del proceso se termina; siento vértigo.

Hablo nuevamente, menos de 5 minutos. ¿Qué ha movido en mí todo lo sucedido? ¿Cuáles son mis sentimientos? ¿Han avanzado mis reflexiones?¿Se han abierto nuevas pistas?

Después de todo ese interrogatorio, llega la tercera fase del proceso: cada uno de mis compañeros vuelve a tomar la palabra y escucho comentarios de todo el grupo. Una vez más, escucho, tomo notas y grabo las intervenciones. Esta vez el facilitador pide a todos que contesten a preguntas como: "Si estuviera en tu lugar esto es lo que haría" o "aquí están las tres primeras acciones con las que me comprometería". Mis compañeros pasan de una postura de cuestionamiento, que aporta clarificación y amplificación del asunto a la postura de ofrecimiento de propuestas concretas. Ideas, consejos y desafíos surgen desde todas las direcciones... Algunas personas se inspiran en las ideas de otros para poder hacer nuevas propuestas. En menos de 10 minutos, escribo una lista de acciones y propuestas que voy a poder sopesar, elegir, apropiarme, adaptar, modificar, eliminar... ¡más adelante! Eso sí, es seguro que voy a implementar algunas de ellas.

Vuelvo a tomar la palabra para expresar mi opinión sobre esa etapa y lo que sucedió durante ella. Hago hincapié en lo que me sorprendió, lo que me perturbó, lo que me ha animado, lo que tengo la intención de llevar a cabo de aquí a la siguiente reunión. Y, por supuesto, estoy profundamente agradecido.

Rápidamente damos, una vez más, la vuelta al círculo para cerrar el proceso. Cada uno expone cómo ha vivido este tiempo de Hot seat, y lo que obtiene para su propio avance...

En menos de una hora, he acumulado tal cantidad de materia prima para mi negocio, 17 páginas de notas, grabaciones que podré volver a escuchar y un plan de acción que podré poner en marcha... sé que, en nuestra próxima reunión, mis compañeros querrán escuchar que sucedió después de que me dieran su consejo. Este apoyo me ayuda a avanzar y a acercarme a mi propia coherencia.

Me siento como borracho después de todo este feedback, no me puedo creer el profundo impacto que esta experiencia ha tenido en mí. ¡Me siento agotado!"

¿Es el Hot seat el foco principal de un Grupo Mastermind?

Podemos afirmarlo: no hay Mastermind sin Hot seat ¡Eso es por lo que uno va!

El proceso del Hot seat, como se describe en el testimonio anterior, dura aproximadamente una hora. Es el proceso clave que tiene lugar en Grupo Mastermind. Lo abordaremos y lo analizaremos en mayor detalle más adelante. Hay otros procesos llevados a cabo con el mismo espíritu durante la facilitación de un Mastermind, procesos que varían de 30 minutos a 2 horas de duración:

- El Hot seat clásico — 1 hora
- "Johnny bombing"[1] — 30 minutos
- El Círculo de *Coaching*, basado en la Teoría U[2] — 1 hora y 30 minutos
- El Pro Action Café (Café pro acción?) — 2 horas
- El Codevi (Co-development workshop) — 1 hora y 30 minutos
- El World Café — 2 horas

Además de la actividad del "Hot seat", el facilitador puede incorporar para la facilitación de su Grupo Mastermind otras herramientas acorde con su experiencia y su recorrido profesional.

Por ejemplo, (lista no exhaustiva):

- Hacer una Ronda inicial: cada participante pueda mencionar rápidamente sus buenas noticias.
- Hacer un Juego de Rol sobre el tema específico de un participante, en el cual desempeñará su propio papel (el facilitador, de acuerdo con este método, puede inspirarse en el teatro social).
- Hacer aportes metodológicos coherentes con las necesidades y expectativas de los participantes (formación express que se pueda ajustar rápidamente).
- Pedir a un mastermindiano que presente una "Buena Práctica" profesional, o incluso personal para la vida en general, o de sabiduría que pueda ser de interés para todos.

---

1 Johnny es el apodo que se da al candidato que se sienta en el Hot seat.

2 Scharmer Otto, *La théorie de U, renouveler le leadership*, 2016, Collegence and Yves Michel Editions.

* Invitar a un especialista que realice una intervención específica, o una persona cuyo testimonio ofrezca un alto valor añadido en relación con las expectativas de los participantes. Ese experto se convierte en el "anfitrión excepcional" de la reunión.
* Organizar un debate sobre el tema de administración de empresas, mercadotecnia, redes, finanzas de empresas, etc.
* Favorecer que todos los mastermindianos pasen por una experiencia edificante, como viajar, participar en algún deporte, escaparse a la naturaleza...
* Etc.

La única condición que debe cumplir el facilitador es enfocarse en procesos poderosos e intervenciones que ofrezcan un alto valor añadido. El objetivo sigue siendo el de permitir que cada participante avance y pase por una etapa superior en su desarrollo.

¿Cuál es el método más efectivo de Hot seat?

Sentarse en el "Hot seat" es lo nuclear del proceso Mastermind; los facilitadores de Grupo Mastermind usan diferentes tipos de procedimientos para que los líderes empresariales y los empresarios puedan progresar en sus grupos, pero sentarse en el Hot seat es probablemente la actividad más eficaz. En lo que a nosotros respecta, es la diferencia esencial entre un Grupo Mastermind y otros tipos de grupos.

Vamos a desglosar el concepto de Hot seat que se presentó en el testimonio anterior realizado por uno de los autores. El método que defendemos, y que se ilustra en las páginas siguientes, se fundamenta en los principios de la inteligencia colectiva. Prever aproximadamente una hora con "Johnny" en el Hot seat.

Nota: *en este capítulo, "Johnny" se utiliza como el apodo de cualquier persona en el asiento caliente.*

Etapas	Duración	Procesos
Etapa 1	10 minutos	Johnny se presenta ante sus compañeros. Si lo desea puede usar un papelografo. Explica su situación, proyecto, dilema y problema. Escribe, dibuja, habla, gesticula, etc. Algunos participantes hacen preguntas claras y concisas para obtener una aclaración de todo. Johnny da respuestas claras y concisas. No hay discusión a continuación. El facilitador se asegura de que se respete esa regla. Johnny le hace su pregunta al grupo.
		El cronómetro se apaga a los 10 minutos. Johnny termina su presentación tan pronto como pueda. El ritmo sin aliento ha dado resultados; Johnny ha ido directo al grano.
Etapa 2	10 minutos	Después de unos 30 segundos de silencio, cuando todos "se conectan" consigo mismos, todos los demás, a su vez, le hacen saber a Johnny qué está sintiendo (y nada más que eso). El resto escucha. De hecho, se trata de compartir sentimientos, un ejercicio que a veces es difícil; muchos participantes a menudo cambian demasiado rápidamente al análisis del problema. El tema de los sentimientos es uno que tiene que ver con las percepciones, la energía y el efecto que tienen en el cuerpo, etc. Johnny toma notas sin contestar y registra lo que quiere de todos los comentarios recibidos para poder usarlo en otro momento.
	3 minutos	Johnny comparte sus impresiones basadas en lo que acaban de decirle a él.

Etapas	Duración	Procesos
Etapa 3	10 minutos	Sin ningún orden previo, y sin ninguna negociación, cada mastermindiano expresa preguntas tan pronto como le vienen a la mente. Toda persona se desvía de las preguntas de los demás y propone nuevas exploraciones sobre el tema en cuestión. Tanto las preguntas abiertas como las cerradas son bienvenidas, así como aquellas que pueden parecer algo descabelladas, además de las que obviamente son pertinentes y específicamente abordan el problema. No hay debate a continuación, solo preguntas que salen de la boca de cada uno. Johnny toma notas sin responder y registra lo que quiere de todos los comentarios para que poder usarlo en otro momento.
		El temporizador se apaga al cabo de 10 minutos.
	3 minutos	Johnny aporta algún comentario basado en sus impresiones de lo que acaba de decirse. ¿Qué lo sorprendió? ¿Qué impacto tuvo en él? ¿Qué áreas grises o nuevas perspectivas surgen?

Etapas	Duración	Procesos
Etapa 4	10 minutos	Cada participante toma la palabra: "Si estuviera en tu lugar, aquí están tres cosas que yo haría, ante todo".
		No se llevan a cabo debates en este punto. Pero si uno de los mastermindianos despierta otra idea clave en la mente de un compañero, ese puede volver a tomar la palabra: "¡Uy! Me vino a la mente otra propuesta, que me parece muy importante incluir".
		Johnny toma notas sin responder y registra lo que quiere de todos los comentarios para que poder usarlo en otro momento.
		El temporizador se apaga al cabo de 10 minutos.
	3 minutos	Johnny hace comentarios basados en sus impresiones sobre lo que acaba de decirle. Comparte los compromisos o iniciativas que tiene la intención de llevar a cabo tras sentarse en el Hot seat y que puedan mejorar su situación, acelerar su progreso y el éxito de su proyecto. Expresa su gratitud al grupo.
Etapa 5	3 minutos	Fin del proceso. El facilitador rápidamente hace otra ronda de palabra para dar a cada uno la oportunidad de compartir cómo ha sido este ejercicio para él/ella.

El Hot seat, componente clave en el trabajo que se lleva a cabo en un Grupo Mastermind, es parte de un proceso particularmente beneficioso. Para el individuo que está "sentado" (Johnny), es un ejercicio de síntesis (presentación en unos pocos minutos), humildad (escucho opiniones, algunas de las cuales van en contra de mi visión de las cosas, y aprendizaje (descubro nuevas pistas no consideradas). Para sus compañeros que escuchan, observan y aportan sus contribuciones, es una especie de "gimnasia" que implica atención, acompañamiento, consejo y creatividad. El Grupo Mastermind le permite a Johnny, así como a sus compañeros, desarrollar habilidades humanas que son muy importantes para sus actividades profesionales diarias; en particular, las de escuchar y hacer contribuciones que tengan un importante valor añadido.

¿No hay suficiente tiempo? ¡Entonces tienes que hacer Johnny Bombing!

"Johnny Bombing" es una versión de Hot seat más rápida, más intensa, más poderosa y quizás más desestabilizadora. Se usa en un grupo que ya sabe cómo llevarlo a cabo. Este otro procedimiento dura aproximadamente 30 minutos. Johnny tiene que confirmar que está de acuerdo con que sus compañeros le confronten seriamente, ya que el tiempo asignado para tales sesiones deja demasiado poco espacio para intervenciones más "cuidadosas".

Antes de iniciar el "Johnny Bombing", el facilitador habrá tomado la precaución de facilitar al grupo con un estado COACH[3] y, antes de emprender la sesión de trabajo, habrá recordado a los participantes algunos de los ingredientes imprescindibles para que el grupo tenga éxito:

* Ir directamente al grano y evitar todo palabreo inútil.

* Asegurar que el tiempo y turno de palabra de cada participante es igual al de los demás.

* Los intercambios y preguntas deben serles útiles a Johnny.

* Atreverse y afirmar con asertividad lo que es importante.

* Reconocer cuando no se sabe algo o cuando no emerge ninguna idea.

* Ser auténtico, y compartir "su" verdad".

Antes de comenzar, es útil recordar a los participantes, el principio básico: "benevolencia sin complacencia".

Cuando un Mastermindiano hace una intervención durante este proceso, sus comentarios deben ser apropiados y cualquier "crítica" dirigida a Johnny debe hacerse desde el respeto; debe estar dirigida hacia la forma en que trabaja y cómo pasa a la acción. Pero no es el propio Johnny el que está siendo cuestionado; su actividad es el centro de atención. Ese es el significado de la expresión "benevolencia sin complacencia". Esto equivale a usar un lenguaje precavido. Por ejemplo, un Mastermindiano podría decir: "Johnny, voy a darte mi opinión que podrás percibir como severa, pero creo que la iniciativa de la que hablas puede llevarte al desastre, etc, etc, etc."Esta introducción establece una oportunidad para Johnny: es su iniciativa la que se cuestiona, no es el propio Johnny. El que está interviniendo desarrolla sus comentarios disociando el objeto de su crítica de la persona de Johnny. He aquí otra forma de presentarlo: "Creo que este proyecto que nos ha presentado, Johnny, no tiene muchas posibilidades de éxito porque..."

---

3   Ver página 70

Johnny escuchará y seleccionará todas las opiniones; tomará sus decisiones a la luz de las diferentes sugerencias ofrecidas. Por ello tan necesario es que pueda escuchar cada opinión sin considerarla como un ataque personal. Se trata de "ser benevolente, sin complacencia".

Metodológicamente hablando, "Johnny Bombing" es un Hot seat hiperdinámico. El facilitador le pregunta a Johnny si prefiere que su compañeros mastermindianos le traten con guantes de terciopelo o con mano de hierro. Johnny podrá responder: "Vamos, adelante, hoy estoy preparado", o "prefiero que me tratéis con cariño hoy… no me sacudáis demasiado".

Johnny "se sube al escenario", saca su teléfono móvil, activa la función de grabación y registra los intercambios. Explica rápidamente su situación, y expresa a los demás cuál es su demanda y cuál es su pregunta.

Los mastermindianos luego le hacen preguntas solo para obtener aclaraciones y nada más. Johnny puede tomar apuntes en una hoja de papel o no. Se coloca frente a sus compañeros, a sus colegas, los mira, los escucha (las actitudes y las expresiones también son significativas y le darán información).

Los mastermindianos lanzan preguntas, propuestas, impresiones, sentimientos, sugerencias en un alegre desorden, característico de la creatividad y del surgimiento de ideas. Las palabras yacen de todas partes, derecha, izquierda y centro, de una manera que puede parecer caótica. Eventualmente ello se puede regular con un simple levantar una mano. Todo ello podría parecer simplemente un revoltijo de palabras; pero es, en realidad, un revoltijo tremendamente generativo y creativo.

Al final de la sesión, Johnny comparte sus sentimientos y retroalimenta a sus colegas; les agradece sus contribuciones, ideas y los regalos que le han hecho. Concluye comprometiéndose con el grupo de que pasará a la acción.

El interés de esta versión "tonificante" es que lleva menos tiempo que la versión básica. Permite abordar problemas menos cruciales de manera más rápida. "Johnny Bombing" dura unos 30 minutos con un máximo de 10 miembros participantes en el mismo. Permite interacciones muy estimulantes y puede generar muchísimas ideas. Siempre el riesgo está en que la actividad se convierta en una cacofonía.

"Johnny Bombing" es adecuado cuando las personas involucradas son veteranos que ya trabajan en grupos de inteligencia colectiva. Tan pronto como un Grupo Mastermind se reúne, adquiere la actitud de "benevolencia sin complacencia". "Johnny Bombing" puede convertirse en la forma habitual del Hot seat. Sin embargo, el facilitador debe prestar atención al riesgo de que la dimensión intelectual ocupe todo el lugar en este ejercicio rápido. Es muy importante que también se dé espacio a las emociones cuando se trata de intercambios en un Grupo Mastermind.

Al igual que con los otros procedimientos de Hot seat, grabar lo que sucede le permite a uno conservar un rastro de lo que se comparte para que pueda utilizarse en otro momento. Es aún más necesario durante Johnny Bombing ya que Johnny no tiene tiempo suficiente para tomar notas de todas las ideas y consejos que se le lanzan en rápida sucesión. No tomar notas le da a Johnny la oportunidad de permanecer completamente presente con sus compañeros porque entonces él está en contacto visual con ellos, lo cual es algo que tendrá un impacto emocional muy especial en él.

3.2 ¿Cómo utilizar el Círculo de Coaching?

El Círculo de *Coaching* es un formato de co-coaching que se usa en grupos. Fue desarrollado por Otto Scharmer y se basa en la Theory U. Es un método completo que le permite a uno trabajar en asuntos personales y empresariales, y en cualquier otro tipo de proyecto. Este método requiere que el facilitador tenga una experiencia profunda y un dominio del proceso.

El "descenso al U", propuesto por Otto Scharmer, es un fenómeno "privado", en el sentido de que se lleva a cabo dentro de nuestra mente. Las voces disidentes del cinismo, el juicio y el miedo se dejan de lado. Este estado de vigilancia interna permite que emerja en uno mismo una mentalidad, un corazón y un deseo más abiertos. La base de la U corresponde a un estado de presencia de muy alta calidad en el que la relación con el mundo y el dejarse llevar le permite a uno ser excepcionalmente receptivo al futuro que comienza a emerger... Esta noción de un futuro emergente es uno de los conceptos clave de la Theory U: el futuro está preparándose, en proceso de materialización; lo que viene justo después puede marcar la diferencia.

El Círculo de *Coaching* está generalmente compuesto por cuatro o cinco personas; pero al igual que en el caso del Hot seat, es posible agrandarlo hasta que sean ocho o nueve si los participantes son particularmente "disciplinados". Cada uno solo habla cuando le toca su turno.

Johnny sale al escenario y presenta su situación, proyecto y desafío. El proyecto tiene que ser actual, concreto y tiene que ser importante. Tiene que ser un proyecto que Johnny realmente quiera llevar a cabo y que esté dentro del alcance de sus habilidades y responsabilidades. Johnny luego hace una solicitud clara de ayuda al grupo.

Durante todo el descenso hasta la parte inferior de la U, los participantes (llamados co-coachs cuando la Theory U) nunca intentan resolver el problema de Johnny. Se contentan con simplemente abrir todos sus sentidos para que puedan estar totalmente a la escucha de Johnny y del "campo" donde se encuentra su situación. Cada uno se deja invadir por su sentir.

¿Qué están sintiendo? ¿Qué están experimentando? ¿Qué historia les viene a la mente? ¿Qué ven?¿Qué imágenes aparecen en sus mentes? ¿Qué comparaciones o metáforas les inspira o crea la historia de Johnny? ¿Qué gestos, dibujos, movimientos e incluso danzas, quieren llevar a cabo en este momento? ¿Qué es lo que emerge, en el sentido amplio de la palabra, que puede permitir a Johnny comprender mejor su situación y lo que tiene que hacer?

Aquí está el proceso, dividido en etapas:

Etapas	Duración	Procedimientos
Etapa 1	15 minutos	Johnny presenta su situación Los Mastermindianos escuchan. Cada uno se concentra en su sentir, en el "campo" creado por Johnny, así como en sus necesidades y su problema, su demanda.
	3 minutos	Sigue un momento de silencio. Cada persona eleva su nivel de escucha y de presencia al servicio de Johnny. Cada uno toma su tiempo para centrarse, escuchar lo que está resonando, las sinergias y lo que está emergiendo. Todo ello tiene un gran sentido.
Etapa 2	15 minutos	Preguntas de clarificación (¡cuidado, ni opiniones, ni consejos!). * Acerca de la situación:¿qué desafíos o qué problemas principales tienes que enfrentar? * Acerca de los demás: ¿Cómo las otras personas involucradas activamente ven la situación? * Acerca de la intención: ¿Qué futuro estás tratando crear? * Acerca de habilidades / conocimiento... ¿Qué necesitas aprender? * Acerca de los bloqueos: ¿qué necesitas dejar atrás, soltar, abandonar?

Etapas	Duración	Procedimientos
Etapa 2	15 minutos	* Acerca de las necesidades: ¿Qué ayuda necesitas? * Acerca de sus impresiones: ¿Cómo vives la situación? ¿Qué metáfora para ello o gesto asociado podrías mencionar? Esta lista es, por supuesto, no exhaustiva.
	3 minutos	Tranquilidad inmóvil y silenciosa: Cada uno se conecta con la situación, con el "campo", con su sentir, mientras escucha su corazón. Cada uno busca las resonancias con la situación. ¿Qué imágenes, metáforas, impresiones, sensaciones, gestos... surgen? ¿uáles vienen a la mente? Cada uno trata de conectar y estar abierto con su corazón, su mente y su deseo.
Etapa 3	10 minutos	Efecto Espejo Cada Mastermindiano le ofrece a Johnny lo que ha emergido en él: imagen, historia, anécdota, metáfora (comparación), símbolo, impresiones, movimiento, gesto, danza, canto, ruido, silencio, dibujo, información, u otras cosas. ¡Pero nunca consejo!
	3 minutos	Johnny's feedback. Johnny aclara su situación ahora que ha recibido todos los "regalos" de sus pares en responsabilidad.
Etapa 4	20 minutos	Cada participante confía en las ideas y propuestas de los demás para que su línea de pensamiento y sugerencias puedan mejorarse. Todos ellos tienen cuidado de no asumir una actitud de "yo sé mejor que los demás" y de permanecer en una situación de paridad y corresponsabilidad, que solo sirve a los intereses de Johnny.

Etapas	Duración	Procedimientos
Etapa 4	20 minutos	Johnny asume la postura en la que deja que las cosas emerjan (la apertura de su corazón, cuerpo y mente). Una sola y buena idea, que emerge, vale más que mil ideas irrelevantes. Recordatorio: cada participante permanece en contacto con su alto nivel de presencia y en contacto con un nuevo futuro emergente. Variaciones en esta etapa: * Johnny puede intervenir libremente. * Los Mastermindians hablan con Johnny y no entre ellos.
Etapa 5	10 minutos	Cómo ve Johnny su situación ahora, y cuál fue su impresión de la sesión? Explica que le ha aportado lo que acaba de ocurrir (eventualmente también algunos elementos del plan de acción que va a implementar). La experiencia de cada Mastermindian. Agradecimientos y sincero reconocimiento por la ayuda.
	2 minutos	De acuerdo con los principios de Theory U, se invita a cada persona a escribir, en un cuaderno personal de desarrollo, lo que ha aprendido, las decisiones que ha tomado y el progreso que se ha logrado. Eso permite a cada uno tomar conciencia sobre lo que ha aprendido y tomar mejores decisiones con vistas al futuro.

El Círculo de *Coaching* de Theory U es un proceso algo más largo, o de otra forma, un poco más lento que el Hot seat. Lleva aproximadamente una hora y media todo el proceso. Es un taller en el que uno da tiempo al tiempo, las ideas se dejan emerger con calma y se observan momentos de silencio para que se pueda establecer una mejor conexión con los demás, con Johnny y con el campo generativo. Es un proceso que, además, apela a la sensibilidad de los mastermindianos, a sus habilidades para conectarse con otros, pero también al futuro emergente. Es un formato adecuado para participantes que no quieren ser sacudidos demasiado, o que necesitan un poco de tiempo para involucrarse en el proceso, o que privilegian la sensibilidad sobre la rapidez.

3.3 ¿Cómo utilizar el "Pro Action Café"?[4]

El "Pro Action Café" es una herramienta de inteligencia colectiva que convierte a todos los participantes del grupo en expertos necesarios para garantizar el avance de un proyecto. Permite a cada uno estrechar sus conexiones con los demás y valorar todos los conocimientos y habilidades presentes. Es un cruce entre el World Café y el Open Forum.

El proceso Pro Action Café permite que una cuarta, incluso una tercera parte de las personas presentes, se dirijan a todo el grupo con una pregunta, un problema ocuna dificultad surgida en la elaboración de un proyecto, y se beneficie de las contribuciones y retroalimentación de los demás participantes.

Este es un formato muy instructivo, tanto para "Johnny", que descubre otras formas de ver su situación y de encontrar soluciones, como para aquellos con quienes está haciendo la consulta. La situación de Johnny resonará con ellos, en gran medida.

Lo que ocurre en un Pro Action Café es similar a lo que ocurre en un World Café. En este último, la reflexión se centra en el "yo" al servicio del "nosotros", mientras que en el Pro Action Café, la reflexión se centra en el "nosotros" al servicio del "yo".

El Pro Action Café puede ser una buena alternativa al Hot seat cuando el número de participantes es grande (> 9). Requiere casi 2 horas el pasar por todas sus fases, fases que se enumeran a continuación:

---

4   Atribuido a Rainer von Leoprechting y Rita Baeck.

Creación del grupo
Tiempo: 5 minutos
Qué: Estado C.O.A.C.H.
Quién: El facilitador guía al grupo al estado C.O.A.C.H.
Herramientas y soporte: regla de las 3 P.

Compartir los proyectos
Tiempo: 10 minutos
Qué: el facilitador ayuda a identificar a los participantes que desean presentar su proyecto y la problemática identificada en él. Les ayuda también para la formulación de la pregunta que harán sobre su proyecto.
Quién: el facilitador y las personas portadoras de proyectos.
Herramientas y soporte: Flip Chart.

Elección de proyectos
Tiempo: 5 minutos
Qué: se seleccionan los proyectos que se presentarán. Dado el tiempo disponible, solamente un 1/4 a 1/3 de los participantes podrán recibir apoyo para sus proyectos. El resto de los participantes será "consultores".
Quién: Los participantes.
El facilitador hace respetar las normas de cooperación y de la sistemática. Si es necesario, el grupo puede simplemente aplicar la regla de "primero en llegar, primero en servir".
Herramientas y soporte: Flip Chart.

Presentación sobre cómo funciona un Pro Action Café
Tiempo: 5 minutos
Qué: Los portadores de proyectos se sientan a una mesa, con consultores alrededor. Debe haber una distribución equilibrada entre el número de consultores sentados en las mesas y los participantes que han traído proyectos.
Se harán cuatro preguntas. Entre cada pregunta, los consultores cambiarán de mesa con el objetivo de garantizar la mezcla y la sinergia de ideas.Se dedica 20 minutos a cada pregunta para mantener un buen ritmo durante las sesiones.
Cuando los nuevos consultores se sientan a la mesa, quien les presenta su proyecto hace una síntesis de lo que ya se ha ido trabajando en su proyecto por los consutlroes anteriores.
Quién: El facilitador.
Herramientas y soporte: Flip Chart.

Pregunta 1
Tiempo: 15 minutos
Qué: Pregunta 1: ¿Cuál es el problema (o la demanda) detrás de tu pregunta, de tu solicitud?
Quién: el facilitador hace la pregunta al grupo.
Los consultores formulan la pregunta al participante portador del proyecto.
La persona que ha traído el proyecto anota en el rotafolio todo lo que entiende al mismo tiempo, y a la vez estructura las respuestas.
Herramientas y soporte: Flip Chart; Rotuladores de colores.

Cambio de mesa
Tiempo: 2 minutos
Qué: los consultores cambian de mesa. Aquellos que han traído sus proyectos permanecen en la misma mesa.

Restitución de aportes
Tiempo: 1 minuto
Qué: la persona que ha aportado el proyecto dispone de 1 minuto para reportar a sus nuevos consultores lo que ya ha surgido anteriormente.
Quién: el portador de proyecto.
Herramientas y soporte: Flip Chart utilizado para la Pregunta 1.

Pregunta 2
Tiempo: 15 minutos
Qué: Pregunta 2: ¿Qué le falta a mi proyecto, a mi pregunta, a mi reflexión?
Quién: el facilitador hace la pregunta al grupo.
Los consultores hacen la pregunta a la persona que ha traído su proyecto a la mesa.
El portador del proyecto escribe todo lo que entiende en el rotafolio, aportando a la vez una estructura a las respuestas.
Herramientas y soporte: Flipchart y rotuladores de colores.

Cambio de mesa
Tiempo: 2 minutos
Qué: los consultores cambian de mesa. Aquellos que han traído sus proyectos permanecen en la misma mesa.

Restitución de aportes
Tiempo: 1 minuto
Qué: la persona que ha aportado el proyecto dispone de 1 minuto para reportar a sus nuevos consultores lo que ya ha surgido anteriormente.
Quién: el portador de proyecto.
Herramientas y soporte: Flip Chart utilizado para las Preguntas 1 y 2.

Pregunta 3
Tiempo: 15 minutos
Qué: Pregunta 3: ¿Qué estoy aprendiendo sobre mí mismo, sobre mi proyecto? ¿Cuáles son los siguientes pasos? ¿Qué tipo de ayuda necesito?
Quién: el facilitador plantea la pregunta al grupo. Los consultores hacen la pregunta a la persona que ha traído el proyecto a su mesa. La persona que ha traído el proyecto escribe todo lo que entiende en el rotafolio, dando a la vez una estructura a las respuestas.
Herramientas y soporte: Flip Chart y rotuladores de colores

Cambio de mesa
Tiempo: 2 minutos
Qué: los consultores cambian de mesa. Aquellos que han traído sus proyectos permanecen en la misma mesa.

Restitución de aportes
Tiempo: 1 minuto
Qué: la persona que ha aportado el proyecto dispone de 1 minuto para reportar a sus nuevos consultores lo que ya ha surgido anteriormente.
Quién: el portador de proyecto.
Herramientas y soporte: Flip Chart utilizado para las Preguntas 1, 2 y 3.

Pregunta 4
Tiempo: 15 minutos
Qué: Pregunta 4: ¿De qué estoy agradecido? Y ¿Ahora cuáles son mis siguientes pasos?
Quién: El portador de proyecto reflexiona sobre lo que aprecia de lo que le han aportado los diferentes consultores, y comenta los próximos pasos con los que se comprometerá ante el grupo.
Herramientas y soporte: Flip Chart y rotuladores de color.

Sharing Time
Tiempo: 20 minutos
Qué: En un círculo grande, todos comparten y agradecen lo que han aprendido. Todos responden a las siguientes preguntas:
* ¿Qué aprendimos cada uno para nosotros mismos, para nuestros proyectos y para el grupo?
* ¿Qué queremos retener de los intercambios y de la herramienta Pro Action Café para nuestra propia actividad
* ¿De qué estoy agradecido? ¿Cuáles son mis siguientes pasos?

Quién: Los participantes. El facilitador.

Cierre del proceso
Tiempo: 5 minutos
Qué: Cierre del proceso Pro Acción Café
Quién: El facilitador

3.4 Cómo utilizar el World Café[5]

World Café es un proceso de inteligencia colectiva que permite el diálogo constructivo y el intercambio de conocimientos e ideas entre los participantes, con el objetivo de construir una visión común, de trabajar en un objetivo común y de definir acciones concretas. Este proceso recrea la atmósfera de un café porque sus participantes están repartidos en subgrupos en varias mesas. A intervalos regulares, los participantes cambian de mesa salvo el anfitrión ubicado en cada mesa. El papel del anfitrión es hacer el reporte de lo que se ha trabajado en su mesa entre cada pregunta y en el momento de la retroalimentación final del grupo. Mientras en un Pro Action Café, la reflexión se lleva a cabo desde el punto de vista del " nosotros" al servicio del "yo", en un World Café, la reflexión es llevada a cabo desde el "yo" al servicio del "nosotros".

El World Café adquiere todo su sentido en un Grupo Mastermind, especialmente para llevar al grupo a reflexionar sobre temáticas o asuntos que quiere ver tratados durante el Mastermind. Lo difícil del World Café resulta en que los participantes tienen que plantear buenas preguntas, preguntas de gran calidad.

El World Café puede tener lugar siempre que haya un gran número de personas (> 9). Todas las fases del proceso enumeradas a continuación requieren aproximadamente 2 horas para realizarse:

Creación del grupo
Tiempo: 5 minutos
Qué: Generación Estado C.O.A.C.H.
Quién: el facilitador que guía al grupo al estado C.O.A.C.H.
Herramientas y soporte: regla de las 3P.

Presentación sobre cómo funciona un grupo World Café.
Tiempo: 5 minutos
Qué: El facilitador explica que World Café es una herramienta de inteligencia colectiva que permite a un grupo reflexionar sobre un proyecto o una visión común.
Las personas están repartidas en grupo de 5 por cada mesa. Cada subgrupo responde a 3 preguntas. Después los participantes de cada subgrupo deben cambiar de mesa, excepto una persona que tiene una función especial: la del anfitrión para su mesa, por lo que no cambia de lugar.
El trabajo del anfitrión es revisar con los recién llegados lo que se ha contestado en su mesa en respuesta a la (s) pregunta (s) anterior (es). El anfitrión también hará un resumen para el grupo al final de las 3 preguntas.
Se dispone de un tiempo de 20 minutos para cada pregunta.
Quién: El facilitador.
Herramientas y soporte: Flip Chart.

---

5   http://www.theworldcafe.com.

Pregunta 1
Tiempo: 20 minutos
Qué: el facilitador define una pregunta. Por ejemplo:
* Cuando estás llevando a cabo tu trabajo como ejecutivo sénior, ¿cuándo te sientes solo?
* ¿Qué limita tu desarrollo?
* ¿Cuál es la fuerza impulsora detrás de su motor interno?

Quién: el facilitador hace la pregunta. Los participantes en cada subgrupo responden simultáneamente a la Pregunta 1. El anfitrión de cada mesa escribe las respuestas en un Flip Chart.
Herramientas y soporte: Flip Chart y rotuladores de colores.

Cambio de mesa
Tiempo: 2 minutos
Qué: Excepto por el anfitrión en cada mesa, todos los participantes cambian a otra mesa, teniendo cuidado de mezclarse con gente nueva.

Reporte de aportaciones anteriores
Tiempo: 2 minutos
Qué: Una vez que los participantes estén sentados y formen parte de un nuevo subgrupo, el anfitrión en la mesa toma 2 minutos para revisar lo que han dicho en su mesa los participantes anteriores.
Quién: el anfitrión
Herramientas y soporte: Flip Chart usado junto con la presentación de la Pregunta 1.

Pregunta 2
Tiempo: 20 minutos
Qué: el facilitador lanza otra pregunta. Por ejemplo:
* ¿Cuáles son las habilidades que necesitas?
* ¿Qué te falta aún para tener éxito?
* ¿Qué obstáculos encuentras habitualmente en tu camino?

Quién: el facilitador hace la pregunta. Los participantes en cada subgrupo responden simultáneamente a la Pregunta 2. El anfitrión escribe las respuestas en un Flip Chart.
Herramientas y soporte: Flip Chart. Rotuladores de colores.

Cambio de mesa
Tiempo: 2 minutos
Qué: Excepto por el anfitrión de cada mesa, todos los participantes cambian a otra mesa, teniendo cuidado de mezclarse con gente nueva.

Reporte de aportaciones anteriores
Tiempo: 2 minutos
Qué: Una vez que los participantes estén sentados y formen parte de un nuevo subgrupo, el anfitrión en la mesa toma 2 minutos para revisar lo que han dicho en su mesa los participantes anteriores.
Quién: el anfitrión
Herramientas y soporte: Flip Chart usado junto con la presentación de las Preguntas 1 y 2.

Pregunta 3
Tiempo: 20 minutos
Qué: el facilitador elige y lanza una pregunta final. Por ejemplo:
* Si superas el desafío actual, ¿qué te permitirá alcanzar?
* ¿Cómo visualizas la palabra "éxito"?
* ¿Cuál es tu demanda?

Quién: el facilitador hace la pregunta. Los participantes en cada subgrupo responden simultáneamente a la Pregunta 3. El anfitrión escribe las respuestas en un rotafolio.
Herramientas y soporte: Flip Chart. Rotuladores de colores.

Sharing time
Tiempo: 30 minutos
Qué: Restitución por los anfitriones, en círculo grande, de lo que se ha dicho en su mesa. Todos responden a las siguientes preguntas:
* Qué aprendimos cada uno para nosotros mismos, para nuestros proyectos y para el grupo?
* ¿Qué es lo que queremos retener de los intercambios y de la herramienta. ¿De qué estoy agradecido? ¿Cuáles son mis siguientes pasos?

Quién: los participantes. El facilitador

Fin de la sesión.
Tiempo: 5 minutos.
Qué: Cierre del proceso World Café.
Quién: el facilitador

3.5 ¿Cuán rigurosa debe ser la gestión del tiempo en un Grupo Mastermind?

Uno de los roles del facilitador es monitorizar con rigor (pero no con rigidez) el ritmo y la duración de los procesos de Grupo Mastermind. En cada uno de los procesos descritos más arriba, el uso de un temporizador es la forma eficaz de asegurarse de que todos cumplan con el cronograma. Este respeto por el tiempo es aún más importante ya que cada persona viene al Grupo Mastermind para que poder dar y recibir contribuciones específicas.

Es especialmente importante mantener un ritmo sostenido, estructurado y constante durante el proceso de Hot seat. Es importante usar un temporizador aquí por dos razones esenciales:

En primer lugar, permite que cada una de las personas presentes pueda expresar, de manera equitativa, su solicitud de apoyo al grupo, y asegura que cada miembro pueda tomar parte en el Hot seat, razón principal por la que cada uno está aquí.

En segundo lugar, hay otro motivo más sutil. Sabemos que con frecuencia, si no hay límites en el tiempo, el trabajo del grupo tiende a extenderse y a convertirse en debates improductivos o fútiles. Entonces, todos corren el riesgo de perder su tiempo... Las ideas no necesariamente requieren mucho tiempo para emerger. Bajo las condiciones adecuadas fomentadas por la inteligencia colectiva, las ideas pueden ser accesibles de inmediato. En pocos minutos lo esencial puede ser expresado. Habrá otras oportunidades para los miembros del grupo durante reuniones de trabajo o fuera de ellas (almuerzos, descansos, correos electrónicos, llamadas telefónicas, etc.) para dedicar tiempo resolviendo un problema, proponiendo una nueva idea, divagando en lo fútil, disfrutando la relación y la vida social, etc.

Por lo tanto, es importante que un facilitador de Grupo Mastermind mantenga sus ojos en el temporizador cada vez que el grupo esté involucrado en un proceso. Es un hábito que también debe ser adquirido por los participantes. Si ciertos miembros del grupo no aprecian ser "restringidos" por una cantidad de tiempo asignada, puede ser útil recordarles la pertinencia de la disciplina creativa, al tiempo que se les confirma la necesidad de sostener un ritmo constante y estructurado.

Los participantes que se quejen de sentirse demasiado restringidos por el tipo de tiempo que se usa durante los procesos de Grupo Mastermind pueden ser invitados a unirse también a otros grupos donde podrán expresarse tanto como quieran. Decidir participar en un Grupo Mastermind significa que una persona quiere progresar rápidamente. Las dinámicas que se generan por el ritmo rápido de los procesos grupales son parte del aprendizaje. Algunas personas pueden creer que restringir el tiempo limita la creatividad. Sin embargo, hay muchos ejemplos de proyectos que no producen resultados independientemente del tiempo que se le dé. En grupos de Mastermind, y sin ser una verada absoluta, la restricción de tiempo pretende ser un estímulo para actuar. Y la gran mayoría de las ideas ya están ahí, solo esperando el ser expresadas...

Por lo tanto, la gestión del tiempo es algo que el facilitador debe cuidar. Los participantes que no hayan tenido su turno en el Hot seat, cuando estaba previsto y debido a una mala gestión del tiempo, se sentirán incomprendidos y "engañados". Es una falta de respeto, similar a romper un contrato: cuando uno participa en un Grupo Mastermind, sentarse en el Hot seat es una prioridad.

Entre cada proceso de Grupo Mastermind, es importante dedicar unos momentos a actividades que estén dirigidas a integrar y a apoyar las dinámicas de grupo. Son útiles para que cada participante pueda permanecer siempre atento y totalmente empoderado. Por ejemplo:

1. Volver al estado C.O.A.C.H. Como dice Robert Dilts: "*¡Nunca se debe perder la oportunidad de volver al estado de C.O.A.C.H!*". Es un ejercicio excelente a llevar a cabo si el grupo siente dudas, cansancio o aburrimiento.

2. Saltar o correr *in situ* mientras se escucha música (o no) para deshacerse de todas las tensiones producidas debido a la concentración intensa o por estar demasiado tiempo inmóvil o sentado.

En media jornada de un Grupo Mastermind, en general hay tiempo suficiente para 2 ó 3 sesiones de Hot seat, de una hora de duración cada una. Mantener un número mayor de este proceso es desgarrador, ya que requiere una atención tremendamente sostenida y consume una enorme energía por parte de todos.

En el tiempo que le quede, el facilitador podrá variar el ritmo proponiendo un proceso diferente, como por ejemplo un World Café, o eligiendo otros procesos grupales entre los que se describieron anteriormente. Un facilitador también puede querer proponer debates "sociales" o sugerir reportes de experiencia por parte de los participantes que se sentaron en el Hot seat en la sesión anterior, o fijar entre los participantes las fechas de las próximas reuniones, etc.

3.6 ¿Cómo presenta un participante su situación al grupo?

Como ya hemos señalado, cada mastermindiano, antes de sentarse en el Hot seat, se prepara cuidadosamente para ello. El facilitador se lo recuerda unos días antes de la sesión y él/ella puede solicitar, por adelantado, descripciones de los diferentes procesos de Mastermind para que pueda elegir el que le sea más apropiado.

En las líneas siguientes ofrecemos un ejemplo de una plantilla que puede usarse para preparar una sesión de Hot seat. Solo como recordatorio, la presentación al Grupo dura unos minutos, dependiendo del tiempo que el facilitador le asigne. Se le da prioridad a: concisión y "al grano:

Necesito compartir:

1. Mi situación.
2. Lo que quiero hacer o lograr.
3. Lo que ya hice o intenté.
4. Lo que me plantea problemas.
5. Lo que necesito.
6. Lo que espero de vosotros mastermindianos.

3.7 ¿Desea lanzar su propio Grupo Mastermind?

Está decidido. Está motivado y tiene las habilidades necesarias para animar un Grupo Mastermind. Probablemente es coach o consultor experimentado, tiene una amplia red de contactos, ya ha animado a 4 o 7 participantes para lanzar su Grupo Mastermind. ¿Cómo organizar ese desarrollo a lo largo de un año y cómo se desarrolla la primera sesión?

Aunque existen múltiples formatos de Grupos Mastermind (dependiendo de la frecuencia y de la duración de las sesiones), vamos a estudiar aquí cómo estructurar un modelo que se extiende sobre un año, modelo bastante clásico en los Estados Unidos:

* 3 seminarios de dos días.
* Un *webinar* por mes.
* Duración del compromiso: 1 año.

Nuestra experiencia con inteligencia colectiva nos enseña que una conexión real cada cuatro semanas es necesaria para que la energía, la motivación y calidad relacional perduren.

La primera reunión es crucial; debe sentar las bases de una estructura relacional duradero. Se trata de sembrar semillas de confianza, de relaciones de óptima calidad entre los miembros del grupo y de fomentar un campo generativo. Aunque es tentador atacar enseguida las temáticas de negocios o los problemas de liderazgo, es preferible que dirija la mayor parte de su atención al establecimiento de una red de conexiones y a la creación de un "campo" único. Este campo permitirá a los masterminianos comenzar un auténtico camino de transformación y aportar los tesoros que cada uno detiene en su biografía, para compartirlos durante las sesiones.

Como en el caso de la agricultura biodinámica, la calidad del suelo lo es todo. La primera reunión a menudo sirve para medirse con la fortaleza de aquellos que están con usted. Preste atención a que aquello no suceda; el efecto podría ser devastador. Las actividades relacionales, la calidad del campo que usted este creando desde los primeros minutos del encuentro determinarán, en gran medida, el éxito del proyecto.

¿Por qué "poner el encuadre" es la primera prioridad?

Los Grupos Mastermind, primero se agrupan y luego se desarrollan. Hoy en día, la gente está realmente encaprichada con estos enfoques colaborativos dirigidos a lograr el éxito, pero ¿cuántos de ellos realmente perduran? ¿Cuáles son los ingredientes básicos que, si faltan, harán que los participantes se cansen, se aburran y acaben por abandonar el grupo?

Respuesta 1: La falta de encuadre.

Respuesta 2: la mala calidad de las relaciones que se crearon (ver el párrafo siguiente).

Establecer el encuadre muy temprano en la creación de un grupo es una condición básica que permite que el grupo continúe. No solo formularlo, sino que repetirlo y asegurar de que se respete. Este encuadre garantiza que haya una "alianza", como Napoleon Hill lo llamó, entre los participantes. En otras palabras, es el contrato que conecta a los participantes entre sí, los participantes con el facilitador, y los participantes con el espíritu de Grupo Mastermind. Cuatro conceptos ilustran esa idea de contrato: 1) las reglas, 2) los límites, 3) las expectativas, 4) y el compartir las responsabilidades. Estos conceptos constituyen las etapas del contrato.

Concretamente, cuando selecciona a los participantes para su Grupo Mastermind, debe poner en su conocimiento a qué se están comprometiendo.

He aquí un modelo de contrato de Grupo Mastermind:

Contrato de Mastermind Group

Reglas

Este contrato es entre (nombre del participante) y (nombre del facilitador), por un período de (semanas, meses, trimestres).

El Mastermind (nombre de ese Grupo Mastermind) es (definición del Grupo Mastermind y razón específica de su existencia). Reúne a los participantes que se identifican a sí mismos con los siguientes valores: (valores del grupo).

El Grupo (nombre del grupo) estará compuesto por (número) de participantes. Se reunirá los (días, fechas, frecuencia) para una duración (número de horas, horarios)... El lugar de las reuniones se comunica a todos antes de la primera reunión del grupo.

Se prevén (número) *webinars* contando con la participación de todos los miembros. Tendrán una duración de (número de minutos) y se llevarán a cabo el tercer jueves del mes, desde las 20:30 hrs hasta las 22:00 hrs.

La contratación de nuevos participantes se llevará a cabo una / dos / cuatro veces al año, en (mes). Cada nuevo miembro que sea aceptado en el grupo será aprobado por unanimidad por el grupo, después de una entrevista con el facilitador.

La tarifa para la participación en este grupo es de (importe), pagadera en (cantidad de veces) al comienzo de cada año. En caso de ausencia, lo hará saber a (nombre del facilitador) con la suficiente antelación, al (número de teléfono del facilitador). Si falto a una sesión o si se cancela mi participación en el grupo, entiendo que no se reembolsarán los importes, ni total ni parcialmente.

El Grupo (Nombre del grupo) no es un grupo de *networking* empresarial, ni tampoco un grupo de formación ni de terapia profesional.

Expectativas

La participación en este grupo requiere el cumplimiento de los siguientes términos y condiciones básicas:

Compromiso

Me comprometo a participar a todas las sesiones (número) que se hayan programado, o en un porcentaje significativo de esas sesiones. Me comprometo a estar al servicio del éxito de los demás participantes (el "éxito" será según lo definido por cada uno de los participantes), tanto como del mío, a través de mis contactos, mi experiencia y cualquier otro tipo de recurso que pueda poner al servicio del grupo. Me comprometo a utilizar estos recursos para el grupo, así como a respetar la responsabilidad de cada participante en el logro de su propio éxito.

Presencia

Por la presente, me comprometo a que estas reuniones sean una prioridad en mi agenda. Durante la sesión, apagaré el móvil, y no leeré ni contestaré a ningún correo electrónico; no habrá ninguna interrupción del tipo que sea. En caso de que yo no pueda estar físicamente presente en la sesión, puedo asistir vía SKYPE (ZOOM, …)

Participación

Me comprometo a preparar las sesiones y a participar activamente en ellas, especialmente al sentarme en el Hot seat.

Confidencialidad

Por la presente, me comprometo a mantener confidencial toda la información que se compartirá en el grupo, ya sea directa o indirectamente, sin límite de tiempo, y cualquier sea la naturaleza, personal o profesional, de dicha información. No se permite ninguna grabación de las sesiones, excepto cuando yo esté en el Hot seat. Estoy autorizado a tomar notas.

Responsabilidad personal

Por la presente, me comprometo a asumir la responsabilidad de mi situación y mi desarrollo profesional. El grupo no será responsable de ninguna consecuencia de las acciones emprendidas o no por mí. (Por favor dejar el ego a la puerta antes de entrar en las sesiones).

Si no cumplo con estas expectativas, autorizo a (nombre del facilitador) a tomar las decisiones que sean lo mejor para el grupo. Tengo en cuenta que no me reembolsará ningún importe si dejo el grupo.

La experiencia del grupo reposa en fundamentos precisos:

* Ser positivo y alentador cuando desafíe a los demás participantes: o sea, benevolencia sin complacencia.

* Llegar a la hora, e incluso por adelantado, si es posible; terminar a tiempo. Nadie tiene tiempo adicional.

* El grupo aborda los aspectos profesionales, no personales de las cosas (excepto si esto último afecta las actividades empresariales de uno).

* Respetar los diferentes puntos de vista. Aportar su propia contribución y, al mismo tiempo, permitir que otros hagan la suya. Criticar ideas, pero no criticar a personas individuales. Limitarse al problema y evitar las conversaciones privadas y extraoficiales.

* Evitar temas delicados: por ejemplo, religión, política, sexualidad.

* No dudar en desafiar la forma de pensar del grupo cuando no está de acuerdo.

* Respetar su compromiso y pasear a la acción.

Responsabilidades del Facilitador

El facilitador dirige las sesiones grupales. Es responsable de seleccionar a los participantes del Grupo Mastermind, asegurándose de que se respete la estructura y las reglas del grupo, creando un lugar seguro para todos, gestionando los tiempos para el grupo, haciéndolo coincidir con los objetivos planeados, dando retroalimentación, procurando que la dinámica relacional del grupo sea buena y apoyando a cada participante cuando se trata de la implementación de su plan de acción, durante y entre sesiones.

Responsabilidades del participante

Acepto respetar los términos y condiciones de este contrato. Para mantener el espíritu del grupo y su eficacia, se realizará una evaluación cada (número de semanas, meses). Estos términos y condiciones se redefinirán una vez al año.

Firmado en (lugar), en (fecha)

Firma del participante:

Firma del facilitador:

[Tenga en cuenta que algunos Grupos Mastermind incluyen en el contrato una cláusula que aborda el ejercicio de la confidencialidad que es específico de su grupo en particular.]

¿Por qué la relación es la segunda prioridad más importante en un Mastermind?

Para introducir cuán importante es la calidad de los vínculos relacionales dentro de un grupo, hemos aquí el testimonio de un miembro que participó en el Grupo Mastermind de Jóvenes Estrellas de Internet.

> *"Al final de la primera sesión Mastermind, hice un inventario de lo que había sucedido. Se intercambiaron muchas ideas. Asistí a algunas demostraciones brillantes que fueron llevadas a cabo por oradores de gran éxito, incluidos deportistas campeones del mundo. Pero no logré establecer una relación "real" con el facilitador. Solo creé un vínculo superficial con algunos de los participantes. No completé la encuesta de satisfacción que se entregó al final de la reunión; eso ni molestó al facilitador. Además, él no me habló de ello. Finalmente, una de las participantes, la única mujer en el grupo, fue expulsada al final de la primera sesión sin que nadie supiera por qué. Aprendimos por qué un mes más tarde, pero de una manera sibilina, durante un seminario web. Ella me escribió después de la primera sesión, en un intento por descubrir por qué fue excluida: no tenía ninguna respuesta para ello. Esto me dejo confuso".*

Vemos, en este testimonio, las semillas de una experiencia que resultó estar llena de promesas incumplidas y despidos rápidos. La creación de una relación entre el facilitador y cada uno de los participantes, por un lado, y entre cada miembro del grupo, por otro, es clave en lo que respecta a la sostenibilidad y, con toda probabilidad, al éxito del Mastermind. Poner énfasis en el aspecto relacional del grupo, en la sesión inicial, debe ser la principal prioridad.

El RSE de la inteligencia colectiva

Uno de los procesos fundamentales de la creatividad del equipo es sencillo: es lo que Robert Dilts llama la RSE de la inteligencia colectiva:

1. Resonancia  2. Sinergia 3. Emergencia

Para que lo Emergente surja con éxito, resulta esencial que los primeros dos pasos anteriores se activen con eficacia. La resonancia, permite que las personas se conecten y se conozcan entre sí; trabajan desde lo que tienen en común. Tomarse el tiempo para dar correctamente este paso es una inversión que hará ganar mucho tiempo y grandes beneficios más tarde. Aprender a conocerse unos a otros, hacer uso de la inteligencia relacional y social son claves que conducen al éxito; claves de las cuales somos muy poco conscientes. La mayoría de las veces, las personas se abalanzarán sobre los problemas que tienen que ver directamente con sus negocios. Pero hay que decidir, dirigir y mantener vivos los procesos que van a crear la resonancia; similar a lo que hace un músico cuando practica regularmente sus escalas musicales. Sin este primer paso, y sin un encuadre claro, los egos se enfrentarán rápidamente entre sí, y prevalecerá la actitud de "que el mejor gane". En ese caso, poco o nada de sabiduría saldrá de los intercambios del grupo. Sino, todo lo contrario, aparecerá el riesgo de que nadie salga de ello con ningún crecimiento en absoluto.

No es un descubrimiento: poner buenos pilares asegura la solidez de la construcción de un edificio. La primera sesión se produce después de las promesas entusiastas de la iniciativa comercial y de *marketing* y después de la entrevista de selección con el facilitador. Por ello esta primera sesión debe establecer qué ingredientes van a componer el "color específico" de este Grupo Mastermind.

Para garantizar el éxito de su grupo, algunos facilitadores ofrecen la opción para el recién seleccionado de poder retirarse después de esa primera sesión si considera que no ha respondido a sus expectativas. Sin embargo, seamos vigilantes porque los grandes beneficios que se obtienen de un Grupo Mastermind aparecerán verdaderamente con el paso del tiempo y con el trabajo hecho.

Es importante subrayar en este punto que un candidato para un Grupo Mastermind también tendrá que declararse abierto a ser desafiado:

* En sus creencias
* En sus hábitos
* En sus elecciones
* En el uso de sus herramientas
* En sus prioridades
* En su estrategia o sus tácticas
* En su ego

Aceptar ser desafiado, es aceptar ser confrontado con uno mismo... es aceptar acoger múltiples puntos de vista que provienen de fuera de su zona de confort.

Molestar es una cosa. Desafiar y crear una verdadera relación es otra. Con el lenguaje cuidadoso y cauteloso de los demás participantes, la benevolencia sin complacencia se convierte en un recurso poderoso de un Grupo Mastermind.

La prioridad de la primera sesión es entonces crear relaciones de alta calidad entre los participantes. Todo su talento y habilidades como creador/iniciador de grupo, tanto en la preparación como en la animación, deben ponerse al servicio de esta prioridad.

Es legítimo que cada participante se haga preguntas cuando se presenta ante un Grupo Mastermind por primera vez:

* ¿Quiénes son los otros miembros de este grupo?
* ¿Tendré el nivel? o ¿Estoy en un nivel por debajo o por encima del de los demás, en términos de éxito y de estatus social?
* ¿El facilitador se siente comprometido con mi éxito?
* ¿Cómo voy a experimentar y vivir el sentarme en el Hot seat frente a personas que no conozco?

La capacidad de crear relaciones de buena calidad es, en términos generales, un atributo clave que ha sido adquirido por coachs de vida, capacitadores y terapeutas que han aprendido a enfocarse en la persona con la que están interactuando. Es importante que ejerzas ese tipo de sensibilidad y empatía para llegar al mismo punto con el grupo. Durante la primera reunión, cuando se establecen los fundamentos para el grupo, es usted quien le da su tono.

No es una cuestión de *"Business as usual"*. El Grupo Mastermind debe convertirse en un punto de referencia duradero para todos los participantes. Si no te esfuerzas por apoyar a cada mastermindiano de una manera comprometida, si no de lo mejor de tí de una manera que les permita acceder a la etapa siguiente y si no tienes la intención de alentarlos a hacer un salto cuántico, ¿qué motivación seguirán teniendo tus participantes después de unos meses?

Considere la experiencia presentada anteriormente de ese participante que estuvo involucrado en un ciclo grupal durante un año para luego dejar el grupo. Como el facilitador no se sintió "implicado" en su éxito, el participante consideró que el retorno de la inversión no era suficiente. Sacar simplemente algunas buenas ideas no es suficiente. El Grupo Mastermind es un espacio que te sostiene, te resulta reconfortante y te da recursos. La condición previa es "la creación de una relación" rica y de apoyo, especialmente con el facilitador, que tiene la responsabilidad del progreso del grupo. En segundo lugar, es importante recordar que a usted, como facilitador, se le está pagando por sus esfuerzos. Los mastermindianos permanecen en el grupo, en particular debido a la relación que les conecta a usted, su facilitador.

Si desea que su grupo Mastermind sea un éxito, tendrá que trabajar arduamente para crear esa relación y ofrecer apoyo a cada participante. Eso demuestra su deseo de cumplir con su promesa inicial: *"Voy a ayudarle a subir rápidamente al escalón más alto, para que pueda romper las paredes y destrozar el techo de cristal que lo ha estado reteniendo durante años"*. Ya sea explícito o implícito-explícito es más poderoso cuando se trata de este asunto; es la promesa que se hace a cada participante.

En su clásico libro El Principito, Antoine de Saint-Exupéry ofrece una conmovedora descripción de la importancia de la creación de un vínculo en la siguiente interacción entre el Principito y el zorro.

El Principito y el Zorro

Capítulo XXI

"Buenos días", dijo el zorro.

"Buenos días", respondió el Principito cortésmente, aunque cuando se dio vuelta no vio nada.

"Estoy aquí", dijo la voz, *"debajo del manzano"*.

"¿Quién eres?", preguntó el Principito. *"Eres muy bonito..."*

"Soy un zorro", dijo el zorro.

"Ven a jugar conmigo", propuso el Principito. *"Me siento tan triste"*.

"No puedo jugar contigo", dijo el zorro. *"No estoy domesticado"*.

"¡Ah! Disculpe ", dijo el Principito. Pero después de reflexionar, añadió: *"¿Qué significa 'domesticado'?"*

"No eres de por aquí", dijo el zorro. *"¿Qué estás buscando?"*

"Estoy buscando personas", dijo el pequeño príncipe. *"¿Qué significa 'domesticado'?"*

"La gente", dijo el zorro, *"tiene armas y cazan"*. Es bastante problemático. Y también crían pollos. Eso es lo único que tienen de interesante. ¿Estás buscando gallinas?

"No", dijo el Principito, *"estoy buscando amigos. ¿Qué significa 'domesticado'?"*

"Es algo que con demasiada frecuencia se ha descuidado". Significa 'crear lazos'..."

"¿Crear 'lazos'?"

"Así es", dijo el zorro. *"Para mí eres solo un niño pequeño como cien mil niños pequeños. Y no te necesito. Y tú tampoco me necesitas a mí. Para ti, solo soy un zorro como cien mil zorros más. Pero si me domésticas, nos necesitaremos el uno al otro. Serás el único chico en el mundo para mí. Seré el único zorro en el mundo para ti..."*

Este maravilloso texto, tan conocido, tan poco entendido, tan a menudo olvidado y tan poco aplicado a la propia vida, debe ser una inspiración constante para el facilitador que está iniciando un Grupo Mastermind.

¿Es importante hacer uso del estado C.O.A.C.H. para lanzar un Grupo Mastermind?

¿Es el estado C.O.A.C.H. que ya se ha mencionado varias veces en este libro, un recurso importante a utilizar en el momento del lanzamiento de un Grupo Mastermind?

Este herramienta es una referencia para los grupos que trabajan eficazmente en inteligencia colectiva.

En grandes eventos dirigidos por oradores motivacionales populares, que pueden llegar a reunir a miles de personas, la atención se centra en estimular la motivación que podría describirse como "extrínseca". El gurú motivacional puede hacer que la gente salte, grite con la música, rompa tablas de madera con auténticos truenos de aplausos, o lleve a cabo cualquier otra hazaña espectacular. El efecto está garantizado; los sentidos están estimulados y todos se sienten sobreexcitados y motivados. Sin embargo, uno tiene que preguntarse sobre la naturaleza y la persistencia de dicha motivación: a menudo, apenas termina el tipo de evento descrito anteriormente, "desvanece" la motivación... luego, como de costumbre, uno vuelve a su negocio, no hubo transformación duradera...

En un grupo Mastermind eficaz, ¿se debe iniciar inmediatamente con un estado C.O.A.C.H.? Ese estado se practica como una disciplina y la primera vez suele sorprender su poder de llevar a las personas a un estado de re-energetización. En un Grupo Mastermind que busca maximizar la inteligencia colectiva de sus participantes, la experiencia compartida del estado C.O.A.C.H. puede hacer que emerja un campo relacional profundamente poderoso.

Lo opuesto al estado C.O.A.C.H. es el estado C.R.A.S.H.; un estado en el que las personas están tensas, desconectadas de sí mismas y de los demás. La siguiente es una revisión de las características clave de los estados C.O.A.C.H. y C.R.A.S.H.[6]:

---

[6] Reproducido con el amable permiso del autor. Dilts, R., *Modelo de factor de éxito, Volumen 2, Colaboración generativa, Liberación del poder creativo de la inteligencia colectiva*, publicado por Dilts Strategy Group, 2016.

Estado C.O.A.C.H.
Estado Generativo - Estar con

Estado C.R.A.S.H.
Estado degenerativo - Estar en contra

C - Centrarse, especialmente en las "entrañas" (el centro de tu vientre)

O - Obertura de tu campo de consciencia

A - Alerta a lo que pasa en tu interior y a tu alrededor con Atención

C - Conectar contigo mismo y con el/los sistemas mayores de los que eres parte

H - Hospitalidad para recibir lo que suceda desde un estado de recursos y curiosidad

C - Contracción

R - Reactividad

A - Análisis en parálisis

S - Separación

H - Herido o que odia

Ningún grupo podrá mantenerse con constancia en un estado C.O.A.C.H. Esto es especialmente así cuando un grupo comienza por primera vez. Eso sí, le es fácil caer en un estado C.R.A.S.H. sin darse cuenta. Una buena disciplina es preguntar periódicamente: ¿En qué punto nos encontramos en una escala de 0 a 10 (0 = C.R.A.S.H. y 10 = C.O.A.C.H.)? Para que un Grupo Mastermind trabaje de manera efectiva, recomendamos que las personas deberán ubicarse en un 7 como mínimo.

Fundamentalmente, su rol como facilitador es llevar al grupo al estado C.O.A.C.H. y tratar de mantenerle en ese estado tanto como le sea posible. Debe prestar atención al estado de ánimo continuo del grupo y volver al estado C.O.A.C.H. una y otra vez, especialmente si el grupo parece dirigirse hacia el estado C.R.A.S.H. Lo mejor es enfocar sus esfuerzos de una manera preventiva haciendo que las personas revisen regularmente su estado de ánimo general, o cada vez que se vuelve a iniciar un trabajo. El estado C.O.A.C.H. tiene una gran influencia en la dinámica de grupo y, por lo tanto, en la calidad de sus acciones y en los resultados.

La rapidez con la que un nuevo Grupo Mastermind podrá actuar de manera productiva depende de la capacidad del facilitador para establecer y aumentar el nivel de confianza necesario. Esto se acelerará por la capacidad del grupo de entrar en el estado C.O.A.C.H. Una vez establecido un buen nivel de confianza, puede incorporar y utilizar todos los otros procesos descritos anteriormente, ya que en un estado C.O.A.C.H., un grupo luchará sin importar las herramientas que use.

¿Cómo comienza la primera sesión?

Imaginemos que ocho personas participan en el lanzamiento de un Grupo Mastermind que usted ha decidido liderar a cambio de una retribución. Supongamos que este Grupo Mastermind se reunirá por ejemplo tres veces al año durante dos días y que se realizará un webinario al mes. Le sugerimos el siguiente desarrollo...

La llegada

La tarde antes del comienzo, la cena es la primera oportunidad para compartir informalmente. Este paso es más importante de lo que parece. Cada nuevo grupo se encuentra con una gran cantidad de problemas, conscientes o inconscientes. El hecho inicial informal de compartir, durante una comida, es una forma de empezar la "creación de la relación" como principal prioridad. Antes de ser un líder o una persona de negocios, las personas son seres humanos. Compartir una comida crea, más que cualquier otra tradición, un tipo de comunidad, un tipo de campo único. Para su reunión inicial es preferible elegir a un lugar suficientemente tranquilo y donde no haya ningún tipo de espectáculo. Ya sea que lo sepan o no, los mastermindianos ya están teniendo una sesión en ese momento. Sus sentidos se vuelven más nítidos. ¿Quién está ahí? ¿Cuál es la actitud del facilitador? ¿Cómo me siento cuando estoy cerca de estas personas que no conozco? ¿Estoy donde debería estar? ¿He hecho lo correcto al comenzar este proceso?, etc... La atención que usted, como facilitador, le da a cada uno, crea el ritmo para las relaciones que se van a crear... o no.

La primera mañana: introducción del facilitador

Se debe prestar especial atención a la presentación del facilitador. Todos están ansiosos por comenzar. Obtuvieron una impresión inicial en la cena la noche anterior. ¿Cómo se sintieron cada uno de los que estaban en ese grupo? Las especulaciones personales se combinan con la curiosidad sobre la nueva experiencia.

Obviamente, el horario de inicio debe respetarse escrupulosamente. Las 09:00 en punto, por ejemplo.

Este inicio es crucial porque le permite establecer el tono de lo que seguirá. La hora en que se inició el grupo permanecerá registrada en la memoria de los participantes para siempre. Las primeras palabras pronunciadas, las primeras miradas, el ritmo que se propone, las prioridades que se sienten o expresan, determinan las fundaciones para construir el Grupo.

He aquí algunos ejemplos de cómo empezar un Grupo Mastermind. Son solo sugerencias para estimular su propia creatividad durante este momento crucial en la formación de su grupo.

"Bien, ha llegado la hora... Vamos a comenzar. Voy a compartir con ustedes lo que va a suceder, pero primero, quiero presentarme..."

Diciendo algo así como:

"En la primera carta que el filósofo Séneca envió a Lucilius en el siglo I dC, declaró: 'El tipo de pérdida más vergonzosa es en la que se incurre por negligencia'. Y si lo piensas bien, una gran parte de la vida se desperdicia en el Mal, más grande aún en no hacer nada al respecto. ¡Todo eso equivale a hacer algo diferente de lo que deberíamos!"

O bien,

"¿Sabéis qué era lo primero que hacía Steve Jobs cuando tenía una nueva idea, o cuando se le proponía una sugerencia creativa? Él sometía esa idea a la reflexión de las 100 primeras personas que se encontraba..."

O también,

"Hace tres años, mis ventas se redujeron en un 50%. Mi situación profesional era tan precaria que pasé por una fase en la que estaba terriblemente ansioso. Luego tuve la oportunidad de encontrar... de tomar la siguiente decisión... y finalmente implementar esta sugerencia de... yo..."

¿Entiende la idea? Es el principio de *story telling*. Comience con un anécdota leyendo un texto inspirador, o un texto que presente una idea principal. Uno tiene que cautivar la imaginación del grupo de inmediato, a través de referencias al mundo filosófico o empresarial o de su propia experiencia. Muchos facilitadores no se preparan adecuadamente para este momento clave. ¿Cuántos grupos comienzan con una intención que no está completamente energizada?. "Intensidad", una palabra clave para la animación de grupos.

Segundo tema prioritario en la introducción: la intención fundadora de su Grupo Mastermind

Después de sus primeras palabras de introducción, recuerde la razón de ser del Grupo Mastermind: ¿por qué ha creado este grupo tan especial?, ¿cuál es su intención para los participantes? y ¿qué es lo que, básicamente, le está motivando a ello? En general, los objetivos de un Grupo Mastermind deben ser de alto nivel, ambiciosos. Sean cuales sean los objetivos de cada persona presente (a menudo tienen que ver con sus negocios, elevar su estatus social, la búsqueda de un liderazgo fuerte o lograr un objetivo medio ambiental, debe anunciar su firme compromiso de promover el éxito de todos; debería alentar a todos a dar el paso más grande que puedan, e incluso más allá. En este punto su objetivo como facilitador es dar sentido a su Mastermind para cada participante. Desear que los participantes sean lo más motivados y entusiastas posible.

El impacto de las palabras, particularmente cuando se trata de establecer la fundación del grupo, es decisivo. Los facilitadores a veces no son suficientemente conscientes del efecto de las primeras palabras que pronuncian. Piense en el cuidado con el que escribiría la introducción o la conclusión de un artículo importante para usted. La claridad y efectividad de las palabras que elija al principio establecerán el tono y la dirección de lo que sigue.

Luego viene la presentación de la ruta que desea seguir con el grupo. Sin entrar en demasiados detalles, este ejercicio es necesario para legitimar su presencia en el grupo. Su credibilidad, capacitación y experiencia deben hacer que los mastermindianos sientan que han llegado al lugar correcto. Incluso antes de conocer los antecedentes y las habilidades de las demás personas en la sala, cada participante debe sentir que el facilitador está en posesión de algo que es significativo y valioso para todo el grupo.

Primera ronda – Presentaciones de cada uno

Otro paso importante para lanzar un Grupo Mastermind es la presentación de cada uno, por turno. Ese momento es delicado... Puede ser tentador en esta etapa proponer una actividad en la que todos se vean obligados a salir de su zona de confort. Sin embargo, la prioridad principal es crear una relación fuerte y segura. Proponemos un formato que involucra simplemente dar la vuelta lentamente a la mesa y ofrecer cinco minutos a cada persona para que comparta más o menos la siguiente información (sin cronómetro en esta etapa).

* ¿Quién soy, mi familia, mi experiencia profesional?...
* ¿Por qué elegí participar en este Grupo Mastermind? ¿Cuáles son mis expectativas?
* Lo que creo que puedo aportar a este grupo...
* Soy apasionado y entusiasta acerca de...

Este formato ofrece un espacio para que cada persona comparta algo significativo. Uno no debería ir demasiado rápido sino que debería dejar tiempo para que las diferentes personas se expresen. Los facilitadores experimentados pueden tener la tentación de utilizar algunos de sus trucos favoritos, rompehielos, técnicas de introducción mutua y otras tácticas de construcción de relaciones. Pero, en esta primera etapa, eso no es necesariamente útil ni deseable.

En cambio, mientras se van turnando, cada uno hablando aleatoriamente, usted podrá captar y escribir en la pizarra las ideas que emerjan y que le parezcan importantes. En particular, las expectativas de las personas y lo que piensan poder aportar al grupo. Eso le permite, al final de la actividad, averiguar si las expectativas corresponden a lo que usted planeaba poner en la agenda. Si es necesario, puede, en consecuencia, ajustar las actividades que está ofreciendo.

Como facilitador, querrá elegir entre toda una variedad de posibles preguntas a lanzar, lo que permitirá a cada participante profundizar en lo que está compartiendo con el grupo, como por ejemplo:

* ¿Qué me gusta hacer en la vida?
* ¿Qué iniciativa tomé, o qué aventura experimenté de la cual estoy orgulloso?
* Mis pasatiempos favoritos.
* Mis 3 mejores éxitos.
* Mis 3 fallos más grandes y las lecciones que aprendí de ellos.
* Etc.

Como alternativa en esa presentación inicial, puede "experienciar" una actividad RSE (Resonancia / Sinergia / Emergencia) como la que sugerimos en las siguientes líneas:

Pída a los participantes que preparen las respuestas a algunas preguntas antes de que lleguen a la sesión y que cada uno las escriba rápidamente en unos folios.

Solicite a todos los folios para colgarlos en la pared (usando algún adhesivo) y haga un cuadrado o un rectángulo con todos ellos. Asegúrese de que las hojas se toquen entre sí (de lo contrario, obtendrá marcas en la pared). Cada persona dibujará, con lápices o rotuladores de color, líneas que vayan desde su grupo de palabras a las de otros folios que se asemejen a ellas. (o sea el ejercicio les permite dirigirse hacia las resonancias que cada participante siente con los otros participantes). También dibuja un círculo alrededor de las diferencias (estas son las sinergias potenciales).

Después cada persona expresa en alto lo que le ha llevado a crear el patrón de líneas y círculos dibujados por ella. En este punto, ya han llevado a cabo una secuencia de inteligencia colectiva fundamental: Resonancia - Sinergia - Emergencia.

Después de la presentación será un buen momento para tomar un descanso.

Ejercicio de inteligencia colectiva

Después de la pausa, es posible que desee leer el extracto del *Principito*, compartido en páginas anteriores, o algún otro texto que enfatice la importancia de construir una relación.

Este es a menudo un buen momento para proponer un ejercicio de inteligencia colectiva. Considere, por ejemplo, la propuesta del zorro al principito: *"Primero te sentarás un poco lejos de mí, allá, en la hierba. Te miraré por el rabillo del ojo y no dirás nada"*. Invite a los participantes a no decir nada al principio. Observarse los unos a los otros durante un tiempo. Ver al otro y sentirse visto. Luego, lenta y silenciosamente, acérquense los unos a los otros para que "el zorro pueda ser domesticado". Una sencilla actividad de unión como esta puede hacerse en unos pocos minutos.

Sugerimos un ejercicio como este en lugar de otras muchas técnicas clásicas de construcción de rapport, rápidas pero potencialmente superficiales.

La experiencia del estado C.O.A.C.H.

La sesión seguirá con una oportunidad para profundizar la calidad de las relaciones y del campo generativo entre los participantes del Grupo Mastermind. Más que a través de mucha actividad cognitiva, esto se logra mejor mediante la creación de una experiencia colectiva: el estado C.O.A.C.H.

Hagamos un pequeño rodeo citando una metáfora escrita por Eckhart Tolle: *"Imagina que estás en un club nocturno en medio de un bosque. La música es tan poderosa que parece encontrar su camino en cada poro de tu cuerpo. Tienes que gritar para comunicarte. La luz es a veces débil, a veces muy animada y colorida. Puedes oler cosas de todo tipo: perfume, alcohol, sudor... Todos tus sentidos están bombardeados.*

Necesitado de aire fresco, sales de la discoteca y encuentras que estás justo en el medio del bosque. La oscuridad y el silencio, de forma instantánea, te hacen sentir un tanto aliviado y relajado.

Sin embargo, muy rápidamente, te aburres. Junto a la lluvia de luz, del sonido y de todos los olores de la discoteca, el bosque es un espectáculo que no resulta tan cautivador.

Pero, después de un momento, sucede algo especial: tus sentidos se abren lentamente al ambiente. Escuchas los ruidos de pequeños animales, el sonido de las hojas, tu sentido del olfato captura el perfume sutil de la tierra y de las plantas mojadas, tus ojos comienzan a distinguir formas, movimientos y el centelleo de la luz de la luna entre las ramas. Poco a poco, te sientes reconfortado por la sensación de estar en un lugar sagrado que te rodea y te abraza. Y entiendes que este lugar es simplemente la Vida. Es un flujo de vibraciones, que puede ser poderoso o delicado, que fluye a través de todo, es decir, a través de todos los lugares y a través del tiempo, pero que, en la discoteca, no podías captar.

Te sobrecoge una emoción que no puede ser descrita, una emoción mucho menos espectacular que la causada por lo que sucedía en la discoteca. Pero es infinitamente más profunda y nutritiva: estás en paz".

Entrar en lo que se conoce como el "estado C.O.A.C.H." surge de la estimulación de la motivación intrínseca; es decir, uno busca dentro de esa dimensión especial y única, no inducida por el entorno o las creencias de los demás. En el momento de la primera experiencia del Grupo Mastermind en el "estado C.O.A.C.H.", los participantes están invitados a compartir lo que convertirá a este equipo en un instrumento crucial de transformación para cada uno de ellos.

La sesión inicial del Hot seat

Una vez establecida la relación suficiente, es el momento de que la primera persona se sienta en el Hot seat. Probablemente será una buena idea comenzar este proceso sin revelar ningún detalle al respecto y dejando simplemente que las personas vivan la experiencia. Es similar a enseñar a una persona un nuevo juego de cartas: si uno explica todas las reglas al principio, el jugador principiante se pierde. Poner la teoría antes de la experiencia es a menudo un error. Esta característica, presente en mucha educación tradicional, deja a menudo a buenos estudiantes en situación de desventaja. Sin embargo, será útil introducir el proceso teórico al final de la sesión inicial, utilizando un cuadro que describa la síntesis del trabajo realizado. Eso les permitirá a todos apropiarse del proceso.

Se puede terminar la primera mañana con una segunda sesión de Hot seat.

Pasar el "micrófono"

En alguna ronda o turno de palabra (por ejemplo cuando los participantes comparten o reflexionan sobre su experiencia y expresan "lo sentido"), "Pasar el micrófono" es una herramienta que ayuda a promover la inteligencia colectiva. El principio básico es que el hablante sostenga un palo u otro objeto ligero mientras habla. Cuando esa persona termina, coloca el objeto en el centro del grupo o lo pasa directamente a quien decida seguir tomando la palabra; preferiblemente no la persona que esté a su lado.

Este objeto crea condiciones que facilitan una mejor escucha y permite evitar ese escenario cuando todos están hablando a la vez. El uso de un bastón también fortalece la conciencia de cada persona es miembro del grupo. Por otra parte es una forma fácil de hacer un seguimiento de quién ha hablado y quién no...

Almuerzo

Inicio de la tarde: actividad recreativa o en la naturaleza - (1 hora)

Como todo facilitador experimentado ya sabe, es una buena idea planear hacer algo físico y energizante inmediatamente después del almuerzo. Si no lo hace, la fatiga provocada por el proceso de digestión se propagará inevitablemente por todo el grupo. Por lo tanto, después del almuerzo suele ser un buen momento para una actividad recreativa, o mejor aún, para pasar una hora "rodeado de naturaleza".

Un Grupo Mastermind es una oportunidad excepcional para conectarse con su proyecto de una manera poderosa. También es un excelente momento para estar en contacto con uno mismo. Después del almuerzo, una caminata, en un grupo más pequeño, o solo, o sin ninguna instrucción específica, puede considerarse como un espacio y tiempo para que cada uno pueda recargar su energía.

Dos sesiones de Hot seat

Una vez que todos regresan a la sala, la tarde podría organizarse de la siguiente manera:

* Una sesión de Hot seat.

* Un tema especial útil para el grupo que haya elegido el facilitador.

* Una segunda sesión de Hot seat.

What is Achieved in the First Day

A menudo es una buena idea completar el primer día de un Grupo Mastermind con una ronda de reflexión, (con el "micrófono"), permitiendo que cada persona comparta...

* Lo que subraya de lo que ha sucedido.

* Lo que él/ella ha apreciado particularmente.

* Lo que le ha molestado.

* Ciertas decisiones que ya haya tomado

El objetivo es terminar el primer día a la hora prevista.

Actividades recreativas / turísticas / relajantes

Es una buena idea planear una velada relajante. En lugar de atravesar un agotador maratón de actividades nocturnas, debe idear actividades relajantes, como una cena ligera y, si es posible, dependiendo de dónde se lleve a cabo el Mastermind, una visita a una atracción turística cercana, etc.

Todos los vínculos que se crean en esos momentos conformarán la sustancia del grupo. Los participantes obtendrán alegría con la exploración y el descubrimiento mutuo. El grupo prosperará a partir del desarrollo de cada uno de sus miembros.

Estas oportunidades no deben nunca ser escasas durante el curso de un Grupo Mastermind.

El segundo día

El segundo día de la sesión inicial de un Grupo Mastermind se parecerá mucho al primero. Tenga en cuenta que todos deben sentarse en el Hot seat. Cuatro sesiones deberán programarse para cada día.

A medida que el grupo comienza a tomar forma, será necesario planear una sesión para la aclaración y el ajuste de las reglas, de modo que el grupo pueda funcionar de la manera que se supone. También deberá revisar las fechas de las reuniones para todo el año.

Durante esta sesión, todos los participantes deben ser conscientes de las siguientes puntos:

* Las reglas de confidencialidad del grupo.
* El principio de benevolencia sin complacencia.
* Los procesos de entrada y salida para los participantes.
* El sentido y el objetivo del Grupo Mastermind.
* El estado de ánimo necesario para una participación eficaz.
* Las reglas de juego básicas a respetar.
* La clase de actitud que puede llevar a la exclusión del grupo.
* El funcionamiento del proceso para pasar y sentarse en el Hot seat.

El Hot seat no es el único formato de actividad en un Grupo Mastermind. Pero no deja de ser el centro del mismo. El estado de ánimo colectivo del grupo también es crucial. La primera sesión básicamente incluye como resultado establecer ese estado de ánimo, que involucra a cada persona presente. El Grupo Mastermind no es un grupo de formación; ni es una conferencia. Refleja una decisión sincera de cambiar; es donde cada persona se convierte en mucho más que solo un actor... El participante es el verdadero creador de su propia transformación. Cada persona viene con una fuerte motivación para actuar y no para ser un mero espectador de los éxitos de los demás. Cada uno de los participantes aporta sus propios recursos. La experiencia en el Hot seat resulta reveladora y el grupo contribuye en todo momento con su soporte y apoyo.

El facilitador puede introducir entre las sesiones de Hot seat algunas actividades que permitan el fortalecimiento de las relaciones. Por ejemplo:

Ejercicio: "Veo, siento, y eso me gusta" (generalmente hecho en un grupo de un máximo de 5 personas)[7]. Este es un proceso poderoso que crea vínculos entre personas que no se conocen entre sí. Los participantes se sientan en círculo y cada persona se turna para ser la persona "A" (cuando es el centro de atención de los otros miembros). Uno a la vez, cada uno de los otros participantes le dice a A, "Cuando te miro, eso es lo que veo: ...., eso es lo que siento .... y eso me gusta!. "Es una actividad que puede tomar algo de tiempo porque es necesario permitir a cada persona el tiempo suficiente para dejar que sus percepciones emerjan. Sin embargo, es una buena inversión de tiempo que permitirá por una parte desarrollar una relación de gran calidad y por otra trabajar la intuición de los participantes. Los comentarios positivos de los compañeros participantes, con toda probabilidad, tendrán un efecto de resonancia en la persona que lo está recibiendo. También es importante, en lo que respecta a la experiencia grupal, hacer un inventario de todos los temas que pueden agilizar y nutrir el desarrollo de cada persona. ¿Los miembros del grupo necesitan abordar cuestiones de gestión empresarial, *marketing*, tecnología, organización personal o asuntos financieros, ...? Al explorar esas necesidades, está preparando las próximas reuniones. Aunque la primera sesión es única en su enfoque (se da prioridad a la creación del grupo, a las relaciones y a la primera experiencia del Hot seat), las reuniones posteriores se enriquecerán con nuevas actividades, intervenciones que tendrán un alto valor añadido así como actividades organizadas que harán posible el progreso.

La primera sesión se termina con una ronda en la que cada miembro comparte su impresión y lo que ha aprendido y descubierto. También es una gran oportunidad para que los miembros obtengan el apoyo del resto

---

7 Dilts, Robert, *Formación de facilitadores en inteligencia colectiva, en conjunto con la agencia*, Evolution et Synergie, Avignon, 2015. Reproducido con el amable permiso del autor.

del grupo para sus tres compromisos de acción. El facilitador debe registrar los tres puntos de acción de cada mastermindiano y alentar a todo el grupo a apoyarle en sus decisiones; se debe presentar este plan de acción más como un compromiso que como una obligación, creado desde el apoyo, la escucha y las ganas de ayuda al otro. Los compromisos expresados, escritos y comunicados tienen más probabilidad de alcanzarse que aquellos mantenidos secretos en el interior de buenas resoluciones...

¿Cuál es el papel del facilitador en el momento de la primera sesión?

La postura de facilitador no es ni entrenador ni entrenador. Cae en algún punto intermedio. Por un lado, el facilitador actúa como líder, garantizando que el proceso se desarrollará de tal forma que maximice la inteligencia colectiva del grupo. Por otro lado, trata de mantenerse en segundo plano, dando el máximo espacio a los participantes, el desarrollo de sus proyectos y negocios, y la aparición de diferentes colaboraciones entre los miembros del grupo. El facilitador ofrece su opinión mientras se desarrollan las sesiones de "Hot seat", pero lo hace sin dominar la situación.

¿Cómo se desarrolla la segunda sesión (y las siguientes)?

Para las sesiones siguientes, la dinámica es diferente. El grupo ya está constituido, ya tuvieron lugar más intercambios, después del primer encuentro, bien por email, por teléfono o a través de algún webinario (ver este tema más adelante), ya se han identificado las expectativas específicas. Esta es la estructura de la segunda sesión:

* Bienvenida y momento social
* Estado C.O.A.C.H.
* Reporte de experiencia
* Qué pasó desde la última sesión
* Cuáles han sido los grandes éxitos, las grandes dificultades
* Cómo puede el Grupo Mastermind empezar a influir en el éxito de los proyectos en curso
* *Feedback* de los "Johnny" en los Hot seats de la sesión anterior
* Nuevas sesiones de Hot seat
* Talleres específicos, intervenciones de especialistas
* Compromisos de aquí a la próxima sesión
* Cierre de la sesión

Bienvenida y momento social

Un Grupo Mastermind es un grupo social. Su eficacia depende de la calidad de las relaciones entre los miembros. Un ambiente acogedor y social es esencial para el éxito del grupo. Cada participante individual necesita tomarse el tiempo para intercambiar con sus compañeros acerca de los asuntos que elija. Se debe reservarse para ello un tiempo suficiente, pero no excesivo para que no afecte al tiempo bloqueado para los siguientes procesos grupales "productivos".

Feedback o reporte de experiencia

Es útil que cada "Johnny" comparta sus comentarios sobre lo que ha implementado después de sentarse en el Hot seat. Esta retroalimentación tiene varias funciones:

* Incitar a Johnny a actuar, ya que sabe que tendrá que compartir lo que ha hecho después de que se haya vivido el Hot seat.

* Permitir a los demás compañeros comprobar si Johnny está avanzando en su proyecto (esta es también una aclaración importante para el propio Johnny).

* Permitir a cada mastermindiano evaluar la pertinencia y eficacia de los elementos que el mismo aportó en la reunión anterior. Los miembros del grupo siempre están ilusionados cuando notan que sus ideas y propuestas permitieron a Johnny progresar y acercarse a su objetivo. El avanzar juntos cementa los lazos entre los miembros del grupo.

Nuevas sesiones de Hot seat

Todo este libro podría resumirse como una herramienta de aprendizaje para que los facilitadores lleven a cabo con éxito las sesiones de Hot seat. Ese proceso es, en efecto, el corazón de un Grupo Mastermind: la diferencia que marca la diferencia, la razón por la que existe el grupo. Cada persona que tiene un deseo auténtico de progresar y que ha pasado por esa sesión Hot seat, está deseosa de volver a vivir esa experiencia y de forma continuada y regular. Esa es la razón por la cual las personas se registran en un grupo de Grupo Mastermind.

Cada sesión de trabajo de un Grupo Mastermind incluye, en esencia, permitir que cada uno de los participantes ocupe el Hot seat.

Talleres específicos, intervenciones de especialistas

Puede ofrecer al grupo otros Talleres o intervenciones de expertos que aborden temas que hayan surgido como resultado de las expectativas expresadas o inducidas. Asegúrese de que las contribuciones que va a ofrecer como modelo de éxito, añadan un verdadero valor añadido al grupo.

Compromisos de aquí a la próxima sesión

La expresión de sus compromisos, frente al grupo, con el objetivo de perseguir activamente el logro de su éxito es un poderoso proceso grupal. Las personas a menudo consideran que es fácil "tener buenas resoluciones", pero a menudo difícil cumplirlas. Cuando un miembro del grupo se compromete, frente a los demás, con que emprenderá concretas acciones específicas, lo que sucede en el grupo se vuelve mucho más estimulante; todos los participantes experimentan una fuerte motivación intrínseca.

Para fomentarlo, puedo por ejemplo:

- Pedirle a cada participante que escriba sus tres compromisos y tres decisiones principales tomadas en una hoja de rotafolio. Lo que está escrito en esa hoja se usará al comienzo de la siguiente reunión.

- Puede filmar en un video corto como cada persona comparte, en 30 segundos, sus tres puntos clave. Después, el video se compartirá en el espacio web reservado para el grupo.

¿Es necesario exigir que un participante se comprometa? Hagamos un pequeño paréntesis para contar algo vivido durante la actividad del compromiso de un grupo. Un día, en el momento de la Ronda de Compromiso, uno de los participantes se enfrentó y declaró su oposición a ello: "*Siento que estoy reviviendo algo de la época de la Europa comunista del Este!*". La respuesta del facilitador primero tranquilizó su reacción y después le ayudó en algo totalmente comprensible ya que ese participante había vivido detrás del Telón de Acero: "*Y si cambias la palabra 'compromiso' por 'deseo' o 'intención', ¿cómo resuena para ti?*"

Es importante escuchar y aceptar la reacción de un mastermindiano que no quiere comprometerse a actuar. ¿Para qué sirve forzar a un participante dudoso y reticente, que se siente bloqueado, a tomar medidas? Sin embargo, si un participante no se expresa en este momento crucial, condición necesaria para actuar, vale la pena preguntarle, en una conversación privada, qué está buscando en su Grupo Mastermind.

Permanecer como espectador no ayuda ni sirve al individuo ni al grupo. Si un participante no desea comprometerse, es en su propio interés, y en el del grupo, indicarle donde está la puerta de salida. Es necesario que se perciban al menos algunas pequeñas indicaciones de que la persona, sí desea cambiar.

Con frecuencia es útil preguntar a los miembros del grupo: "*¿Qué compromiso (intención, deseo) estoy asumiendo aquí que no tendría si no fuera parte integrante de este grupo?*" Esta pregunta demuestra a los miembros del grupo que es gracias a su participación en el Grupo Mastermind que obtienen verdaderamente nuevas ideas creativas, apoyo y que pueden implementar dichas ideas con agilidad.

Cierre de la sesión

Al finalizar una sesión, es importante comprobar si algunos participantes necesitan algún tipo de apoyo especial. Esto podría incluir una llamada telefónica, una sesión adicional entre reuniones regulares o un *coaching*. También es crucial construir un puente hacia la siguiente sesión y formalizar juntos las intenciones para la próxima reunión. Expresar su agradecimiento a todos y subrayar el "campo" singular alcanzado durante la sesión.

La ronda de cierre es un momento importante. A menudo se deja de hacer correctamente debido a la falta de tiempo. Sin embargo, es la oportunidad de resolver asuntos sin cerrar, de sentirse anclado, de reflexionar sobre las contribuciones individuales y colectivas, de las cuales todos se han beneficiado. También es una oportunidad para mostrar aprecio y agradecer a otros miembros del grupo por la forma en que ayudaron a lograr el progreso y por las ideas que compartieron. Cada persona expresa cómo se siente, qué retiene de su participación y qué hay en su corazón. Asegúrese de reservar el tiempo suficiente para concentrarse en este importante momento de solidaridad, gratitud y reconocimiento por el trabajo realizado.

Cada participante podrá ahora volver a sus ocupaciones, llevar a cabo sus proyectos de manera activa, provocar el destino para que las cosas sucedan, romper su techo de cristal, subir al siguiente nivel y esperar con entusiasmo la próxima sesión de Mastermind.

¿Cómo se reúnen los participantes entre las sesiones? ¿Animar webinarios?

¿Por qué se organizan los webinarios?

Si se utiliza el modelo de Mastermind que se ha propuesto en este capítulo, se llevarán a cabo tres seminarios de dos días, repartidos en un año, para ocho participantes. Cada reunión cara a cara es muy intensa. Sin embargo, el período de tiempo entre cada una de esas reuniones aleja a los mastermindianos del espíritu del grupo, de sus compromisos mutuos y de la energía que han creado juntos.

El seminario web (una reunión en Internet usando una cámara y el uso compartido de una pantalla) permite a los mastermindianos mantener el vínculo de forma regular, a pesar de la distancia que les separa. Al tener dichas reuniones virtuales con regularidad, se refuerza el sentimiento de pertenencia, se reactivan los vínculos positivos y las interacciones estimulantes; resurge el compromiso mutuo. Todos se pueden volver a ver, compartir y adjuntar documentos en tiempo real. En resumen, todos pueden tener casi la misma experiencia que tuvieron durante las reuniones cara a cara; aunque los intercambios interpersonales en Internet nunca reemplazarán el poder de los encuentros en persona.

¿Qué ocurre durante un webinario?

El seminario web se lleva a cabo durante un período de tiempo muy corto. Se usa para mantener los vínculos interpersonales y para seguir guiando el grupo hasta niveles superiores. Por lo tanto, es una oportunidad adicional para organizar sesiones de Hot seat cada vez más rápidas, del tipo Johnny Bombing, que vimos anteriormente.

Recomendaciones para un seminario web:

* Dar la bienvenida - Introducción rápida por parte del anfitrión.
* Guiar al grupo al estado C.O.A.C.H.
* Recordatorio de las reglas del juego: duración de la reunión, silenciar el micrófono, levantar la mano o presionar el botón "levantar la mano" de la herramienta web para comenzar a hablar, etc.
* Fijar agenda para el grupo.
* Previsión personal: una ronda rápida donde cada persona comparte información clave. Los Johnny de la sesión anterior dan su opinión e indican los progresos logrado.
* Dos o tres participantes, que han expresado el deseo previo, se sientan en el Hot seat.

* Fijar el fecha / horario de los próximos eventos.
* Cierre con una última ronda personal.

¿Cuáles son las reglas básicas para animar un seminario web?

La participación en seminarios web requiere cierto aprendizaje, primero por parte del anfitrión, y luego por parte de los miembros. Es diferente trabajar juntos en persona. Algunas cosas deben ser cuidadas y las reglas deben ser respetadas:

* El horario de la reunión debe elegirse de manera que todos estén de acuerdo, en particular, si los diferentes mastermindianos no comparten la misma zona horaria.
* Los tiempos de inicio y final de la sesión deben ser respetados.
* Cada persona debe sentir cómoda, en un ambiente que le resulte tranquilo.
* Cada persona debería poder expresarse. Depende del anfitrión asegurar de que eso ocurra, incluso mediante el uso de un temporizador.
* Cada persona debe silenciar su micrófono cuando no está hablando para que no haya confusión de voces.
* Si alguien quiere expresarse, es apropiado y más eficiente pulsar la tecla "levantar la mano".

El webinario puede ser grabado; eso crea una doble ventaja: los participantes pueden volver a escucharlo y los que no asistieron pueden aprovecharlo más adelante.

¿Cuánto tiempo debería durar el webinario?

El seminario web debe durar un período de tiempo relativamente corto. La experiencia muestra que es más difícil para las personas mantener una atención sostenida *online* que cuando se encuentran cara a cara con los demás. Dos horas parecen ser la duración recomendada, puede que hasta tres si hay un descanso de 10 minutos en el punto medio de la sesión. Es mejor tener más sesiones cortas programadas (por ejemplo, uno o dos webinarios al mes) que tener una sola larga. Además, los seminarios web de dos horas resultan más fáciles para adaptarse a los horarios de los participantes.

¿Por qué es necesario monitorizar las intervenciones durante un seminario web?

Para promover la inteligencia colectiva, cada persona en grupo debe expresarse libremente. Sin embargo, la organización de un seminario web requiere un control especial. Hay varias razones para eso:

* La participación en reuniones de Internet es una práctica que apenas ha comenzado e incluso es aún desconocida para mucha gente.

* Durante una reunión web los intercambios verbales no tienen la misma dinámica que los intercambios que tienen lugar en persona.

* El anfitrión no puede controlar la interferencia externa que pueda estar viviendo en su entorno cada participante.

La función "chat" permite, para aquellos que lo deseen, la posibilidad de enviar mensajes durante la reunión. Es una herramienta que se debe usar porque es muy práctica: un participante puede compartir una dirección web de la que alguien acaba de hablar, agregar caras sonrientes para alentar a quienes se expresan, o iniciar una conversación privada para solicitar una opinión o una aclaración a solo otra persona.

El monitoreo del webinario es necesario para que sea totalmente eficaz y para que cada participante se beneficie realmente de las ideas y de la energía compartidas durante el mismo.

¿Es inevitable el uso de webinarios?

En este capítulo, hemos descrito la animación un Grupo Mastermind, orquestado en torno a tres webinarios de dos días, y llevado a cabo durante un período de un año. Ese ritmo generalmente no resulta ser insuficiente para que las relaciones entre los miembros del grupo se fortalezcan y para que el progreso sea tangible. Si los participantes del grupo se encuentran a cierta distancia el uno del otro, geográficamente hablando, el uso de seminarios web es altamente recomendable sino inevitable. Incluso si están muy cerca el uno del otro, la flexibilidad de los sitios hace que las reuniones sean más sencillas para todos, incluso a horas "fuera de lo normal" (por la tarde, a la hora del almuerzo, durante el fin de semana).

Ahora hay muchas herramientas disponibles que le permiten a uno trabajar *online* de manera muy eficaz. ¿Por qué privarse de ellos? A menudo pueden conducir al desarrollo de relaciones intensas sin tener que desplazarse físicamente a donde están los demás, lo cual resulta más costoso en términos de dinero, tiempo y energía.

¿Está listo para lanzar tu grupo?

El objetivo de este capítulo fue ayudarle a comprender cómo se desarrolla un ciclo de Grupo Mastermind completo. Es una descripción general de cómo facilitar dicho grupo. Todo lo que queda ahora es verificar que de verdad está motivado para ser un facilitador, que llevará a cabo todos los esfuerzos de *marketing* que necesita para promover su Grupo Mastermind, y que pasará a la acción. Participar en uno o varios Grupos Mastermind, adaptarse a los métodos, inspirarse en las recomendaciones que surgen de la inteligencia colectiva, son requisitos previos útiles para formar su propio grupo. Pero más que cualquier otra cosa, debe aprovechar la oportunidad y comenzar.

¿Está listo?

Capítulo 4

¿Cómo un facilitador crea y prepara un Grupo Mastermind?

Cuando un facilitador piensa en crear un Grupo Mastermind, tiene que tener en cuenta las cuatro dimensiones siguientes: (1) Por supuesto, comienza preparándose porque será la principal influencia en el éxito del grupo. Esta cuestión fue presentada en la segunda parte del libro. (2) También se prestará atención a la preparación logística para el grupo, (3) preparación para el proceso general, es decir, la facilitación y el apoyo de la dinámica del grupo y, finalmente, (4) la preparación de cada reunión.

4.1 La preparación para el proceso global

Para prepararse para un Grupo Mastermind, el facilitador debe formularse a sí mismo un cierto número de preguntas. Las siguientes son algunas a las cuales debe responder antes de que pueda realmente crear y ofrecer un Grupo Mastermind a otras personas:

* ¿Quiero que mi Mastermind sea de pago o sin cargo?
* ¿Las sesiones serán cara a cara, *online* o ambas?
* ¿Cuál será la frecuencia y la duración de las sesiones?
* ¿Dónde se llevará a cabo y cómo administraré toda la logística?
* ¿Cómo haré para que las personas sientan que quieren participar en él?
* ¿Cómo dejaré que las personas se enteren de mi Grupo Mastermind?
* ¿Qué tipos de procesos ofreceré a los participantes?
* ¿Cómo voy a traer nuevas personas al grupo?
* ¿Cómo podré elevar el nivel de mi Grupo Mastermind?
* ¿Qué tipos de actividades organizadas ofreceré entre sesiones presenciales?
* ¿Las reuniones deben tener un tema específico?
* ¿Cómo evaluaré la satisfacción de los participantes con el grupo?

El facilitador también debe reflexionar sobre el proceso general de su Grupo Mastermind. ¿Qué tipo de facilitación debe implementar, en función del tipo de participantes que ha inscrito en la empresa, en función de sus deseos y ambiciones declaradas? ¿Qué tipo de procesos implementará que les servirá? Se preguntará, más que cualquier otra cosa, sobre cómo va a iniciar la dinámica de la inteligencia colectiva en el grupo, y cómo provocará la aparición de ideas que harán que los mastermindianos digan "¡Guau!"

Algunos facilitadores preparan con anticipación el contenido exacto que van a utilizar durante las reuniones. Sin embargo, ese puede no ser el mejor modo de funcionamiento. Es difícil saber exactamente qué le preguntará Johnny al grupo. El facilitador deberá ser muy flexible en lo que respecta a las actividades y talleres que ofrecerá, ya que depende de las preguntas formuladas por los participantes. Debe estar siempre listo para escuchar, y constantemente en "modo meta", es decir, ambos plenamente presentes y un observador, con "un pie dentro y un pie fuera", para entender lo que está en juego en cualquier momento. Debe ser capaz de planificar actividades organizadas, al mismo tiempo que sabe que las cosas seguramente tendrán lugar de forma diferente a como las ha planeado. El facilitador ajusta constantemente su propuesta para las actividades organizadas en función de las necesidades de los participantes y, en particular, de las que plantea la persona que va a sentarse en el "Hot seat".

Matriz descriptiva

La siguiente matriz descriptiva permitirá al facilitador del Grupo Mastermind aclarar sus ideas a medida que las encuentre. Le ayudará a hacerse algunas buenas preguntas sobre esas ideas tan pronto como comience a reflexionar sobre ellas. Esta matriz, en particular, le permitirá elaborar, posteriormente, un cuestionario que se orientará al selección de miembros del grupo. El siguiente es un ejemplo de una matriz descriptiva que el creador de un Grupo Mastermind podría completar:

Matriz para un Grupo Mastermind

Nombre del Grupo Mastermind:

Estado (¿Es un grupo que ya existe o está en proceso de creación?):

Público objetivo:

Tamaño del grupo:

Número mínimo de participantes:

Número máximo de participantes:

Idioma:

La intención del grupo:

El objetivo del grupo es...

Duración mínima del compromiso:

Ritmo y frecuencia de las reuniones:

Tipo de reuniones:

Cantidad de reuniones presenciales:

Cantidad de reuniones *online*:

Método de aceptación que se utilizará para los candidatos:

Candidatos iniciales:

Candidatos que se unirán más tarde:

Coste de las sesiones:

4.2 Lanzar las invitaciones y preparar el orden del día

Aunque todos los mastermindianos tengan conocimiento perfecto de la fecha de la próxima reunión, el facilitador les envía una invitación a través de mensajes de correo electrónico unos días antes, como recordatorio de la hora y el lugar para ello. En ese momento, le pregunta a cada uno de los participantes si le gustaría sentarse en el "Hot seat", en cuyo caso, se supone que esos mastermindianos en particular deben prepararse para ello. Esta pregunta es importante porque uno debe prepararse cuidadosamente para el "Hot seat". Las reuniones, generalmente habladas, son cortas por lo que no se debe desperdiciar tiempo al comienzo de una sesión tratando de descubrir quién estará en el "Hot seat"; o si la situación y la pregunta de Johnny son claras, completas y pertinentes. Por lo tanto, parte de la preparación para la reunión consistirá, para el facilitador, en recopilar información sobre los problemas y preguntas de los participantes, y de asegurarse de que tanto el Johnny que está a punto de tomar el "Hot seat", como el futuro John, están preparados adecuadamente.

El facilitador también le pide al Johnny que recientemente se haya sentado en el "Hot seat" que prepare sus comentarios, explique las acciones que ha tomado, describa los resultados de las mismas. Estas sesiones de retroalimentación son fuentes de enriquecimiento colectivo y hacen que los miembros se sientan unidos, especialmente si los resultados que se han logrado son buenos.

El facilitador prepara el cronograma en función de la cantidad de mastermindianos que quieren sentarse en el "Hot seat" o de cualquier otro proceso o sesión que desea llevar a cabo. Además, un mastermindiano podrá pedir tiempo para que pueda hacer un punto con los demás sobre un tema importante. El tiempo también se puede reservar para una intervención de un experto o testigo.

Si ningún Mastermindiano pide sentarse el "Hot seat" (lo cual sería una mala señal, en términos de dinámica de grupo), el facilitador presentará sesiones genéricas de capacitación, como:

* Cómo hacer un uso completo de las personas en su red y libreta de direcciones.
* Cómo manejar situaciones que son emocionalmente difíciles.
* Cómo definir objetivos ambiciosos.
* Cómo aumentar el nivel de sus ambiciones personales y colectivas.
* Cómo administrar mejor su tiempo.
* Cómo tomar decisiones cuando se encuentra en medio de una situación complicada
* Etc.

Ejemplo de una invitación: enviada de cinco a siete días antes de una sesión de seguimiento

Hola a todos,

Espero que todo vaya bien, que estéis llenos de energía y que vuestros proyectos hayan tenido un buen comienzo...

Tendremos el placer de reunirnos nuevamente el .... para nuestro próximo Grupo Mastermind.

Esta sesión se llevará a cabo en el auditorio del Palacio de Cristal... (Ver el mapa adjunto que os indicará cómo llegar).

Nos reuniremos allí a partir de las 9:30 y hasta las 18:30.

Todos ustedes saben lo importante que es llegar a tiempo a nuestras reuniones.

Cada uno de ustedes debería avisarme antes de .... (5 ó 6 días antes de la reunión) si quieren sentarse en el "Hot seat" para poder establecer el horario correcto de la reunión.

Venid con vuestras respuestas a las siguientes preguntas:

* ¿Qué es lo que quiero hacer y en qué quiero tener éxito en este momento?

* ¿En qué proyecto quiero avanzar?

* ¿Qué preocupaciones o problemas quiero resolver?

Saludos cordiales,

El facilitador

Se envía una segunda invitación dos o tres días antes de la reunión:

Hola a todos,

Deseo que estéis bien.

Tengo el placer de enviaros el calendario de nuestra reunión del ... que tendrá lugar en Auditorio del Palacio de Cristal.

Jeff ha pedido sentarse en el Hot seat para trabajar sobre el tema de una oportunidad comercial, así como Céline, que desea trabajar la dinamización y mejora de sus habilidades de comunicación.

Nadia nos contará el progreso de la promoción de su libro sobre Liderazgo participativo.

Finalmente, Laurent someterá al grupo un proyecto que tiene que ver con el Centro de Servicios que él y su esposa desean establecer.

También me gustaría que dediquemos 30 minutos a terminar de organizar el seminario de dos días que tendrá lugar en Aspen, Colorado, en julio, en el que uno de los días se reservará para excursiones y reflexiones.

Como se decidió la última vez que nos vimos, comeremos en el restaurante del hotel.

Pónganse en contacto conmigo lo antes posible en caso de que alguno tenga problema con cualquiera de las cuestiones anteriores.

Saludos cordiales,

El facilitador

(Número Móvil)

Las invitaciones deben tomarse en serio. Es mejor evitar los cumplidos y las suposiciones. Las invitaciones deben recordar a los participantes la intención del grupo, que a menudo aborda (pero no necesariamente) problemas relacionados con negocios o con cambios en el nivel de éxito de los miembros.

Invitación enviada a un nuevo participante

Cuando el facilitador invita a alguien a participar en el grupo por primera vez, el mensaje que envía puede ser un poco diferente al anterior. Aquí hay un ejemplo:

Querido Theo / Amandine,

Me alegro de darte la bienvenida al Grupo Mastermind y estoy convencido de que vas a aportar un gran valor añadido a nuestro Grupo.

También estoy seguro de que sacarás grandes beneficios de tu participación, que podrás progresar en tus proyectos y concretar tus objetivos ambiciosos.

La primera reunión tendrá lugar el ...., en el Auditorio del Palacio de Cristal.

El propósito de esta primera reunión es ....

Nos conoceremos unos a otros y compartirás tus intenciones y objetivos con nosotros.

En nombre del Grupo, te invito a participar el día indicado arriba. En ese momento, podrás hacerte una buena idea de cómo funciona nuestro Grupo Mastermind. Después de eso, podremos hacer planes para que te unas a él, si crees que eso puede ser beneficioso para todos.

Saludos cordiales,

El facilitador

4.3 ¿Cuánto tiempo de vida tiene un Grupo Mastermind?

¿Tiene un Grupo Mastermind un tiempo de vida programado y limitado? No creemos que deba ser así. Mientras los participantes lo encuentren relevante, continuarán asistiendo a las reuniones y el grupo continuará por un largo tiempo. Un Grupo Mastermind es una unidad viviente que necesita una sola cosa para durar: una persona que envía las invitaciones. Algunos Grupos Mastermind han durado decenas de años. Sin embargo, nadie quiere a priori comprometerse con varios años de actividad sin saber qué beneficio obtendrá de ella. Por lo tanto, es mejor que los posibles miembros no firmen un contrato hasta haber iniciado y probado una sesión piloto. Un compromiso de un año parece razonable para un Grupo Mastermind. Sin embargo, el compromiso inicial puede abarcar un período de tiempo más corto, por ejemplo, dos o tres reuniones, para que el candidato pueda evaluar su nivel de compromiso y para que el facilitador pueda considerar la compatibilidad del candidato con el grupo que está liderando.

Este compromiso es ciertamente un ímpetu inicial; pero después de eso, puede convertirse, más que cualquier otra cosa, en una dinámica profundamente sentida, una de motivación interna y duradera. El facilitador tendrá que mantener viva esta motivación a través de la calidad de la interacción, y mediante el uso de un marco que dará a los mastermindianos el deseo de continuar avanzando juntos, de una manera que sea fuerte y rápida. Es necesario que los participantes se comprometan a largo plazo a participar activamente en la experiencia del Grupo y en su desarrollo dinámico, de modo que todos los participantes puedan ser atendidos. Mientras más tiempo dure el Grupo, mayores serán los beneficios que generalmente se obtendrán de él.

Un facilitador puede, por supuesto, poner un límite en el período de tiempo de su Grupo Mastermind; pero eso nos parece algo un tanto extraño, porque los beneficios que surgen de un Grupo Mastermind se hacen notables cada vez más a medida que avanza y sigue el Grupo. Si los mastermindianos están contentos, ¿por qué no continuar satisfaciendo sus demandas?

También es posible que un Grupo Mastermind no trabaje en absoluto y muera completamente después de unas pocas reuniones. Puede estar seguro de que si los participantes descubren que no obtuvieron ningún beneficio de él, ya no volverán. Si el entorno grupal se siente demasiado pesado, si los participantes no se reconocen mutuamente como pares, si no surge la confianza, si los participantes no se arriesgan a relacionarse con otros, o si el facilitador no es creíble o no es competente , entonces no se puede crear ni construir ningún marco.

El facilitador puede entonces seleccionar a otros participantes para compensar a los que se fueron, o puede comenzar un grupo totalmente nuevo. Tal vez sea solo con más experiencia y con otros participantes, con lo que encontrará la fórmula que traerá satisfacción a sus mastermindianos.

Cuando abordamos el tema de la duración de la existencia de un Grupo Mastermind, nos lleva a mirar, una vez más, la cuestión fundamental de la inclusión de nuevos miembros, o la de reemplazar a los miembros que han abandonado el grupo. Dado que el grupo es un organismo vivo, que respira, estos cambios son naturales e incluso deberían favorecerse a veces (estos problemas se tratan en otra parte de este libro).

Para garantizar que su Grupo Mastermind dure mucho tiempo usted, como facilitador, debe hacer un esfuerzo para evaluar regularmente la satisfacción de los participantes. Hay diferentes formas de hacerlo. Hablaremos de ellos más adelante.

Si se ha establecido la confianza entre todos los mastermindianos, incluido el facilitador, si surge una alianza de alta calidad entre los miembros, y si el progreso es alcanzado por cada uno de ellos, entonces, sin duda, ese Grupo durará mucho tiempo.

4.4 ¿Cómo volver un Grupo Mastermind duradero y atractivo?

El facilitador, una vez más, se preguntará: ¿qué hacer para que su Grupo Mastermind dure mucho tiempo?. Necesita descubrir cómo hacerlo más atractivo, dinámico y beneficioso para todos y cada uno de los participantes. Si el grupo es realmente así, puede estar seguro de que los mastermindianos harán todo lo posible para asegurarse de que el Grupo exista lo más tiempo posible. Además el boca a oreja atraerá nuevas solicitudes de personas deseosas de unirse.

El Grupo Mastermind es un lugar donde cada participante puede obtener asesoramiento, intercambiar ideas, obtener ciertos tipos de servicios y alcanzar un nivel más alto de desempeño. Durante el primer año, los participantes intercambian muchos consejos, hablan sobre sus experiencias personales, ofrecen opiniones y comparten ideas. También comparten su experiencia del grupo y las emociones que sienten mientras están en él, así como las técnicas de desarrollo que han utilizado. Durante este período inicial, los beneficios mutuos son muy grandes. Todo lo que el facilitador tiene que hacer es guiar cuidadosamente el proceso para que las ideas emergentes se activen. Después de este período inicial, de duración variable, los participantes pueden sentir que no aprendieron todo lo que les hubiera gustado; por lo que el facilitador podría ver la necesidad de inyectar algo de energía en la actividad del grupo. Y habrá muchas oportunidades para eso.

Para ilustrar el tipo de táctica que se puede usar para energizar un Grupo Mastermind, a continuación se presenta una descripción ficticia de cómo es estar en el "Hot seat" (junto con el proceso de refuerzo).

Comienza con una pregunta de Johnny (Christophe), que ya es facilitador de Grupo Mastermind, y que está pidiendo ayuda en otro Grupo Mastermind facilitado por Jeff. El último, en este caso, va a ser otro participante...

Ejemplo del trabajo que se desarrolla durante una sesión de "Hot seat"

El lanzamiento de una sesión de "Hot seat"

(Christophe comienza a grabar la sesión en su teléfono móvil).

Jeff: *Christophe, porque así lo pediste, puedes pasar al "Hot seat" y presentarnos la pregunta que has preparado.*

Christophe: *Ok, gracias. Quiero que me ayudéis hoy para poder dar más energía a mi Grupo Mastermind, una vez más. Han pasado aproximadamente dos años desde que facilité por primera vez un grupo de ocho personas. Trabajamos de manera efectiva; somos capaces de ayudarnos unos a otros. Nos reunimos cada dos meses un sábado. Llamamos al grupo "Compañeros para el éxito". Funciona realmente bien. Sin embargo, siento algo de laxitud por parte de algunos de los participantes, ya que, por primera vez, hubo tres personas que estuvieron ausentes en la última reunión. Siento que estas ausencias son un mensaje que debe ponerme en alertar. Así que tengo un deseo de inyectar nueva vida al grupo. Os pido que, por favor, me deis ideas para fortalecer la dinámica de mi Grupo, para que los participantes estén satisfechos. Quiero que los masterminianos piensen en nuestras reuniones como lo más importante en sus agendas.*

Las impresiones de los co-mastermindianos

Jeff *(dirigiéndose a los otros mastermindianos)*: Ok. ¿Puedes decirnos qué sentiste cuando escuchaste la presentación de Christophe?

Cathy: Sentí que quieres ofrecer una muy alta calidad de servicio al resto de tus mastermindianos. Eso es genial, pero me molesta un poco porque tengo la impresión de que estás tratando de hacer mucho más de lo necesario.

Nadia: Eres súper positivo como de costumbre, Christophe. Me gusta eso.

Laurent: No creo que tu pregunta aborde una situación realmente exigente para ti. Sabes cómo dar energía a un grupo realmente bien, y sin embargo nos haces este tipo de preguntas. Francamente, creo que hubieras podido pedir nuestra ayuda sobre alguna necesidad de alto nivel.

Céline: Me siento como si estuviera un poco inquieta, y me pregunto si los participantes de tu Grupo Mastermind también sienten lo mismo, cierta incertidumbre, lo que podría explicar que sientan algo así como cierta desconexión, lo que simplemente sería un reflejo de sus propias preocupaciones, en lugar de ser una falta de interés de su parte.

Éric: Sentí que había una falta de alineación en alguna parte. Simplemente no sé dónde.

Olivier: Me hubiera gustado haber escuchado más entusiasmo en tu presentación. Lo que escuché, sonó demasiado fáctico para mí. Le faltaba vitalidad ... Aparte de esto, de hecho, yo me hago las mismas preguntas que tú, así que lo que cuentas resuena bien en mí.

Secuencia de preguntas dirigidas a Johnny

Jeff *(dirigiéndose a los mastermindianos)*: Gracias. Y ahora me gustaría que todos le hagais preguntas a Christophe para que pueda aclarar las confusiones. Christophe, no tienes que dar ninguna respuesta en este momento. Puedes hacerlo más tarde si quieres.

Nadia: ¿Has hablado con los participantes sobre esas ausencias? ¿Les has preguntado el motivo de sus ausencias? Son ellos, tus mastermindianos, quienes son los expertos en lo que respecta a esta situación.

Laurent: ¿Qué quieres que digan sobre tu Grupo Mastermind?

Olivier: ¿Dónde os encontrais? ¿Cómo eliges los lugares para vuestras reuniones?

Cathy: ¿Qué tipo de facilitador quieres ser? ¿A quién quieres ver cuando te miras en el espejo?

Céline: ¿Y si estás equivocado? Si descubres que están muy contentos con las actividades que organizas? ¿Cómo puedes averiguarlo?

Éric: ¿Los pones en el estado C.O.A.C.H. al comienzo de las reuniones, por supuesto?

Nadia: ¿Cuántos procesos diferentes usas?

Céline: ¿La frecuencia de vuestras reuniones es la correcta?

Cathy: ¿Qué hiciste para elegir los participantes que querías para tu Grupo Mastermind? ¿Elegiste personas que son lo suficientemente dinámicas y ambiciosas?

Laurent: ¿Cómo podrías saber si están satisfechos y qué les gustaría experimentar de forma diferente?

Nadia: ¿Qué actividades les ofreces, entre reuniones, para mantener la tensión creativa y hacer que piensen positivamente sobre la próxima reunión? ¿Cómo te comunicas con ellos para darles el deseo de asistir, pero también para prepararles para estar en el Hot seat?

Consejos y recomendaciones

Jeff (a Christophe): Christophe, ¿puedes decirnos qué sentiste cuando escuchaste estas preguntas?

Christophe: Gracias a todos. De hecho, ya he recibido muchas respuestas a mis preguntas, y me doy cuenta, como dijiste hace poco, Laurent, que mi desafío va más allá de mi pregunta. Me doy cuenta de que parte de la respuesta tiene que ver con mi posición como facilitador. Ya escuché mucho y ya veo las cosas de manera muy diferente. Gracias.

Jeff: Gracias, Christophe. También me gustaría decir algo sobre lo que sentí desde el comienzo de la sesión de "Hot seat". Me parece que lo que estás preguntando es descubrir cómo hacer para que tu Grupo Mastermind sea más deseable, o en otras palabras, cómo puedes hacer que dure más tiempo. ¿Está bien?

Christophe: Sí, creo que uno podría decir algo así. Para que el grupo pueda durar, sí eso es.

Jeff (a los otros mastermindianos): Ok. Ahora podeis aportar todos los consejos que os parezcan pertinentes para este caso... sugerencias, ideas...

Cathy: Lleva a tus participantes a lugares de ensueño. Hay muchos más de lo que puedes imaginarte y a menudo están bastante más cerca de lo que piensas. Hablemos de ello luego, así puedo darte algunas buenas direcciones.

Nadia: Creo que deberías averiguar si todos tus participantes son lo suficientemente dinámicos.

Laurent: Detén este grupo, vuelve a armarlo y conviértelo en otro.

Olivier: O, más bien, detén este grupo pero mantén su núcleo; podrías quedarte con los participantes más dinámicos y crear otro grupo.

Nadia: O, crea un segundo grupo para ir paralelo con el otro.

Cathy: Lleve a cabo una encuesta con algunos de los participantes para saber qué aprecian, qué les gustaría cambiar y qué les gustaría experimentar si pudieran conjurarlo con una varita mágica.

Olivier: Para evaluar la satisfacción del grupo, es necesario que las respuestas sean anónimas. Entonces serán más pertinentes. También puedes enfocar las preguntas en lo que les gustaría mejorar.

Jeff: Aumenta el coste del grupo para que solo permanezcan las personas más motivadas.

Olivier: Organiza otro tipo de actividades para ellos. Aléjate del "Hot seat". Piensa en ofrecer otros procesos.

Laurent: Pide a los expertos que participen en charlas altamente especializadas sobre temas que sean de interés para los miembros del grupo.

Olivier: Sí, tienen que entrar Roger Federer, Jennifer Aniston, Richard Branson o Bill Clinton.

Cathy: O un gerente de NYSE. Conozco a algunos de ellos. Puedo darte algunas direcciones.

Olivier: Haz una reunión en el medio del jardín de la Casa Blanca.

Nadia: ¡Tengo una idea mejor, en un transbordador espacial!

Céline: Mantén una reunión en un súper restaurante. Lo recordarán durante mucho tiempo.

Laurent: Realmente me gusta la idea de que entren algunos expertos. Necesitas hacerte una lista de personas realmente grandes o famosas que puedas haber intervenir sin que te maten con lo que cobran.

Céline: Cambia el nombre del grupo.

Nadia: Recluta a algunas personas que parezcan más motivadas, y sugiere, a aquellos que parecen aburridos, que abandonen el grupo. Sabes que es la calidad de los participantes la que determina la calidad del grupo. Si tienes buenas personas, no hay forma de que haya ningún tipo de aburrimiento.

Cathy: Buena idea. Intenta seleccionar gente de alto nivel: algunos gerentes de negocios, emprendedores, inventores.

Laurent: Encuentra una forma de mantener un alto nivel de energía. Alternar entre talleres y períodos de relajación. Realiza talleres de pie, o en un parque, ...

Jeff: Gracias, a todos. ¿Alguna idea final?

Céline: Sí, lleva a cabo una reunión durante una excursión por la naturaleza, o haz el camino de Compostela, en Francia o en España.

Las impresiones de Johnny

Jeff (a Christophe): Christophe, ¿puedes darnos tu opinión sobre cómo te sientes y sobre lo que has sacado de este intercambio?

Christophe: ¡Guau! ¡Súper! ¡Gracias! Me voy con mil ideas y, además, algunas que me serán fáciles de implementar.

"Danos tu opinión y cuéntanos cómo te sientes".

Plan de acción concreto

Jeff: ¡Genial! ¿Y cuáles son las ideas que te parece que podrás poner en marcha rápidamente?

Christophe (después de unos minutos de reflexión): Bueno, presentaré un cuestionario de evaluación y pediré a los participantes que lo rellenen. También preguntaré si algunos de ellos quieren tomarse un descanso o abandonar el grupo. He recibido solicitudes de otras personas que desean unirse a un Grupo Mastermind. Hasta ahora, sentía que no era correcto forzar a los participantes a irse, pero ahora estoy convencido de que se puede hacer, siempre que uno use un poco de tacto. También voy a cambiar las ubicaciones de las reuniones y buscar lugares que sean aún más atractivos o que tengan algún significado histórico o cultural. Por el momento, nos encontramos en la trastienda de un bonito hotel rural que tiene acceso a un jardín muy bello que siempre está en flor. Pero podría mejorar y cambiar ubicaciones para crear algún cambio en el entorno. También voy a pensar en contactar a profesionales que sean expertos en ciertos temas para nuestro Grupo; pero por el momento, realmente no sé a quién.

Los sentimientos de Johnny

Jeff: ¿Cómo te sientes ahora?

Christophe: Francamente, me siento más ligero. Mucho más ligero, mi mente ahora está llena con muchas ideas. Estoy súper feliz. Muchas gracias.

Compromiso y anclaje de la acción

Jeff: ¿Puedes comprometerte a hacer lo que dices que harás?

Christophe: Sí, por supuesto. Será fácil hacer lo que acabo de decir que voy a hacer. Lo haré. Os daré una actualización en la próxima reunión.

Lecciones e impresiones co-mastermindianos

El facilitador pregunta a cada participante cómo le ha sido la experiencia de la sesión "Hot seat" y qué ha aprendido de ella.

Fin de la sesión de "Hot seat", utilizando el proceso Booster.

La sesión ficticia descrita anteriormente realmente duraría entre 45 minutos y una hora. Nos permite definir (ya que ese era el objetivo) una cierta cantidad de métodos que se pueden usar para hacer que un Grupo Mastermind sea dinámico, deseable y sostenible:

* Yendo a lugares que tienen significado, son innovadores, o excepcionalmente bellos, y que conducen a la creatividad: sitios históricos, culturales, religiosos, museos, edificios industriales rehabilitados, atractivos hoteles de lujo, arte-residencias, espacio arquitectónico moderno, centros de diseño, magníficas praderas, parques públicos en flor, antiguas abadías, etc. ¡La lista es larga!
* Haciendo intervenir a algunos expertos hablando de temas que interesan a los Mastermindianos.
* Hacer que personas famosas entren en el grupo
* Cambiar a los participantes para oxigenar (de acuerdo con las reglas tal vez ya co-definidas con el resto de los participantes).
* Pidiendo a las personas menos activas (incluso a los procrastinadores) que tengan la amabilidad de permitir que otros participantes ocupen su lugar.
* Cambiando los talleres y los procesos de facilitación.
* Procediendo con encuestas para familiarizarse y comprender las expectativas de los mastermindianos.
* Alternar actividades de trabajo y talleres recreativos.

* Proporcionar una comida exquisita.
* Mejorar la calidad de la acogida de los participantes.

Esa es una bonita lista de soluciones operativas, es decir, que llevan a beneficios concretos; al mismo tiempo, también Johnny ha logrado otros beneficios menos concretos, como son: disminución de su incomodidad, confianza en sí mismo, ahorro de tiempo para el futuro, etc. En menos de una hora. No está mal... ¿verdad?

4.5 ¿Cuántos participantes?

Nosotros, los autores, hemos compartido muchas discusiones sobre este tema. No hay reglas en cuanto al número de participantes, pero hay ciertos principios que deben cumplirse.

Creemos que la dinámica del Grupo Mastermind se puede activar, incluso si se inicia con solo dos personas. Los grupos de dos personas se conocen como "dos socios que comparten la responsabilidad". Este dúo, por supuesto, no se beneficia de la dinámica de un grupo más grande, pero es un buen comienzo. La pareja podrá seleccionar a otros participantes para que el grupo se vuelva más poderoso y se convierta en un verdadero Grupo Mastermind. El pleno poder de la dinámica grupal, con toda probabilidad, solo se manifestará cuando haya al menos cuatro o cinco participantes. A pesar del compromiso de asistir a todas las reuniones, a menudo alguna persona se ausenta. Debido a ello, un grupo que se supone se compone de cinco personas a menudo se encontrará con solo cuatro. En ese caso, el facilitador también puede actuar como participante para que los intercambios sean más ricos. Obviamente, cuanto más restringido es el número de personas en el grupo, más importante es el compromiso de asistir.

Conocemos algunos consultores que manejan (con asistentes) grupos de Mastermind compuestos por 40 participantes. Otros tienen incluso más participantes, ¡a veces cientos de ellos! Pero creemos que llegados a ese punto, ya no es un Grupo Mastermind, sino más bien un seminario. Creemos que el Grupo Mastermind debe seguir siendo uno cuyo número de participantes sigue siendo restringido. Un Grupo Mastermind no es una especie de fábrica. El límite generalmente aceptado, cuando uno habla de un grupo restringido de asistencia, no es más de 15 personas. Más allá de 15 participantes, ya no hablamos de un grupo restringido, y las dinámicas grupales funcionarán de manera diferente. Si hay más de 12 participantes, es difícil para el facilitador mantener una actividad de alta calidad (Alta costura) y ocuparse realmente de cada uno de los mastermindianos. Si hay más de una docena de participantes, hay demasiadas interacciones posibles entre ellos. Se hace complicado conocer a cada uno; eso puede tener un impacto muy negativo en la creación de confianza.

Creemos que el número máximo de participantes que debe gestionar un facilitador es de 10 personas. Este número permite llevar a cabo los procesos descritos con bastante facilidad, y todos tienen la oportunidad de expresarse. También permite la creación de una cercanía entre los mastermindianos, indispensable para el surgimiento de la confianza, y muy importante cuando se trata de la pertinencia de los intercambios y de la riqueza de lo que se va a compartir. Si hay más de 10 personas, ciertos participantes no podrán hablar. Eso creará insatisfacción, algo que dañará rápidamente al grupo. Si hay más de 10 participantes, el facilitador querrá contar con un equipo de dos asistentes que también estén bien versado en el arte del apoyo colectivo.

10 participantes es el número máximo pero no ideal. ¿Ya ha intentado coordinar las agendas de 10 personas para llegar a una fecha de reunión que dura todo un día? Nos parece que un grupo de 7 personas es la mejor opción en cualquier nivel. Y según Jack Canfield, autor de *The Success Principles*, el número ideal, es seis.[1]

Ese número ideal de participantes dependerá, por supuesto, del tipo de procesos que el facilitador haya decidido dirigir, de su experiencia en el área de apoyo colectivo (y de la capacidad de los mastermindianos para ser disciplinados durante las reuniones). Un facilitador que regularmente lleva a cabo sesiones puramente instructivas puede gestionar más participantes que otro facilitador que lidera procesos que respaldan el surgimiento de la inteligencia colectiva, basada en la confianza del grupo.

El facilitador que quiera hacer Grupos Mastermind con muchos participantes, llevará a cabo más sesiones instructivas y dirigirá esfuerzos en trabajos más propios de intercambios de ideas en subgrupos, cuyos resultados se comparten luego en una sesión especial con comentarios del facilitador (que en ese momento está usando el sombrero de formador). Uno podría pensar que los grupos grandes ofrecerían más recursos, más experiencia y más ideas; pero los desafíos de la dinámica de grupos grandes pueden hacer que sea difícil permitir que las sugerencias y experiencias surjan y se compartan de manera tan efectiva como en un grupo más restringido.

La frecuencia y la duración de las reuniones pueden influir en la cantidad máxima de participantes. Un grupo que se reúne a menudo (una vez a la semana) o durante un período prolongado (varios días) podrá recibir más miembros que uno que rara vez se reúne o lo hace durante períodos cortos. Lo que es esencial es que cada mastermindiano se beneficie completamente de su participación y esté satisfecho con lo que ha obtenido en términos de ideas, consejos, decisiones y de su progreso como persona. Para lograr eso, creemos que es necesario que cada persona se sienta en el "Hot seat" al menos una vez cada dos meses.

---

1 Canfield, J., *The Success Principles: Cómo llegar desde donde se encuentre hasta donde quiera estar*, 2005, Harper Collins Publishers.

4.6 Frecuencia, duración y ritmo de las reuniones

El organizador de Grupo Mastermind elegirá su estructura temporal. Eventualmente lo hará evolucionar, dependiendo de las solicitudes y preferencias de los participantes, y de los problemas que traen al grupo. Nos parece necesario que los mastermindianos periódicamente puedan verse en persona. Eso debe tener lugar, como mínimo, cada tres meses, para mantener la calidad e intensidad del campo generativo, aunque veremos más adelante que algunos grupos se reúnen solo una vez al año. En el Capítulo 3 de este libro, se presenta un ejemplo de estructura: un compromiso de un año, tres reuniones presenciales, de dos días de duración y 3 seminarios web (conferencias de video). Es solo un ejemplo entre muchos otros. Cada facilitador tomará sus propias decisiones.

La frecuencia y la duración de las reuniones son factores estrechamente relacionados. Si el grupo se reúne a menudo (al menos una vez al mes), una sesión de medio día es, en su mayor parte, suficiente. Por otro lado, si se encuentra solo en raras ocasiones (dos veces al año), estará interesado en planear una reunión en persona que durará dos o tres días.

Del mismo modo, si el número de participantes es superior a 12, se necesitará que algunas reuniones duren por lo menos dos días para que cada persona se beneficie y pueda sentarse en el Hot seat

El ratio de participación

Para saber si un grupo tiene el tamaño ideal y se reúne el número correcto de veces, el facilitador debe calcular la proporción de participación de su grupo. Eso le permite saber si el grupo ofrece a los participantes suficientes oportunidades para estar en el "Hot seat". Para descubrirlo, todo lo que tiene que hacer es calcular la cantidad de oportunidades que tendrá un solo participante en el "Hot seat" durante un año. Por ejemplo, un grupo que se reúne 10 veces al año y que ofrece tres sesiones de "Hot seat" por día tiene, a su disposición, tiempo suficiente para ofrecer hasta 30 sesiones de ese tipo por año. Este número debe dividirse por el número de participantes para obtener la cantidad de sesiones posibles de "Hot seat".. 30 de esas sesiones, cuando hay 20 participantes, corresponden a una proporción de 1,5 sesiones por año, por persona. Eso no es mucho. Cuanto mayor sea la proporción, mayor será la oportunidad para que los participantes se beneficien del uso del "Hot seat".

Para que pueda determinar la frecuencia óptima de las sesiones, el facilitador se pondrá en el lugar de los participantes dependiendo de sus perfiles, o de los perfiles que está buscando para su grupo. Si la frecuencia planificada corresponde con su disponibilidad y con el compromiso que son capaces de mantener, entonces el grupo funcionará sin problemas. Por ejemplo, algunos líderes empresariales podrían no ser capaces de comprometerse con un día al mes, pero sí, podrían tener más disponibilidad medio día cada mes.

En el caso de un Grupo Mastermind existente, el facilitador, si lo considera necesario, hará que el grupo reflexione sobre este asunto y decida junto con él. El facilitador se dará cuenta de que la frecuencia y la duración de las reuniones de su Grupo dependerán en gran medida de los perfiles y de la disponibilidad de los participantes. Debe adaptar la estructura del grupo en consecuencia.

El pasar a la acción de los participantes

El pasar a la acción es otro elemento que debe tenerse en cuenta. Si un grupo solo se reúne una vez al mes, será difícil para los participantes tomar medidas y luego evaluar los efectos de esa acción. El facilitador deberá tenerlo en cuenta para calcular el buen ritmo que necesita su grupo.

Reuniones semanales

Cuando las reuniones se llevan a cabo semanalmente, las cosas avanzan rápidamente y todos tienen la oportunidad de sentarse en el "Hot seat" varias veces y dentro de un marco de tiempo muy corto. Es un ritmo dinámico que refleja la alta motivación de los profesionales que se han lanzado en esa actividad, que necesitan ideas, consejos y aliento, y que están dispuestos a mantener este ritmo rápido durante un tiempo. Es, por otro lado, un ritmo que puede ser bastante pesado. Las personas tienen dificultades para estar disponibles y participar semanalmente, por lo que existe el riesgo de que disminuya la motivación. No se pase: la duración de cada reunión semanal no deberá superar dos a cuatro horas y una agradable comida podrá ser compartida al final del encuentro.

Algunos grupos se reúnen cada 15 días. Ese es un ritmo que, debido a su regularidad, podría ser bueno para un grupo que se está formando.

> Existe un modelo de Mastermind conocido como "Sprint", en el que las personas se reúnen todas las semanas, durante dos o tres meses, de modo que se crean fuertes dinámicas en el grupo. El número de reuniones se reduce más tarde, por ejemplo, a una al mes. Este formato bastante estimulante está reservado para participantes muy motivados que desean progresar rápidamente.

Reuniones mensuales

Reuniones mensuales o bimensuales nos parecen ser un ritmo adecuado para los participantes. Los mastermindianos tienen más tiempo durante el cual pueden prepararse para sentarse en el "Hot seat" y, sobre todo, para conseguir convertir sus compromisos en acciones.

La duración de una reunión mensual podría ser de medio día o un día completo. Esto permite aumentar el número de oportunidades para pasar al "Hot seat" de cada mastermindiano. Uno puede así planificar tener de 3 a 5 Johnny's en el "Hot seat" en un solo día, y el facilitador tendrá también más tiempo para contribuciones complementarias o para permitir que un experto intervenga.

Reuniones trimestrales

Algunos Grupos Mastermind solo se reúnen de dos a cuatro veces al año. ¡Ya no se corre el riesgo de pasarse! Normalmente estos son Grupos Mastermind compuestos por empresarios y líderes de alto nivel que tienen dificultades para liberarse y encontrar disponibilidad para el grupo en sus agendas en los horarios requeridos. Se reúnen durante dos o tres días, en circunstancias similares a las de un seminario, en lugares que suelen agradables y que facilite el descanso. Así que durante toda la experiencia pueden tener una ligera sensación de estar de vacaciones.

Debido a que estas reuniones son escasas, los mastermindianos esperan obtener mucho de ellas. Es interesante ver cómo se llevan a cabo las negociaciones colectivas para poder determinar la fecha de la próxima reunión. Para evitar cualquier problema de programación, es mejor seguir reservando las mismas fechas año tras año, por ejemplo, "cada año, durante el último fin de semana de enero y el primer fin de semana de julio".

Reuniones anuales

Se reserva una única reunión al año para participantes cuyas agendas están sobrecargadas y que, debido a ello tienen mucha dificultad en estar disponibles. Saben, de antemano, que se reunirán todos los años, a menudo como parte de una actividad marginal en grandes reuniones nacionales, o congresos nacionales o internacionales para empresarios, como el Foro Económico de Davos en Suiza. La admisión a este tipo de Grupo Mastermind generalmente se lleva a cabo a través de la cooptación entre personas de alto nivel, o a través de personas que se reconocen mutuamente como tales.

Programación de las Sesiones

Poco importa si las reuniones se llevan a cabo por la mañana, por la tarde o por la noche. Uno podría, por supuesto, opinar que la gente piensa más claramente por la mañana que por la tarde, e incluso mucho más que por la noche. Pero cada facilitador y grupo decidirá lo que les parezca mejor.

Solo en el caso de Grupos Mastermind internacionales remotos (videoconferencia), que reúnen a participantes de todo el mundo, el cronograma exacto de las reuniones es extremadamente importante. Si un grupo acepta personas de los Estados Unidos, Europa o Asia, será necesario, por supuesto, ajustar los horarios para que las reuniones puedan tener lugar. Cuando ciertos participantes asistan por la mañana y otros por la noche, por ejemplo, será difícil realizar reuniones que duren más de unas pocas horas.

4.7 Seminarios de varios días

Cuando los seminarios se desarrollan durante varios días, es apropiado, incluso necesario, que las reuniones se reubiquen en un sitio alejado de la vida cotidiana, en un sitio de estilo vacacional o uno que sea, como mínimo, muy hermoso. Ya hemos señalado cuanto la calidad de un lugar influye en la calidad de las discusiones, - buenas para liberar las reacciones emocionales-, y para la calidad de los recuerdos del evento -que cada participante conservará dentro de su mente durante mucho tiempo-.

Los seminarios que tienen lugar durante varios días se pueden coordinar con las vacaciones regulares. Por ejemplo, para un Grupo Mastermind que se reúne durante tres días en Miami (o Hawai, la Riviera Francesa, Tokio...) el participante puede planificar en el mismo lugar otros tres o cuatro días que tomarse como vacaciones familiares. Sin embargo, las tardes con la familia solo serán posibles si el facilitador no ha programado sesiones de tarde, por supuesto. ¿Encontraría que tener sesiones de mañana, mediodía y noche sería demasiado? Eso solo es que, con toda probabilidad, aún no ha experimentado la sensación de felicidad que proviene de participar en un grupo cuyos miembros tienen una relación simbiótica entre sí. Queremos que lo experimente un día. Se convierte en una experiencia tan maravillosa que el tiempo ya no importa. La naturaleza íntima de las sesiones que duran varios días genera aún más momentos de alegría, corresponsabilidad y alineación. En cuanto a los seminarios que duran varios días, recomendamos encarecidamente que se utilicen varios tipos de procedimientos: "Hot seat", lluvia de ideas, co-coaching, paseos con dos o tres miembros de otros grupos e intercambio de ideas, sesiones instructivas, intervenciones de personalidades conocidas, etc.

Y, por supuesto, los seminarios son una oportunidad para que los mastermindianos disfruten las comidas, o las tapas españolas, con los demás participantes. Para los mastermindianos que solo se reunen en tan raras ocasiones, esas sesiones tienen una cualidad sagrada, y no pueden imaginarse perderse ninguna de ellas, por el buen ambiente que surge de las reuniones mismas, al estar de nuevo con los otros mastermindianos, a sabiendas que se marcharán con muchas ideas realmente productivas, y que van a pasar momentos verdaderamente enriquecedores con sus compañeros. Eso es lo que el mastermind genera, al ayudarse los unos a los otros y al avanzar juntos en la solución de las demandas individuales... Garantizamos que, al final de solo una sesión, todos los mastermindianos se convertirán en amigos y se sentirán como en familia.

La dinámica de grupo que se crea durante las sesiones Mastermind es muy valiosa. La proximidad física produce cercanía psicológica, confianza y vínculos profundos, lo que alimentará los debates y dará lugar a todo tipo de beneficios en el futuro. El facilitador puede alquilar un albergue, una casa rural, que sea lo suficientemente grande para acomodar a todos, y que tenga una sala de actividades; o se asegurará de que cada participante tiene una habitación reservada en el mismo hotel.

También aconsejamos a los grupos que se reúnen durante medio día o un día al mes, que planifiquen un seminario anual que tenga lugar durante varios días.

A continuación, resumido todo lo visto en un cuadro. Observamos que cada una de las frecuencias, para las sesiones, tiene sus ventajas y sus inconvenientes:

Frecuencia	Posible Duración	Ventajas	Desventajas
Semanal	Entre 2 y 4 horas.	Cada participante reúne una gran cantidad de ideas y recomendaciones, todas a la vez. El desarrollo de posibles proyectos acelera bastante.	Riesgo de que los participantes se cansen. Dificultades para estar disponibles tan a menudo. Solo es posible para aquellos que vivan muy cerca los unos de los otros.
Mensual a trimestral	Medio día o día completo	Un ritmo relajado para los participantes que están suficientemente motivados por el éxito que están teniendo.	*A priori, ninguna.*
Dos o tres reuniones por año	Uno o dos días.	Permite disponer de una o dos tardes para pasar más tiempo juntos. Posibilidad de mover reuniones a lugares exóticos. Permite generar una mayor cercanía entre los participantes.	Frecuencia bastante limitada. Se corre el riesgo de que lso vínculos se rompan entre las reuniones. Necesidad de organizar conferencias de video cara a cara para que se pueda mantener el campo relacional, y para averiguar el paso a la acción de los participantes. La proximidad puede crear incomodidad. Puede facilitar o romper la situación, según el grupo (en general, lo facilita).

Frecuencia	Posible Duración	Ventajas	Desventajas
Anual	De uno a tres días.	Este formato permite a líderes empresariales y emprendedores que están muy ocupados encontrarse una vez al año, para hacer un balance y trabajar rápidamente en temas candentes para ellos o para sus negocios. Estas reuniones generalmente tienen lugar junto a algún gran evento empresarial (Foro, Simposio, Asamblea General, etc.).	La baja frecuencia de las reuniones apenas permite la creación de confianza y vínculos. Este tipo de formato está dirigido a emprendedores y líderes empresariales de alto nivel y que se reconocen mutuamente como tales.

4.8 Y ¿entre las sesiones?

El facilitador puede ser muy activo entre reuniones, pero los miembros del grupo también pueden hacer muchas cosas por sí mismos. Pueden llamarse o decidir reunirse para poder ayudarse mutuamente, crear algo o hacer negocios juntos. Pueden desafiarse el uno al otro. Pueden verse para socializar, pasar algún tiempo de descanso juntos, hacer algún deporte o ir a un restaurante. Pueden participar en otras actividades y entrenamientos juntos. ¿Quién sabe? Y todo ello, sin necesitar a un facilitador. Es bueno, para la dinámica del grupo, que haya mucha interacción entre los mastermindianos. Es una prueba de la fortaleza del grupo y de su valor añadido para cada miembro.

Para los grupos que se reúnen con frecuencia, es decir, al menos una vez al mes, el facilitador debe garantizar "una cantidad mínima de actividad organizada" respondiendo a las preguntas de los miembros y enviando invitaciones a reuniones futuras. Pero para los mastermindianos que se reúnen con menos frecuencia, el facilitador asumirá un papel importante para asegurarse de que los lazos relacionales se mantienen firmes y para averiguar el progreso de cada uno en el grupo. Él puede decidir establecer algunas reuniones *online*, por ejemplo, al menos una al mes, para mantener el vínculo del grupo y su dinámica. ¡Es completamente factible realizar sesiones de "Hot seat" durante una videoconferencia, e incluso por teléfono! Hay menos sensación de empatía, en ese caso, por supuesto, que cuando tiene lugar de forma presencial; pero su eficacia es potencialmente la misma.

Aquí una breve lista de actividades organizadas que el facilitador puede implementar entre las reuniones:

* Organizar reuniones Mastermind por videoconferencia.
* Llamar a los participantes para preguntarles si están llevando a cabo las acciones que dijeron que harían, y si están trabajando adecuadamente en su proyecto.
* Contribuir con elementos técnicos (pedagógicos) que le parecieron necesarios en el momento de las reuniones cara a cara.
* Estar atento a la documentación relevante, enviar documentos y enlaces a los participantes, u ofrecer otro material de lectura relacionado con sus proyectos.
* Amablemente desafiar a los participantes e incitarlos a cumplir sus compromisos y cumplir sus objetivos.
* Solicitar a los participantes que cumplan con su compromiso y ayudar a otros mastermindianos a respaldarlos.
* ¡O emprender cualquier otra iniciativa que le parezca pertinente!

La energía que el facilitador mueva para crear vínculo durante el tiempo entre sesiones tendrá una enorme influencia en el cumplimiento de los compromisos por parte de los mastermindianos; también sobre su motivación y sobre sus recuerdos, resultados de la aventura del grupo.

Un espacio compartido en la Web

Dado que un Grupo Mastermind se basa esencialmente en dinámicas colaborativas, es apropiado usar todo tipo de recursos de colaboración, incluidas las tecnologías de comunicación. Ya hemos analizado seminarios web, pero hay muchos otros recursos de colaboración en Internet que a menudo son gratuitos. Sin embargo, debe tener cuidado con la confidencialidad cuando se trata de colgar algún documento o video en plataformas colaborativas. Obviamente, no debe adjuntar nada que deba permanecer secreto. La mayoría de los grupos de trabajo "modernos" usan herramientas que se comparten en la Web, que abordan problemas relacionados con el trabajo *online*, el trabajo asincrónico y la capitalización del trabajo que se lleva a cabo. Siempre que uno use las precauciones que hemos mencionado, estas herramientas de colaboración tienen verdaderamente un lugar en lo que respecta al funcionamiento de un Grupo Mastermind. Mencionemos, entre numerosas herramientas, solo algunas:

- Mencionemos, entre numerosas herramientas, solo algunas:
- Tableros compartidos o colaborativos (por ejemplo, grupos de Yahoo, grupos de Google, Slack)
- Programas compartidos (Agenda de Google)
- Herramientas para elegir fechas y para encuestas (por ejemplo, Doo-dle)
- Programas de procesamiento de textos y hojas de cálculo compartidas (por ejemplo, Loomio, Google Docs)
- Gestión de tareas compartidas (por ejemplo, Asana y Trello)
- Almacenamiento de archivos (por ejemplo Dropbox)

Además de su utilidad obvia cuando se trata de compartir documentos, estas herramientas fortalecen el sentimiento de pertenencia entre los miembros del grupo.

4.9 Sesiones online (webinarios o videoconferencias)

Un seminario web o videoconferencia es una reunión que tiene lugar en Internet. Permite a todo tipo de equipos reunirse *online* y trabajar juntos, sin importar en qué ubicación se encuentren. Muchas plataformas de Internet gratuitas ofrecen servicios de videoconferencia que funcionan bien para 10 ó 12 participantes. Sin embargo, las plataformas gratuitas no ofrecen ninguna garantía de confidencialidad; por lo tanto, si analizan cuestiones que son de naturaleza altamente confidencial, con toda probabilidad, será necesario que utilice los servicios de videoconferencia segura, para lo cual tendrá que pagar. Las plataformas que deben pagarse ofrecen varias opciones técnicas interesantes: reciben a muchos participantes, gestión activa, intercambio de pantallas, acceso a través de llamadas telefónicas o videoconferencia, encuestas, intercambio de documentos, grabaciones de debates y más.

El facilitador se asegura de que las discusiones no se desvíen hacia un intercambio de comentarios triviales. Si siente que es necesario, regulará la calidad de los intercambios y asignará el tiempo de uso de la palabra. Como verá, la participación en una videoconferencia requiere cierta disciplina, en particular cuando se trata de gestionar la activación / desactivación de micrófonos; si no se gestiona adecuadamente, los intercambios se vuelven rápidamente inaudibles, y los comentarios harán que la reunión sea imposible. Si aparece una solicitud para una sesión "Hot seat", el facilitador y los miembros del grupo decidirán juntos qué seguimiento se le debe dar, es decir, si está bien ahora o mejor en otro momento futuro, cercano. Si un Mastermindiano solicita una sesión de "Hot seat", y la solicitud se aprueba, entonces, obviamente, la sesión se lleva a cabo.

Alojar y participar en un seminario web requiere un tipo especial de disciplina. La efectividad de esta herramienta se verá comprometida si el rigor del facilitador no está en el nivel correcto. Por lo tanto, el anfitrión se tomará todo el tiempo que necesite para capacitarse sobre cómo usar todas las funcionalidades de la plataforma *online*. También preverá el tiempo que se necesita para ayudar a los participantes a conectarse rápidamente si no están familiarizados con la herramienta de videoconferencia que se está utilizando. Se debe prestar atención a este último punto, porque si hay problemas de conexión, una reunión *online* puede arruinarse. Eso haría que el anfitrión parezca un verdadero aficionado.

Una sesión a distancia puede formatearse de la siguiente manera:

* Mi estado emocional hoy.

* Esto es lo que espero de nuestra reunión *online* de hoy (objetivo).

* Esto es lo que me pasó y lo que he hecho desde la última vez que nos vimos (comentarios).

* Esas son mis situaciones difíciles actuales (explicación del progreso que aún no se ha logrado).

* Y esto es sobre lo que me gustaría recabar algunas opiniones y consejos con el resto de mis compañeros (comienzo de una sesión "Hot seat" *online*).

La duración de la sesión "Hot seat" de un participante durante un webinario puede estar limitada a unos 20 minutos. Ese es el tiempo suficiente para que cada mastermindiano haga algunas contribuciones muy valiosas. Estas contribuciones enfocadas, que solo pueden durar unos 20 minutos por Mastermindiano (sin importar qué procedimiento se use), permiten que el seminario se realice dentro de un plazo de 2 o 3 horas. Algunas reuniones pueden ser más largas, pero el resultado será una menor concentración de los participantes.

Es útil recordar que, durante un seminario web, los participantes no tienen el mismo nivel de atención que cuando se encuentran en una reunión presencial. Pueden mirar sus correos electrónicos, al mismo tiempo que asisten al seminario web, o pueden verse perturbados debido a lo que esté sucediendo al mismo tiempo en su entorno, ya sea profesionalmente o con su familia, en un segundo plano. El anfitrión debe asegurarse de que el nivel de actividad *online* sigue siendo intenso para que los participantes sean más propensos a prestar mucha atención a lo que está sucediendo. En ese caso, el trabajo que se llevará a cabo será efectivo.

4.10 Grupos Masterminds que solo trabajan (o casi solo) online

Algunos facilitadores solo ofrecen Grupos Mastermind *online*. Esto, obviamente, no es el mejor formato; creemos que los grupos en persona son más efectivos, pero el primero funciona de todas maneras. Todos los consejos dados en este libro también son válidos para Grupos Mastermind que solo trabajan *online*.

Las ventajas de este formato son:

* Los costes de las actividades organizadas son más bajos ya que no hay logística involucrada: no se debe reservar una sala de reuniones, no se incurre en gastos de viaje, y no se deben traer alimentos o bebidas desde ningún lado.

* Ahorra tiempo para los participantes ya que no tienen que viajar a un lugar físico.

* El Grupo Mastermind se convierte en algo que es más asequible, ya que se puede iniciar a un coste razonable (el coste de un Grupo Mastermind *online* no debería ser tan alto).

Pero los Grupos Mastermind solo se llevan a cabo *online* en raras ocasiones. Creemos que el facilitador debe planificar una reunión presencial de dos o tres días. Los participantes estarán dispuestos a venir para conocer a sus "compañeros de progreso"; definitivamente se sentirán muy complacidos de interaccionar cara a cara con ellos. Será una experiencia que será mucho más poderosa para ellos cuando los participantes se presenten viniendo de diferentes partes del mundo.

4.11 El precio de un Grupo Mastermind

Antes de hablar con todo detalle sobre el tema del precio, uno tiene que preguntarse, en primer lugar, si es realmente necesario que un Grupo Mastermind tenga una tarifa de participación. La respuesta a esta pregunta es no. El Grupo Mastermind al que pertenecen los ocho autores de este libro no cobra. Y por muy buenas razones, funcionamos de acuerdo con los principios de la inteligencia colectiva. No tenemos un facilitador "oficial"; en cambio, somos todos los ocho facilitadores regulares del grupo.

Como ya se ha expresado, cualquier persona puede decidir crear su propio Grupo Mastermind, tan pronto como tenga algún conocimiento sobre ello. Y no tiene que imponer a los participantes el pagar una tarifa. A la persona que ha iniciado el grupo se le paga entonces en forma de asesoramiento y apoyo que recibirá de los demás. Algunos grupos Mastermind están formados por personas que buscan trabajo; cada persona ayuda a los demás a encontrar un trabajo (al más alto nivel posible, por supuesto).

Sin embargo, creemos que si los participantes pagan para formar parte de un Grupo Mastermind, estarán más motivados para actuar y lograr sus objetivos. En todo trabajo donde hay un componente psicológico involucrado, pagar por la participación es algo que se prefiere, incluso si el pago es una cantidad muy modesta. ¿De qué valor es el asesoramiento gratuito? Si un experto le da algún consejo después de que se encuentre con él en una esquina de la sala, o si paga por el mismo consejo, ¿el primer escenario, en su opinión, sería de mayor valor? Casi podemos apostar que ese no sería el caso. Algunos facilitadores pueden ofrecer a los participantes un grupo por el cual tienen que pagar al menos algo, basado en su conciencia; ese es un sistema por el cual cada individuo paga lo que considera la cantidad correcta. Los beneficios financieros que podrían surgir, en ese caso, son siempre inciertos y variables.

Aún debes pensar que el Grupo Mastermind es una inversión; y como lo es, no debería haber ningún problema cuando se trata de pedir una tarifa por ello. Cuando el facilitador declara que un Grupo Mastermind es una inversión, le garantiza a los participantes que las ganancias y ventajas que obtendrán de su participación excederán en gran medida la cantidad de dinero y el tiempo que van a invertir en ella. Cualquiera que sea su precio, el Grupo Mastermind debería ser rentable; si no lo es, no hay ninguna razón para que exista. Si participas en un Mastermind y terminas sintiendo que no vas a sacar provecho de tu inversión, más vale que lo dejes y busques otro más adelante.

El precio de un Grupo Mastermind equivale a una tarifa de entrada plana. Uno no paga por una reunión a la vez; siempre es un compromiso a largo plazo que se desarrolla en un lapso de tiempo definido. El facilitador puede decidir autorizar una o varias sesiones de prueba para que se pueda averiguar que el candidato tiene el tipo de demanda adecuada para participar y si es compatible con el resto del grupo. Después de eso, la duración de su participación es de un año.

La tarifa de participación depende de varios parámetros diferentes: cuántas reuniones se llevan a cabo cada año, dónde tienen lugar estas reuniones, la calificación del facilitador, el nivel social de los mastermindianos, cuáles han sido los éxitos gracias a este Grupo Mastermind, qué opinan y dicen los mastermindianos sobre ello, etc.

Los costes a veces pueden ser sorprendentes. Si un consultor bien conocido puede seleccionar a algunas personas con medios bastante sustanciales en su grupo, puede cobrarles tarifas muy altas.

Esto es lo que sabemos y sentimos sobre los precios que se aplican en el momento en que escribimos este libro:

* Existen algunos grupos virtuales Mastermind, es decir, aquellos que solo se llevan a cabo a través de videoconferencia, cuya tarifa asciende a unos pocos cientos de dólares por año.

* Una tarifa anual de $ 5,000 a $ 10,000, sin incluir impuestos, para asistir a un Grupo Mastermind que se reúne una vez al mes, nos parece razonable.

* Conocemos un Grupo Mastermind europeo que se reúne cuatro veces al año, durante tres días, en un lugar realmente hermoso (por lo que cuesta más). Cobra 12.000 euros, sin incluir impuestos.

* Sabemos de un Grupo Mastermind que cobra $ 25,000 por reuniones de tres días que tienen lugar tres veces al año.

* Hay, con toda probabilidad, Grupos Mastermind que son incluso más caros que eso. Esos serían creados para gerentes de Bolsa o Wall Street.

* Cuando las reuniones del Grupo Mastermind son presenciales, normalmente los costes relacionados con la logística se suman al costo de las actividades organizadas: viajes, alojamiento, alimentos y bebidas.

* Cuando las reuniones tienen lugar en lugares de lujo, o en diferentes lugares del mundo, los costes adicionales relacionados con el viaje y el alojamiento pueden llegar a ser muy altos.

El precio que el facilitador decida es también una forma para él de ser selectivo sobre el tipo de participantes que selecciona. Los facilitadores pueden determinar la tarifa para sus Grupos Mastermind en función de los clientes en los que piensan que podrán tener efecto. Es mejor si no hay demasiada diferencia en el estatus social entre mastermindianos. La tarifa permite asegurar que habrá cierta coherencia social.

Sin embargo, es posible aceptar a un participante que pertenece a una clase social inferior a los demás miembros. La capacidad de dicho miembro para generar una cantidad de dinero significativa para poder unirse al Grupo Mastermind, aun teniendo recursos limitados, es una indicación de que está determinado a tener éxito. Ese tipo de miembro es probablemente una buena adquisición para el grupo, porque estará profundamente motivado y aportará una dinámica muy positiva a todo el grupo.

Para tranquilizar a algunas personas temerosas de no tener suficiente dinero para participar, el facilitador puede, en al menos un par de casos, permitirles que asistan de forma gratuita, "para ver cómo funcionan las cosas", u ofreciendo un reembolso total si, después de dos o tres días de prueba, la persona decide que prefiere no continuar.

Esperamos que cada facilitador recuerde que un Grupo Mastermind no es algo que debe interpretarse como un generador de dinero, o como una vaca de ganar dinero, sino como un generador de relaciones y de servicio de alta calidad para un grupo de personas que desean progresar social, personal y profesionalmente, y para triunfar juntos en áreas de negocios y de liderazgo. Para el facilitador, sobre todo si pone los principios de inteligencia colectiva en su justo lugar, el pago debería considerarse como el resultado y no como el objetivo del Mastermind. Recuerde el siguiente principio: uno debe, antes que nada, dar a los demás, ¡dar primero!

Basándonos en toda la información que ya hemos compartido sobre el concepto conocido como Grupo Mastermind, ofrecemos a continuación una descripción formalizada (o resumen de presentación):

Nombre del Grupo Mastermind: Exploradores del Futuro Emergente

Condición del grupo (grupo existente o en proceso de ser creado): en proceso de creación

Población objetivo: Empresarios

Más específicamente: líderes de empresas que han existido por más de 2 años y que han generado ventas de más de 300.000,- € y que desean liberar el potencial de su compañía.

Tamaño del grupo:

Número mínimo de participantes: 5

Número máximo de participantes: 10

Idioma en que se realizó: Inglés

Propósito del grupo: El propósito de este grupo es mantener el desarrollo de los esfuerzos comerciales de los mastermindianos, rodeándolos con un alto nivel de atención, dirigidos a sus problemas específicos. Estos gerentes formulan su visión, misión y ambición en relación con sus esfuerzos comerciales. Descubren soluciones y las comparten entre ellos.

Frecuencia y ritmo de las reuniones: mensual

Cantidad de reuniones por persona: 7 reuniones de un día y un seminario de 2 días

Cantidad de reuniones *online*: 7 por las tardes

Duración del compromiso: un año, renovable ad libitum

Métodos de selección de candidatos:

Nuevos candidatos: Responder a un cuestionario, durante una videoconferencia o una entrevista cara a cara; verificación de sus objetivos y del tipo correcto de intención.

Incorporaciones posteriores: Todo lo anterior, y además una sesión piloto y luego validación de los mastermindianos basada en el método "sin fuertes objeciones" (el candidato no es aceptado si hay alguna objeción importante contra su incorporación).

Precio: 6,000,- € / sin impuestos / por año / no incluidos transporte ni alojamiento.

Capítulo 5

¿Cómo seleccionar los participantes para su Grupo Mastermind?

5.1 ¿Quién puede unirse a un Grupo Mastermind?

Creemos que cada individuo que sea "un emprendedor en el alma" debería poder unirse a un Grupo Mastermind. Para ser un mastermindiano, una persona necesita desear ser más de lo que es en la actualidad y querer lograr lo que sería difícil de lograr por sí sola. Necesita tener la suficiente ambición para ser profundamente generosa tanto con uno mismo como con el resto de sus demás compañeros participantes.

Sentirse "emprendedor en el alma" significa que uno tiene la capacidad y el deseo de desarrollar y crear nuevos productos o servicios, de aportar una gran cantidad de ideas y valor añadido. Esto puede corresponder a muchas profesiones diferentes. Pueden integrar un Mastermind varios tipos de emprendedores: desde un Autónomo iniciando su negocio hasta el CEO de una multinacional o también Mandos Superiores de una organización que tienen la capacidad de actuar sin tener que pedir autorización ni a líderes sociales o sindicales, ni a políticos. Y no olvidemos a todos los que están involucrados en las artes creativas (pintores, cineastas, actores, cantantes, músicos, escritores, coreógrafos, etc.) que, con frecuencia, asumen una enorme actitud emprendedora cuando se trata de promover su arte y de aportar recursos al grupo en términos de creatividad, sensibilidad y apertura al mundo. En resumen, todos aquellos que desean darse a sí mismos los medios para alcanzar sus objetivos más rápidamente, e incluso superarlos, son más que bienvenidos en un Mastermind. Todos aquellos que quieran tener un mayor éxito y más rápidamente, dentro de un entorno organizado, creativo, afectuoso y solidario...

Imaginemos que quiere unirse a un Grupo Mastermind. Los siguientes 10 puntos o principios son los que le permitirán comprobar si podría ser un buen mastermindiano. También puede responder el cuestionario que se encuentra al final de este libro.

Antes de comenzar, también es una buena idea verificar que el formato y el modo de funcionamiento del grupo sean agradables para usted para que no pierda su tiempo ni el tiempo de los demás en el grupo. Debemos recordarle que, si bien es miembro del grupo, se supone que debe pensar en los demás miembros antes que en usted.

1 – *Ser auténtico*

El mastermindiano "ideal":

Un Mastermindiano ideal sabe cómo se siente y se comporta congruentemente.

* Es auténtico: la honestidad intelectual es importante para él. Expresa las cosas tal como las ve, tal como piensa que son. Es honesto y afectuoso. Presta atención a cómo se siente y no se queda para sí mismo con lo que puede ser de ayuda para los demás, incluso si eso no siempre es fácil y si resultaría mucho más fácil hablar únicamente de lo que está yendo bien sin mencionar las áreas de progresión.

* Es congruente: esta es otra forma de integridad intelectual. No actúa de manera engañosa y permite que otros interpreten sus actitudes y acciones. Encarna sus pensamientos y sus valores.

* Es real: rechaza las ilusiones y las falsedades. Confronta la realidad tal como es, y no tal como le gustaría que fuera. Fundamenta sus puntos de vista con hechos concretos.

* Sabe distanciarse: sabe ser objetivo y evitar dramatizar situaciones. Puede pensar en sí mismo como en un sujeto que puede ser observado y criticado, después de lo cual podrá reconsiderar sus creencias, sentimientos, valores, éxitos, fracasos, y los criterios con los cuales emite juicios...

2 - *Ser discreto*

El mastermindiano ideal:

* Es básicamente una persona discreta. Lo que se dice dentro del grupo se queda dentro del grupo. Es consciente de que algunos comentarios surgidos de las interacciones del grupo, expresados en otra lugar y fuera de su contexto, podrían dañar a otros participantes y comprometer la perennidad del grupo. De forma excepcional, y si es de interés real, puede preguntar a los mastermindianos si sería adecuado que hablara de ello con otras personas.

3 - *Saber dar antes que recibir*

El mastermindiano ideal:

* Entiende que viene para dar al menos tanto como va a recibir. También sabe que a partir de este círculo virtuoso de dar, recibirá, tarde o temprano, todos los beneficios maravillosos que surgen de su participación en el grupo. Sabe que se enriquece adoptando la divisa " el otro primero".

* Es generoso / de mentalidad abierta: Está seguro de que la generosidad es un valor fundamental y necesario en su grupo de compañeros. Ha entendido la importancia de las relaciones de beneficio mutuo y no busca obtener todo lo que puede para sí mismo si no ha contribuido al éxito de otros miembros (quienes además son completamente desconocidos al comienzo de su relación.

4 - *Ser respetuoso y cariñoso*

El mastermindiano ideal:

* Es respetuoso: es sensible a las diferencias entre personas, situaciones y organizaciones. Es capaz de aprender, sobre la base de comparaciones y sus diferencias en relación con los demás.

* Utiliza el lenguaje de una manera clara y concisa: expresa conceptos difíciles de una manera constructiva y aceptable para la persona que lo está escuchando.

* Está en el momento presente: está completamente presente en relación con lo que se dice y se está llevando a cabo. Sabe cómo escuchar atentamente a los demás al mismo tiempo que está sintonizado con sus propias emociones.

* No impone sus ideas a los demás porque sabe que no siempre son aplicables a la realidad de los demás. Lo que piensa es, probablemente, bueno para sí mismo, pero no necesariamente bueno para el resto. Por eso, ofrece sus ideas y consejos, entre otras cosas, con autocontrol.

5 – Convertir su vulnerabilidad en fortalezas

El mastermindiano ideal:

* Acepta su vulnerabilidad cuando está en este Grupo Mastermind. Deposita la armadura que tal vez esté acostumbrado a llevar en otra parte, en lugares de poder, pues sabe que aquí no sirve para nada con sus compañeros. Por el contrario, lo ralentiza e impide que avance. Entiende que puede aprender a mostrar su vulnerabilidad, y que esta jamás será utilizada en su contra.

* Comparte sus experiencias, para que sean útiles, no solo para sí mismo sino también para otros mastermindianos. Habla tranquilamente sobre sus fracasos; todos aprenden de ellos. También habla sobre sus éxitos con mesura, para que los demás puedan tomar conciencia de los métodos que ha seguido.

* Sabe cómo poner las situaciones en tela de juicio: Tiene la gran habilidad de decirse a sí mismo que no siempre tiene la razón. Piensa en sí mismo como un "sujeto" que puede ser mejorado al trabajar en sus cualidades humanas. Del mismo modo, piensa en sus ideas como meras propuestas que pueden ser pertinentes o no.

* Es humilde: puede controlar sus reflejos de autodefensa (Reactividad durante el estado C.R.A.S.H.) cuando sus compañeros lo confrontan con las decisiones que ha tomado o sobre sus proyectos, con comentarios desagradables, o cuando ponen sus habilidades en duda. No se siente rechazado, incluso si sus compañeros lo remueven, incluso si lo arrinconan.

* Quiere progresar como ser humano: trabaja sus áreas de mejora: enojo, egoísmo, miedos, etc., para que pueda comprender, responder mejor y vivir en armonía con ellos. Es consciente de que tiene "áreas de sombra" inconscientes que le obligan a veces a albergar creencias y comportamientos que no necesariamente son tan nobles.

6 – *Venir para aprender*

El mastermindiano ideal:

* Es consciente de que no lo sabe todo: avanza en el camino del progreso con humildad.

* Sabe que aprende más rápido y que nuevos aprendizajes emergen gracias al contacto con los demás. Respeta a sus compañeros por todo lo que le han enseñado.

* Es un ávido aprendiz: le gusta colocarse en la posición de aprendiz y permanecer alerta para que pueda aprender y progresar en el camino del desarrollo personal y profesional.

* Tiene la capacidad de cambiar su enfoque: sabe adaptarse en función de situaciones que pueden verse desde diferentes puntos de vista.

* Es un aprendiz activo: es consciente de lo que ha aprendido y de cómo aumenta su valor, sus habilidades y sus competencias. Y eso le satisface.

7 – *Ser consciente de lo que pasa*

El mastermindiano ideal:

* Es consciente de las cosas: le gusta hablar de cómo están las cosas, tanto de lo que va bien, como de lo que no. Puede pedir ayuda cuando la necesita. También sabe cómo hacer preguntas para que las discusiones puedan abrirse. Los mastermindianos comparten, en cada reunión, lo que han hecho, los resultados que obtuvieron y lo que aprendieron.

8 – Ser ambicioso y emprendedor

El mastermindiano ideal:

* Es ambicioso: sabe lo que quiere y se le ocurre formas de actuar que le llevarán a su éxito.

* Sabe cómo definir sus objetivos: no se mueve al azar. Crea planes de acción utilizando métodos probados, para que pueda lograr objetivos claros, concretos y medibles.

* Es atrevido: siempre está listo para tomar riesgos. Una vez que se miden esos riesgos, asume una actitud desafiante, avanza a un ritmo rápido y actúa sobre las cosas. Y no importa cuál sea el resultado, asume las consecuencias sin condenar a nadie más de ello.

* Adquiere compromisos: se compromete a alcanzar metas ambiciosas.

* Es transformador, no un soñador.

* Se siente poderoso: siente que conecta con sus intenciones, que son poderosas.

9 – Ser confiado

El mastermindiano ideal:

* Confía: y ofrece su confianza, en primer lugar, a los miembros del grupo.

* No lucha contra nadie. Permanece calmado y sereno; libera toda su energía para que pueda progresar en su negocio, en sus proyectos, en su rol de líder y como ser humano.

* Se deja guiar: no pone en duda los procesos que le propone el facilitador, y no se rebela contra nada, ni se queja ni se lamenta. Confía en el facilitador ya que está convencido de que sabe lo que está haciendo.

* Confía: Tiene una confianza incondicional en el futuro. Sabe que siempre estarán los recursos que necesita para salir de cualquier situación con éxito. Y no tiene miedo de que alguien le robe sus ideas. Sabe que es gracias a los demás que sus ideas se harán realidad tomarán el poder.

10 – Ser realmente capaz de comprometerse

El mastermindiano ideal: cada miembro hace un compromiso sólido y duradero.

* Cada vez que un miembro participa en una sesión, ayuda a desarrollar la capacidad de expresión del grupo, al mismo tiempo que se crea un vínculo de confianza. Si no hay un fuerte compromiso por parte de cada miembro para participar en intercambios Mastermind, el Grupo nunca se desarrollará completamente.

* Antes de permitir que cada nuevo candidato aceptado se incorpore al grupo, tómese un tiempo para explicarle cuán crucial e importante es su compromiso para todos, incluido para él mismo. Proporcione el calendario de las reuniones con anticipación. Pida a los miembros que planifiquen esas sesiones en sus agendas.

* Si una persona no puede participar en la mayoría de las fechas, eso significa que no es un buen candidato para ese grupo.

* Cada miembro comparte la responsabilidad en relación con todos los demás miembros del grupo: no toma su participación a la ligera. Es muy comprometido con el éxito de todos. También está comprometido con el éxito de los procesos colectivos del grupo, junto con el facilitador.

* El mastermindiano está constantemente presente en el "Aquí y ahora": Es diligente y se asegura de que la calidad de su presencia sea óptima. Estar realmente presente no solo significa que su cuerpo y su cerebro están allí, sino que significa que todo su ser está presente: su mente, sus emociones, sus intenciones y su motivación. Todo eso está conectado y apoya su contribución.

* Un alto nivel de compromiso por parte de cada miembro permite un Grupo Mastermind en el que los participantes pueden confiar plenamente.

5.2 El Grupo de mastermindianos

¿Cómo crear el grupo?

Ya hemos visto que el facilitador está a cargo de formar el Grupo Mastermind de la manera más coherente posible. Es su responsabilidad tener personalidades compatibles y que haya habilidades complementarias en el grupo. La paradoja es que cuanto más amplia es la gama de competencias, más valiosos serán los intercambios y sugerencias. Depende del facilitador mezclar las diferencias con la homogeneidad. También prestará atención al hecho de que las diferencias en el nivel de éxito social no sean demasiado grandes. Si bien el empresario novato puede encontrar un gran valor para participar en un grupo de emprendedores de gran éxito, es poco probable que ocurra lo contrario. Se debe lograr un equilibrio entre los puntos comunes que faciliten el entendimiento mutuo y las diferencias para estimular la discusión.

5.3 ¿Dónde encontrar personas que desean participar en un Grupo Mastermind?

Elija personas que ya estén en su círculo profesional. Vaya a los que ya están en su red: sus conexiones personales y profesionales; por ejemplo, ANDRH (asociación de recursos humanos), Medef, Germe o Apm para directores de empresas individuales, grupos de directores de empresas o incluso sus contactos en Facebook y LinkedIn u otros foros profesionales.

Busque personas de mentalidad abierta y que tengan valores que reflejen un estado de ánimo colectivo. Pregúnteles si conocen a otros que quisieran unirse al grupo.

Cree un grupo de Meetup. Meetup reúne a personas que viven en miles de ciudades para que puedan hacer juntas lo que aman. La idea es sencilla: hacemos mucho mejor lo que es importante para nosotros cuando lo hacemos con otros muchos. Eso es lo que hace Meetup; reúnir a las personas para que puedan explorar ideas, aprender y luego tomar medidas.

Proponga un evento para que su Grupo Mastermind pueda ser descubierto por otros. Incluso si el evento es gratuito, puede solicitar a los participantes que se presenten con un libro que puedan intercambiar, una buena práctica que puedan compartir o una donación para una organización benéfica. Luego, cuando se haya creado un grupo pequeño, puede pedirle a cada persona que invite a alguien de su red, seleccionada en base a criterios importantes para el grupo, para que el círculo se pueda ampliar (redes de deporte, de ocio, profesionales, asociaciones comerciales, miembros de clubes).

Una recomendación personal es una palanca poderosa. La gente, en general, lo hará de forma espontánea pero solicitarla le permitirá alcanzar sus metas más rápidamente.

Para eso, también puede ofrecer un incentivo (financiero: tarifa reducida, o algo de su tiempo por ejemplo una sesión de *coaching* presencial).

También puede invitar a personas influyentes que aporten un valor añadido real al grupo (experto, especialista, orador motivacional).

Puede encontrar algunas personas / grupos con los que crear algunas sinergias, como, por ejemplo, círculos formados por creadores de empresas o especialistas en "dar la vuelta".

Participe usted mismo en un Grupo Mastermind y haga una "evaluación comparativa" de lo que funciona bien o no tan bien; así es como sabrá qué ofrecer en su grupo. Podrá mantener intercambios con otros participantes para que pueda descubrir sus motivaciones y ambiciones. También se sumergirá en el flujo de actividad que ocurre dentro de un Grupo Mastermind.

Además participe en eventos; sea visible, tome la iniciativa en proyectos, comuníquese a través de su sitio web, su boletín informativo y su red de contactos.

¡Invite personas a su grupo!

A la gente le gusta cuando le das cierto tipo de buena atención. Asegúrese de enfatizar lo siguiente cuando escriba su invitación:

¡Mencione lo exclusivo que es el grupo! Los invitados aman ser tratados como VIP.

¡Sea entretenido, de una manera creativa! A todo el mundo le encanta ser atraído por algo que tiene una dimensión entretenida, fascinante y dinámica.

La naturaleza íntima del grupo. Comparta con los posibles miembros que la membresía del grupo está restringida y que, debido a eso, las relaciones que surjan como resultado de la participación serán privilegiadas. El grupo estará formado por personas que comparten los mismos valores, el mismo nivel de ambición y el respeto por apoyarse y ayudarse mutuamente.

Sea cordial con quienes entran en el grupo: esa es una de las razones por las que decidieron hacerse miembros. Es importante que cada participante se encuentre a sí mismo en los objetivos perseguidos y que se sienta a gusto en el grupo. Recuerde que las personas compran el "por qué" usted hace lo que hace, no "lo" que hace.

Y, finalmente, pídales a los participantes que traigan a alguien que resulte ser un factor positivo para el grupo. Los participantes a veces están en una mejor posición para saber quiénes serían los mejores candidatos para el grupo.

¿Cómo haces para que tu Grupo Mastermind sea atractivo para los participantes potenciales?

La idea es la de crear un grupo de personas que provengan de sectores empresariales totalmente diferentes, pero que puedan tener el mismo tipo de clientes. Nadie compite con nadie, la intención del Mastermind es la de lograr un grupo que quiera elevarse a través del desarrollo de su cooperación y la cruzada (el cruzar) de sus miradas

¿Cómo se hace esto?

El objetivo es infundir motivación y crear sinergia; por lo tanto, es apropiado elegir puntos de coincidencia entre los participantes, a nivel de sus identidades individuales, no solo al nivel profesional. La diversidad permitirá una mayor riqueza en lo que respecta a los intercambios y la inteligencia colectiva estará en evidencia en las reuniones. Durante el proceso de contratación, imagine cómo será pasar un día al mes con los participantes. La forma en que se sienta en ese momento es un indicador importante.

Una escala para seleccionar las personas para su Grupo Mastermind

Imagine una escala en la que se traza la competencia y la excelencia, cuando se trata de la actividad profesional. Solo elija personas que estén, más o menos, un par de niveles por encima de usted y de todo el grupo. Si algunas personas se vuelven demasiado avanzadas para ser incluidas en esta escala, no deberían permanecer en el grupo. Esos individuos son, en efecto, los que más contribuyen al grupo; pero no obtienen lo suficiente de ella. Recordemos que el objetivo del grupo es que todos obtengan ganancias de las relaciones que se van a desarrollar en él.

¿Quién debe ser elegido?

Recomendamos analice cuidadosamente cada candidatura y le sugerimos, para ayudarle a decidir, ofrezca un periodo de prueba con una participación voluntaria a dos o tres reuniones. Luego, la entrada del candidato al grupo puede ser aprobada tras una votación.

5.4 Aceptación o rechazo de un candidato

De la candidatura a la integración del nuevo Miembro

Aceptar a un nuevo miembro en un grupo es todo un acontecimiento y algo que el grupo hace de forma conjunta.

Recordemos que se sigue un procedimiento para determinar si un candidato puede unirse al Grupo Mastermind.

* Se presentó como candidato.
* Aceptó y participó en una entrevista con el facilitador.
* Su candidatura ha sido presentada al Grupo, lo que ha dado luz verde para su participación a una reunión de prueba.

Por lo tanto, le corresponde al facilitador apoyarle creando condiciones óptimas que le permitan sentirse a gusto, integrar los principios, metas y reglas del grupo y encontrar su lugar en él.

Entrevista telefónica preliminar

Esta entrevista telefónica es el punto de partida de todo el proceso de integración. Es el inicio de cualquier candidatura. El objetivo del facilitador en ese momento es el de:

* Proporcionar una explicación detallada de la estructura y la forma de lo que es un Mastermind.
* Proporcionar detalles explícitos sobre cuál es la actitud especial del grupo, así como sobre las reglas para su funcionamiento óptimo.
* Pedir al candidato que rellene una hoja de información y un Formulario especifico de candidatura. Así es como el facilitador puede llegar a un entender las motivaciones y metas del candidato y evaluar su capacidad de compromiso al servicio del grupo.

La entrevista

Si la entrevista telefónica es concluyente, el facilitador propondrá una reunión presencial. Si el candidato es reacio a asistir, será una mala señal de su capacidad para estar disponible posteriormente para el grupo. Se trata de evaluar los objetivos del candidato, su personalidad, sus ambiciones en términos de progreso empresarial o de liderazgo, y sus motivaciones para integrarse al grupo.

Recomendamos, en el momento de la entrevista y antes de la primera reunión, que usted...

Pida a los candidatos que envíen un CV o una descripción de su trayectoria profesional hasta ahora para que los demás miembros puedan leerlo antes de la primera reunión.

También se deben enviar dos referencias personales para poder verificar que el candidato es una persona ética.

Sugerimos que, durante el transcurso de la entrevista cara a cara, conozca a su potencial participante haciéndole preguntas que le permitan evaluar y comprender mejor sus compromisos y deseos. El candidato también puede completar un cuestionario en el que se le solicitará describa sus motivaciones (ver abajo).

Sugerencias de preguntas que hacer:

* ¿Cómo va a contribuir a este Grupo Mastermind?
* ¿Qué le trae alegría en la vida?
* ¿Quién inspira sus acciones hoy en día? ¿Qué le apasiona?
* ¿Qué visión o misión personal o profesional tiene?
* ¿Cuáles son sus objetivos dentro de uno, cinco o diez años?
* ¿Cómo va a encontrar el tiempo para participar en nuestro Grupo Mastermind?
* ¿Puede involucrarse y comprometerse?
* ¿Cuánto desea avanzar en su negocio para pasar a un nivel superior?
* ¿Siente que podrá contribuir al grupo y pedirle ayuda al mismo tiempo?
* ¿Qué habilidades, capacidades, conocimientos piensa que puede aportar al grupo?
* Etc.

Esas preguntas le permitirán evaluar la personalidad del candidato y determinar si es compatible con las de los otros miembros del grupo.

Validación grupal

Si el grupo no ha desarrollado la madurez necesaria para tomar una decisión adecuada sobre la incorporación de la nueva persona, el facilitador deberá decidir si es aceptada como nuevo miembro.

Si el Grupo Mastermind tiene la madurez necesaria (que puede ser tan pronto como se cree) y si usa inteligencia colectiva, la opinión de cada miembro sobre el candidato será importante. Una vez que el candidato ha pasado por su sesión de prueba, el facilitador les pedirá su opinión a los demás.

* El grupo votará. Se necesita un voto unánime para que el candidato sea aceptado. El facilitador, en general, organiza dos entrevistas diferentes, llevadas a cabo por dos personas diferentes, para validar el voto.

* Solo se tienen en cuenta las fuertes objeciones y se discuten antes de tomar una decisión sobre si se permite la participación del nuevo miembro.

* O el facilitador toma la decisión por sí mismo, después de que escuche el punto de vista de los participantes.

En caso de duda, el candidato podrá ser invitado a participar en otras reuniones. Si termina siendo aceptado, el grupo celebra la incorporación de este nuevo miembro.

¿Qué debe hacerse si un participante no parece estar o ya no se está involucrando con el grupo?

Primeros indicios

* No se ocupa de compartir, no da *feedback*.
* Cambia frecuentemente sus metas.
* No hace ningún progreso significativo.
* Toma acciones en el momento equivocado. No sabe cómo priorizar tareas y/o proyectos.

Su participación en el grupo

* No participa en discusiones con el grupo o con el facilitador.
* Desea abandonar el grupo antes del final de la sesión programada.
* No se presenta a las reuniones.
* No participa en los foros.
* No responde a los correos electrónicos o mensajes telefónicos.

Señales emocionales

* Acusa al entorno grupal y a los miembros del grupo de las demoras en lograr las cosas y de cada fallo.
* No evalúa la progresión de la situación, ni asume ninguna responsabilidad por ella.
* Demora y sabotea el trabajo que se supone que debería de estar haciendo.

¿Cómo ayudarle?

Es importante recordarle el contexto del grupo y los objetivos que dijo tener cuando vino por primera vez; también, es básico recordarle en qué estuvo de acuerdo y cuáles fueron los objetivos por los cuales aceptó comprometerse.

Préstele apoyo. Explíquele que es normal tener algún período de incertidumbre. Ayúdele a subdividir sus metas. Pase un poco más de tiempo con él para que pueda conectar nuevamente con su entusiasmo. Pídale al grupo que también lo apoye.

¿Cómo invitar a salir a un participante que no encaja en el grupo?

El facilitador puede decidir que es mejor no permitir que un determinado candidato entre en su Grupo Mastermind o que deba pedirle a una persona, que se ha colocado en una posición marginal, que se vaya. Estos momentos, con toda probabilidad, resultan muy incómodos tanto para él como para el candidato que no está siendo aceptado, o para el participante que está a punto de verse excluido; pero es mejor rechazar a un candidato o pedirle a un participante que se vaya, en lugar de tener personas en el grupo que no tengan personalidades adecuadas para ello, o mantener en el grupo a una persona que ya no participe activamente en las actividades colectivas.

El facilitador, en ese momento, debe ofrecer comentarios constructivos al candidato; y deberá hacerlo de manera clara, respetuosa y sensible. Es una cuestión de comportamiento ético y de transparencia. Es importante que el candidato comprenda por qué no ha sido aceptado.

Las razones pueden estar basadas en evidencias como:

* Hay en el grupo algunas personas que están involucradas en la misma actividad que él, por lo que podría producirse una competencia perjudicial entre los miembros del grupo.

* El grupo decide que está completo tal como está, y por lo tanto, no desea incorporar ningún nuevo miembro.

* El proyecto del candidato puede no parecer lo suficientemente desafiante o ambicioso.

* El facilitador puede haber percibido la personalidad del candidato, como no compatible con las de los otros miembros.

* U otras razones basadas en otro tipo de evidencias.

El facilitador puede proponer que el candidato o participante rechazado se una a otro grupo de otros facilitadores, o que se una a uno de sus otros grupos si el mismo lidera varios.

El facilitador informará al grupo sobre las decisiones que se han tomado: sobre el rechazo de ciertos candidatos, la salida de ciertos participantes y sobre aquellos a quienes se les ha permitido unirse.

Esta información debe ser seguida por un proceso de inclusión para la nueva incorporación, o un proceso de cierre para la persona que va a dejar el grupo.

5.5 ¿Cuáles son los frenos para la participación a un Grupo Mastermind?

¡Hablando francamente, aquellos de nosotros que estamos en Grupos Mastermind somos fanáticos de ellos¡ Así que, cuando tenemos que abordar el tema de los frenos y bloqueos a la participación a un Mastermind, nos supone un enorme esfuerzo. Hemos necesitado recordar las respuestas de personas que nunca imaginaron que participarían en un Grupo Mastermind.

Es que los beneficios que provienen de la participación a un Mastermind nos parecen tan obvios que, para nosotros, las objeciones en su contra, que van a leer en las líneas siguientes, pesan muy poco en comparación. Eso no quiere decir que algunas de ellas no sean perfectamente fundamentadas. Solo que, en lo que a nosotros respecta, ¡el mayor riesgo de participar a un Mastermind es el de que vayamos a tener éxito aún más rápidamente!

Hemos identificado cuatro tipos de dudas que dificultan la participación en un Grupo Mastermind. Las personas que deciden que no hay manera de que se involucren en uno están sujetos a los siguientes cuatro tipos de duda:

1 - **Dudas en relación con el grupo**: es decir que el participante puede tener miedo de ser juzgado, de comprometerse a tomar acciones, de ser confrontado, o miedo al grupo debido a desconfianza al ser confrontado por personas que no conoce...

2 - **Dudas sobre el método**: es decir, sobre su valor añadido, su retorno sobre la inversión, su pertinencia, que a menudo son debidas a representaciones erróneas del Mastermind, o a cierta falta de información sobre ello.

3 - **Dudas sobre el facilitador**: es decir, sobre su credibilidad, competencia o ética personal.

4 - **Dudas relacionadas con uno mismo**: es decir, sobre su disponibilidad, su nivel adecuado de compromiso, los medios financieros necesarios para participar, su deseo y capacidad de aprender o una insuficiente autoestima.

A continuación ofrecemos algunas respuestas a esas dudas. Representan la columna vertebral del contacto inicial con un futuro participante. Y si es necesario, como facilitador, debe ser capaz de tranquilizar a la persona que se ha puesto en contacto con usted.

ENCUESTA DE AUTOEVALUACIÓN:
¿ESTOY LISTO PARA PARTICIPAR EN UN GRUPO MASTERMIND?

La siguiente es una encuesta de autoevaluación. Le ayudará a determinar si es un candidato adecuado para unirse a un Grupo Mastermind como participante. Califíquese de 1 a 9: (1 = nivel muy bajo y 9 = totalmente de acuerdo):

1 – Me temo que lo que se diga, no se quede en el Grupo Mastermind y dañe la imagen de mi empresa.

    1   2   3   4   5   6   7   8   9

2 – Tengo miedo de sentirme vulnerable mientras estoy frente al grupo (es decir, tengo miedo de hablar sobre mis dudas, mis errores. Tengo miedo de ser juzgado y de la forma en que los demás me mirarán).

    1   2   3   4   5   6   7   8   9

3 – Temo que alguien me robe mis ideas (confianza).

    1   2   3   4   5   6   7   8   9

4 – Temo que pueda perder el tiempo / Me temo que el grupo me llegue a ocupar demasiado tiempo.

    1   2   3   4   5   6   7   8   9

5 – Me temo que cueste demasiado caro.

    1   2   3   4   5   6   7   8   9

6 – Me temo que no pueda cumplir con mis compromisos

    1   2   3   4   5   6   7   8   9

7 – Me temo que podría no aprender mucho.

    1   2   3   4   5   6   7   8   9

8 – Temo dispersarme demasiado ya que pertenezco a otros grupos (por ejemplo, asociaciones para empresarios, Club Agile, CJD, Germe…).

    1   2   3   4   5   6   7   8   9

9 – Me temo que aportaré más de lo que obtendré de él.

    1   2   3   4   5   6   7   8   9

10 – Me temo que el trabajo involucrado pueda ser demasiado parecido a una terapia.

1   2   3   4   5   6   7   8   9

11 – Temo que este grupo termine siendo otro tipo más de entrenamiento no muy útil.

1   2   3   4   5   6   7   8   9

12 – Temo que personas que no están familiarizadas con mi actividad empresarial no puedan ayudarme.

1   2   3   4   5   6   7   8   9

13 – El grupo me recuerda a algo así como "Alcohólicos Anónimos".

1   2   3   4   5   6   7   8   9

14 – Me temo que el grupo no sirva para nada porque al final, uno no cambia...

1   2   3   4   5   6   7   8   9

15 – Me temo que sea simplemente otro truco de consultor, simplemente otro método nuevo.

1   2   3   4   5   6   7   8   9

16 – Temo no tener las habilidades adecuadas para participar.

1   2   3   4   5   6   7   8   9

Hemos encontrado respuestas a estos bloqueos. Esperamos que aporten la suficiente seguridad a los que estén indecisos, por lo que pueden permitirse al menos probar la experiencia de un Mastermind.

1 – Me temo que lo que se diga, no se quede en el Grupo Mastermind y dañe la imagen de mi empresa.

La confidencialidad es una de las cosas que se supone que los participantes deben observar. Es parte del encuadre del trabajo del grupo; cada persona debe aceptarlo por escrito. Ocurre muy raramente, pero si uno de los miembros no respeta la obligación de guardar la confidencialidad de lo que se comparte en el grupo, dicho miembro termina siendo excluido del grupo.

2 - Temo sentirme vulnerable mientras este frente al grupo.

La confianza y la capacidad de preocuparse por los demás son cualidades que se necesitan para unirse a un Grupo Mastermind. Reflejan la mentalidad que sus participantes deben tener. El facilitador debe garantizar eso. El proceso de selección le permite buscar ese tipo de participantes. El facilitador debe prestar mucha atención a eso. Algunos otros participantes, con toda probabilidad, tendrán el mismo tipo de miedo, por lo que será posible que todos crezcan juntos, cuando se trata de eso. Es importante que el facilitador tranquilice a la persona que aspira a ser miembro declarando que los otros participantes están en el mismo barco.

3 - Temo que alguien me robe mis ideas (confianza).

La capacidad de confiar forma parte de los criterios de selección para pertenecer a un Grupo Mastermind. El proceso de selección de los candidatos permite al facilitador elegir personas que no estén involucradas en demasiadas actividades grupales a la vez. Sin embargo, ninguna idea puede estar completamente protegida. Solo tiene valor cuando se convierte en algo concreto. Exponer sus ideas a otros participantes permitirá mejorar y ser más efectivos después de que se lleven a cabo. Las ideas nos llegan a nosotros y a otras personas a través de intercambios que promueven la inteligencia colectiva. Una idea crece mejor en las mentes en las que no se creó en primer lugar. Por lo tanto, tenemos un interés completo y total en hacer uso de la inteligencia colectiva, que es el proceso primario principal, para que nuestras ideas puedan crecer, aprovechando la forma en que resuenan con el resto de los participantes. El desarrollo de ideas requiere confianza entre los miembros de Mastermind.

En un Grupo Mastermind, "si dos personas tienen un dólar cada una e intercambian sus dólares, a cada una de ellas le sigue quedando solo un dólar. Si dos personas intercambian sus ideas, cada una de ellas se quedará con al menos dos ideas". Entonces, cierto es que uno no puede proteger una idea. Sin embargo, un facilitador puede proponer que los participantes firmen un acuerdo de confidencialidad que cubra los proyectos que el grupo vaya a abordar.

El intercambio de ideas les da a los miembros la oportunidad de ver cómo resuenan con las opiniones del resto del grupo. Así es como pueden surgir más y nuevas ideas; ideas que serán aún más poderosas. Una idea solo es poderosa cuando se implementa; guardarla en el fondo de un cajón no beneficia a nadie ni a nada en absoluto.

La confidencialidad y la confianza son dos elementos clave cuando se busca la emergencia de ideas brillantes. ¡Depende del facilitador garantizar que estos dos factores clave estén afianzados!

4 - *Temo que pueda perder el tiempo / Me temo que el grupo me llegue a ocupar demasiado tiempo.*

Todos los participantes comparten inquietudes sobre la cantidad de tiempo que se dedica al grupo, ya que cada uno quiere que las sesiones sean realmente eficaces. Pero ese compromiso de tiempo pasa a ser uno de los componentes que hace que el Mastermind tenga éxito. El marco de tiempo para las sesiones Mastermind compartidas desde el principio. Cada participante conoce el número de reuniones que se llevarán a cabo y en qué momentos, y tiene que comprometerse a llegar a tiempo a dichas reuniones. El facilitador garantiza que el grupo se llevará a cabo dentro de este marco temporal, que puede modificarse si esto es lo que desea la mayoría de los participantes. Todo se lleva a cabo para que las reuniones se ajusten perfectamente a la agenda. El objetivo del Grupo Mastermind es ser eficiente. Un principio importante, cuando se trata de eficiencia, es que uno tiene que saber "desperdiciar" (o más bien, invertir) algo de su tiempo para obtener mejores resultados después.

Los formatos que hemos propuesto permiten que las reuniones se planifiquen y se incluyan en el cronograma del grupo con mucha antelación. El trabajo a realizar tiene que ver con los proyectos o situaciones profesionales de los participantes. En lo que respecta a los asuntos comerciales del facilitador del grupo, la experiencia del Grupo Mastermind le ofrece la oportunidad de atenderlos; o sea, el grupo también es útil para su propio proyecto. Paradójicamente, distanciarse de los propios problemas hace que sea más eficaz a la hora de atender las necesidades de los demás. Pero eso le permite al facilitador desarrollar, aún más, su identidad como líder. Algunas reuniones se realizan *online*, lo que significa que no representan una carga excesiva en términos de horarios. Las reuniones Mastermind deben ser administradas como otras reuniones profesionales. El tiempo es invertido, no desperdiciado. El tiempo invertido le prepara a uno para el futuro. Participar en un Grupo Mastermind permite avanzar a lo largo de un nuevo camino para que uno pueda dar un gran salto. También le permite alejarse, con la ayuda de sus pares, y ver dónde podrían estar los accesos más directos hacia su éxito.

5 - *Me temo que cueste demasiado caro.*

Todo depende de con que esté comparando su Mastermind y de lo que espera obtener de él. Si su participación le permite aprender, ganar tiempo, tener acceso a información a la que de otra manera no tendría acceso, avanzar un paso más o incluso dar un gran salto, entonces el coste probablemente no le parezca tan alto. Además, una tarifa alta tiende a provocar una mayor implicación de los participantes. Un Mastermind no debería considerarse como un gasto sino como una inversión. Es la oportunidad para acelerar el logro de su éxito y de los resultados deseados. Permite que uno se aleje y vea su situación desde otro lugar.

La mayoría de los facilitadores permiten a los participantes potenciales asistir a una reunión de prueba para que puedan identificar cómo funciona el Grupo Mastermind. Este período de prueba facilita que cada participante tenga la oportunidad de formar su propia opinión sobre la relación coste-eficacia de su incorporación en el grupo. También será beneficioso preguntar a los demás miembros qué obtienen de su participación. ¿Por qué vuelven? ¿Es por el dinero que han pagado?

6 - Me temo que no pueda cumplir con mis compromisos.

El propósito de los procesos Mastermind es ayudar a los participantes a cumplir con sus compromisos. Es importante medir realmente la capacidad de un miembro para comprometerse, no solo para usted, sino también para el grupo, que está allí para ayudar a sus miembros a tener éxito, de una manera afectuosa y cercana pero sin ninguna complacencia.

7 - Me temo que no aprenda mucho.

¿Puede uno realmente creer que, en este mundo, que cambia constantemente, uno NO puede permitirse asimilar nuevos conocimientos y luego tener una visión que es única? Hoy en día, las empresas necesitan innovar; ¡y la innovación, por definición, se refiere a algo que uno nunca ha sabido! Einstein dijo que la imaginación es más importante que el conocimiento. Eso es aún más cierto hoy. Un Grupo Mastermind no es un lugar para entrenamiento; en cambio, es una nueva forma de usar varias mentes para que cada participante pueda servirse y para que cada persona se mueva en la dirección de su objetivo declarado. Sin embargo, una persona que realmente piensa que sabe más que los demás quizás no deba estar en un Grupo Mastermind, ya que en el grupo los compañeros saben tanto como el otro participante.

8 - Temo dispersarme demasiado, ya que pertenezco a otros grupos (por ejemplo, asociaciones para empresarios, Club Agile, CJD, Germe …)

Estos grupos y asociaciones también extienden su oferta de servicios de una manera que emplea principios que se parecen más a los de la inteligencia colectiva, y menos a los de la formación. Usan, por ejemplo, grupos de codesarrollo y, en muy poco tiempo, sus miembros pueden involucrarse en Grupos Mastermind. Sigue participando en esos otros grupos. El Grupo Mastermind no compite con ellos, los complementa.

En el momento de una de nuestras entrevistas, un gerente dudaba sobre el valor añadido del Grupo Mastermind porque ya estaba trabajando con un coach que le ayudaba con sus proyectos empresariales. Esto es lo que dijo: "Aparecí con mi problema, pensando que lo había visto desde todos los ángulos posibles. Solo quería una opinión externa sobre las diferentes soluciones que se me habían ocurrido. Estaba realmente impresionado por la alta calidad de las opiniones y la pertinencia de los consejos, que me ofrecieron mis compañeros, que los habían experimentado a través de sus experiencias personales. Me quito el sombrero por haber encontrado una nueva solución para mí, lo cual me parece ahora tan obvio".

9 - Me temo que aportaré más de lo que obtendré de él.

Efectivamente, a veces vemos personas que realmente dan mucho y a cambio piden muy poco. Sin embargo, el facilitador está allí para mantener un equilibrio entre las contribuciones y las ganancias para cada participante. Puede evaluar la satisfacción de los participantes y, si es necesario, presentar el problema al grupo para que pueda tomar posición y reconsiderar su funcionamiento en este sentido. Por lo tanto, debe sentirse libre de compartir su sentimiento tanto con el facilitador como con el grupo. El facilitador se esfuerza para asegurar que el estado de cada participante sea similar, de modo que cada uno de ellos pueda obtener el apoyo que le resulte lo suficientemente poderoso para que esté plenamente satisfecho con el valor añadido recibido.

10 - Me temo que se parezca demasiado a una terapia. No quiero "desnudarme" frente a todos.

Un Grupo Mastermind no tiene absolutamente nada que ver con la terapia psicológica; no tiene nada que ver con desnudar el alma frente a todos los demás. Si te unes a un Grupo Mastermind, eso significa que debes estar preparado para enfrentarte a nuevas ideas. Las personas están allí porque están interesados en su futuro, no por lo que sucedió en el pasado, que es el caso de una terapia. Un Grupo Mastermind está interesado, en una palabra, en "cómo" (una orientación hacia el futuro) y no en "por qué" (una orientación hacia el pasado). Un Mastermind no se asemeja en nada a un grupo de terapia. Es un proceso donde los compañeros discuten los casos como iguales. No juzgar es una de sus reglas fundamentales. Por otro lado, los participantes deben tener una mente lo suficientemente abierta para que puedan dar, recibir y solicitar comentarios constructivos, útiles y, a veces, incluso removedores. De todos modos, ¿cómo puede uno progresar y modificar su proyecto si lo único que oye es lo que quiere escuchar?

11 - Me temo que este grupo podría terminar siendo otro tipo más de entrenamiento no muy útil.

El mayor problema que se encuentra con los grupos de entrenamiento es que miran las cosas de una manera restringida e inflexible. Cuando el entrenamiento continúa, muchas personas terminan diciéndose a sí mismos, "pero no funciona de esa manera para mí". El Grupo Mastermind no es en absoluto como un grupo de entrenamiento. Los participantes en un Mastermind son practicantes que comparten sus experiencias, éxitos y errores; aportan consejos y puntos de vista externos. Es algo muy diferente a los grupos de entrenamiento y por eso aporta un verdadero valor añadido para los líderes empresariales. El Grupo Mastermind enfatiza soluciones personales y prácticas.

12 - Temo que personas que no están familiarizadas con mi actividad empresarial no puedan ayudarme.

Es precisamente esta diversidad la que contribuye al alto valor añadido del Grupo Mastermind. Cada persona comparte su visión, vivencia, área de experiencia y diferente red de contactos... El grupo nunca enfocará temas específicos de la profesión de un participante, sino procesos que son comunes a todas las empresas, el cómo se está llevando a cabo el proyecto y el desarrollo del liderazgo empresarial.

13 - Me recuerda a algo así como "Alcohólicos Anónimos".

Los grupos de Alcohólicos Anónimos han existido desde 1935. Fueron creados debido a la necesidad de compartir experiencias similares y de superar sus propias dificultades, específicamente aquellas que tienen que ver con la abstención del alcohol, un desafío verdaderamente formidable. Su método, en parte basado en la corresponsabilidad, la ayuda mutua, el compromiso emocional y el poder del grupo, ha demostrado ser muy efectivo. Entonces respetamos esa venerable institución. Pero no... Un Grupo Mastermind no se parece en nada a un grupo de Alcohólicos Anónimos. Sería más bien Líderes Unidos para crear un Mundo Mejor.

14 - Me temo que el grupo no sirva para nada porque al final, uno no cambia...

Cierto, sin embargo uno puede añadir más cuerdas a su arco para aumentar su abanico de opciones con las que poder jugar. A pesar de que el mastermindiano todavía tiene el mismo arco, tiene muchas más posibilidades para lograr mejores resultados. Tiene que ver con abrir su mente y percibir otros puntos de vista, pensar en su visión del mundo de otra manera, etc. Es una ventaja estratégica real. Pero si alguien realmente piensa que uno no va a cambiar pase lo que pase, entonces el Mastermind no está hecho para él. Uno de los prerrequisitos para participar en un Grupo Mastermind es que uno tiene que estar convencido de que puede progresar rápidamente, de que puede crecer personal y profesionalmente, al estar en contacto con los demás miembros del grupo, y al aceptar cuestionarse a sí mismo.

15 - Me temo que sea simplemente otro truco de consultor, simplemente otro método nuevo.

Se dijo lo mismo del *coaching* empresarial. Hoy en día, el *coaching* está sólidamente anclado en las prácticas de gerentes, empresarios y líderes. El Grupo Mastermind es un proceso que fue descrito por Napoleon Hill en 1920. Es un proceso que ha demostrado ser efectivo.

No creemos que los Grupos Mastermind sean solo otro método más, ya que responden a una gran cantidad de problemas, utilizando los principios, que apenas han sido explotados, de la inteligencia colectiva. Uno progresa más rápidamente cuando trabaja solo (*coaching*) pero va más lejos cuando trabaja con otros (*coaching* colectivo / Grupos Mastermind).

16 – Temo no tener las habilidades adecuadas para participar.

Los habilidades que uno debería tener para participar en un Grupo Mastermind son aquellas esencialmente humanas: el deseo de ayudar a los compañeros, la actitud positiva frente a la vida y a sus desafíos, la voluntad de asumir retos ambiciosos, el respeto por los demás, el sentido común, la capacidad de cuestionarse ... todas las demás habilidades técnicas se irán aprendiendo y un Grupo Mastermind es precisamente un muy buen lugar para aprenderlas, a través del ejemplo y de las acciones de los demás participantes. Además, la falta de habilidades en ciertas áreas le permite a uno hacer preguntas directas y sinceras a expertos sobre un tema específico, lo que le generará progreso en esa área. Estas preguntas permiten al experto reformular, sintetizar y hacer sus demostraciones de forma más sencilla, y al mismo tiempo más poderosa. Einstein dijo que si alguien realmente ha entendido algo, debería poder explicarlo a un niño de seis años.

Cuando te enfrentas a esas dudas por parte de candidatos a pertenecer a tu Grupo Mastermind:

- Dudas sobre el grupo, el facilitador y el método

Dele toda la información a la persona que le está planteando estas preguntas, tan claramente como le sea posible, aportándole la mayor seguridad sobre el encuadre y la estructura del Grupo Mastermind que protege y compromete a cada participante, como lo hará con él también. Lo más fácil es hablar con él sobre todo ello.

- Dudas hacia uno mismo

No obligue a la persona a participar en el grupo, especialmente si, después de toda la información que ha compartido con él, todavía duda de sí mismo en cuanto a su disponibilidad y a su deseo o capacidad de aprender de la experiencia. Recuerde que él es el experto en lo que respecta a su propia vida y que sabe lo que es apropiado en su caso; él sabrá si es el momento adecuado para unirse. Querer que se una al grupo a toda costa podría resultar muy contraproducente y podrían, más adelante, convertirse en una carga para todo el grupo.

Podría parecer que estamos describiendo los Grupos Mastermind como si fueran una especie de panacea, la solución definitiva para cada problema, una "varita mágica". Eso, obviamente, no es así, y digamos, con toda franqueza, que algunos grupos Mastermind no funcionan y no sobreviven a sus primeros meses de existencia. La razón habitual es la falta de experiencia por parte del facilitador cuando se trata de gestionar la dinámica grupal, de generar confianza, facilitar la comunicación y crear un campo generativo entre todos los participantes.

El grupo no podrá funcionar si el facilitador no sabe tratar de una manera positiva con diferentes personalidades y situaciones difíciles; si acepta mantener a las personas que ya no tienen su lugar en el grupo; si no mantiene un alto nivel de valor añadido, de tensión creativa, a lo largo de la sesión grupal; si no crea suficientes instancias para que los participantes pasen a la acción, o no mantiene una estructura grupal lo suficientemente clara, o una visión lo suficientemente ambiciosa. Puede que a veces no esté suficientemente comprometido para servir los intereses de los miembros, o simplemente no esté lo suficientemente receptivo. La capacidad generativa del grupo disminuye cuando los miembros no tienen claro el significado y las implicaciones de su participación en el grupo.

5.7 Testimonios: Lo que dicen los participantes

Al mismo tiempo que hemos estado escribiendo este libro, hemos realizado entrevistas en diferentes lugares del mundo, dando a seis gerentes de negocios la oportunidad de estar en nuestro Grupo Mastermind con el objetivo de que puedan aportar sus comentarios.

Asimismo, en noviembre de 2016, en el cuarto congreso sobre inteligencia colectiva, en Aviñón, 33 participantes asistieron a nuestro taller Mastermind para que pudieran experimentar una sesión de "Hot seat" durante una hora.

Vamos ahora a compartir sus comentarios con usted.

Para los consultores es fácil entusiasmarse con nuevas herramientas que parecen prometedoras. El riesgo es que podamos desconectarnos de la necesidad del cliente y de las personas a las cuales nos dirigimos. Por ello, tomamos la iniciativa de hacer vivir esta experiencia y recoger las reacciones de participantes para confirmar que lo que vivimos en nuestro Grupo Mastermind también encuentra eco en los demás.

Una Propuesta

La propuesta, para los gerentes, era que ellos participaran en la experiencia del Grupo Mastermind dos veces, durante tres horas a la vez, espaciadas en tres semanas, concentrándose solo en la experiencia de "Hot seat". Fue exactamente lo mismo para el taller, parte de la conferencia de inteligencia colectiva, excepto que la experiencia tuvo lugar una sola vez y solo durante una hora.

Lanzamiento de la sesión

Para los 6 gerentes

De los seis gerentes que fueron invitados, solo cuatro aceptaron vivir la experiencia del Grupo Mastermind. Uno de ellos no estaba interesado; otro solo estaba disponible en una de las dos fechas. Y, para la pequeña historia, después de la primera tarde de Mastermind, los otros cuatro gerentes expresaron el deseo de continuar solo con ellos cuatro ya que algo bueno había sucedido entre ellos, y por lo que les pareció que sería difícil incorporar a una nueva persona después de esa primera tarde de trabajo (eso fue interesante para nosotros que siempre reflexionamos en cómo incorporar a nuevos miembros en grupos Mastermind). Tres de los cuatro gerentes se sentaron en el "Hot seat" durante aproximadamente una hora y media; solo uno tuvo la oportunidad de presentar dos veces su desafío, una en la primera sesión, y luego lo hizo, en la segunda sesión ya que había evolucionado su situación y el grupo decidió privilegiar su caso.

Para el taller de Mastermind en Aviñón

Creamos, con los 33 participantes, tres círculos de 11 personas cada uno. Cada círculo se reunió alrededor de alguien que había aceptado nuestra propuesta de presentar su caso y que había sido designado para ocupar el "Hot seat". Hablar de un problema personal real delante de 11 personas que acabas de conocer parecía una situación complicada para nuestro taller. Esperen a ver los resultados logrados.

Testimonios (por razones de confidencialidad, hemos cambiado los nombres de los participantes)

Para los gerentes (contactado por correo electrónico en frío)

Después de la primera sesión de tres horas

"Aparecí con mi problema, pensando que ya lo había visto desde todos los ángulos posibles. Todo lo que quería era una opinión externa sobre las diferentes soluciones que había propuesto. A cambio, quedé realmente impresionado por la alta calidad de las opiniones y por la pertinencia de los consejos que mis compañeros. Me quito el sombrero por haber encontrado una nueva solución para mí, que me parece ahora tan obvia esta tarde. Además del placer que obtuve de los intercambios compartidos sobre los dos temas, les agradezco sinceramente a los tres por la inestimable ayuda que me brindaron. Yo, seguro, no perdí el tiempo esa tarde..."

"La experiencia de esa tarde confirma, para mí, cómo podemos todos ganar tanto cuando nos abrimos unos a otros, cuando hay confianza y respeto. Nuestra labor es una gran tarea y conlleva una enorme responsabilidad".

"Es una profesión que me infundía miedo porque parecía solitaria y propicia a generar excesos de poder y de ego. Estoy aprendiendo, junto con vosotros y con otros, que cuando se va de la mano con humildad, apertura de mente y un tipo de conciencia alerta, se abre un camino hermoso en la vida. Estoy convencido de que necesitamos este tipo de respeto mutuo para poder salir de los surcos en los que cada uno de nosotros se empantana, y así poder ganar energía y fuerza. Estoy muy contento de haber compartido este momento con vosotros, y me alegro con la idea de nuestra próxima reunión, a pesar de que habeis puesto el listón muy alto".

"... Estoy muy feliz con esta experiencia, vivida un paréntesis tranquilo, durante el cual busqué la consulta en relación a un tema que, a mis ojos, debería haber sido menor, pero que, a pesar mío, me ha atropellado como un maremoto. Al principio, me sorprendió la seriedad de vuestra escucha y la importancia que le habéis prestado a la dificultad muy personal que sentí por tener que tomar una decisión. Al final me noté confortada por la diversidad de vuestras aportaciones pertinentes, ideas concretas y finalmente accesibles".

"El tipo de estructura fraternal del grupo, aunque no se presta a la complacencia, ha sido extremadamente importante. He vuelto sintiéndome más ligero, pero también con una buena dosis de determinación. Gracias a cada uno de vosotros por ello".

"Fue una gran tarde. Hacía un poco de frío en la sala, ¡pero qué calor había en el grupo! La inteligencia colectiva logra todo su sentido después de lo que sucedió aquí. Gracias por la confianza compartida; Creo que esta experiencia también nos ha acercado un poco más el uno al otro. ¡Bravo! El listón es alto, pero debido a los intercambios tranquilizadores y constructivos, estoy (casi) sin miedo para nuestra próxima reunión..."

Después de la segunda sesión de tres horas (final de la experiencia)

Aquí está la síntesis de las respuestas de los participantes en el "Hot seat".

En tres palabras, ¿qué beneficios has obtenido de tu participación en el Grupo Mastermind?

* *Una sensación de impulso, vinculación, experimentación.*
* *La capacidad de confiar en los demás, el valor y la confianza en mí mismo.*
* *Consejos, confianza e intercambios*
* *Intercambios tranquilos, deseo de ayudar a los demás, confianza entre pares.*

¿Qué notaste mientras estabas en el grupo?

* *La pertinencia de los consejos.*
* *El deseo compartido de estar allí para los demás.*
* *La sinceridad de mis tres cómplices.*
* *La capacidad que todos teníamos para quedarnos encerrados en nuestras zonas de confort, incluso cuando son realmente incómodas.*
* *La necesidad de salir de nuestro propio marco.*
* *La fuerza del colectivo.*
* *La dificultad de mantener la distancia adecuada cuando uno se enfrenta solo a su problema o con personas también involucradas en él.*
* *La capacidad de cada uno para ayudar y movilizarse para dar consejos con extremo cuidado.*
* *La delicadeza con la que el grupo analizó mi problema. Mi inten-*

to era presentar un problema que, a primera vista, podía parecer algo hipersensible, o incluso insulso o aburrido. No escuché a nadie juzgarme, ni mucho menos. El resumen que dieron los tres de mi problema me ha emocionado mucho.

¿Cómo deberían progresar las cosas? ¿Y cuáles son sus recomendaciones para llevar al grupo a un nivel superior?

* *Seguir con la experiencia.*

* *No lo sé. Cada etapa realmente me deja atónito. Nunca llego muy motivado. Pero salgo de esta experiencia súper convencido, y en plena forma, mentalmente hablando.*

* *No cambiar nada: parece que un facilitador es necesario, así como un grupo de personas con las que uno se sienta en confianza.*

* *Pasas más veces por el Hot seat... Y por qué no seguir con nuevas actividades.*

Comparte tres palabras que describan tu experiencia

* *Enriquecedora, cálida, tranquilizadora.*

* *Inspiradora, cálida, eficaz.*

* *Desestabilizadora, útil, despeja el aire.*

* *¡Asombrosa! Siento que ya no estoy solo, sinceridad.*

Según usted, ¿qué cualidades necesita tener una persona para formar parte de un Grupo Mastermind?

* *Debería estar involucrado, sincero, sin prejuicios, y con humildad.*

* *Debe mostrar respeto por los demás, ser altruista, así como tener experiencia.*

* *Debe ser transparente, confiar en los demás en el grupo y tener la mente abierta.*

* *Debería tener una gran confianza en los demás miembros, ser transparente y tener el deseo de compartir.*

¿Cuál, según usted, sería la frecuencia ideal y la duración de un Grupo Mastermind?

* *9 meses, con una reunión cada seis semanas.*

* *No tengo idea. Me parece que 2 reuniones ya son un gran compromiso. Dicho esto, ya hemos previsto volver a vernos.*

- * 6 tardes, durante un período de 9 meses, y luego posiblemente comience nuevamente otro ciclo.

- * Cada 2 o 3 meses...

Considerando el valor añadido experimentado, la frecuencia y la duración ¿cuál estima debería ser el precio para participar en un Grupo Mastermind?

- * No tengo idea.

- * 1.000,-€ / medio día, que se divida entre los miembros del grupo.

- * No tengo ni idea, más aún porque solo hemos experimentado una pequeña parte del Mastermind...

Según usted, en tres palabras, ¿Cuál es el papel del facilitador en un Grupo Mastermind?

- * *Tranquilizar, estimular a los miembros, volver a centrar, contener, proponer soluciones para avanzar (y ya son más que tres palabras)*

- * *Dar seguridad, volver a centrar, aconsejar.*

- * *Mantener el encuadre del grupo, reenfocar a los miembros, maximizar el éxito de la experiencia.*

Las siguientes son las palabras de los participantes que participaron en el Taller en el Congreso sobre Inteligencia Colectiva, después de que cada uno de ellos pasó por la experiencia de "Hot seat".

¿Qué puedes decirnos sobre tu experiencia en el "Hot seat"? ¿Cómo te sientes al respecto?

"Primero, quiero expresar mi gran gratitud por haber obtenido tanto e incluso por lo que parecía mucho amor. Sentí que estaba siendo muy cuidado. Eso realmente te da mucha confianza para que puedas decir ciertas cosas que de otra manera no podrías decir. Es poderoso; uno recibe muchas soluciones y muchos temas se vuelven más fáciles. Hay cosas que realmente nos llegan y luego terminas preguntándote cómo no lo habías pensado antes. Muchas cosas resuenan. Sentimos que estamos rodeados de muchos recursos y ayuda, y eso da confianza. Eso nos da también el deseo de actuar. Realmente obtienes mucho: por lo general, uno no recibe tanto cuidado ni consejos. Uno no sabe cómo podría expresar su agradecimiento a los demás. Creo que cuando a uno le toca estar en la posición de dar un consejo, quiere devolver tanto como ha recibido y quiere que el otro tenga tanto éxito como él ha

tenido. Ese es el principio del Mastermind. Tiene que ver con tener una armonía total en el grupo. Y cuando uno experimenta eso, es realmente una fuerza, una energía y un apoyo muy especial".

"Es una experiencia increíble, emocional y constructiva. Recibí, en relación con el tema que me preocupaba, en un tiempo récord, y de una manera muy pertinente, información y una cierta cantidad de estímulos emocionales que me afectaron mucho. Fue como una colección de emociones, ideas, sugerencias y razonamientos que me llevaron a hacerme preguntas una y otra vez. Obtuve una gran cantidad de beneficios de todo eso; la pertinencia de esto y cuán rápido se lograron las cosas, realmente me sorprendió. Lo que es realmente asombroso es la forma en que las personas reaccionaron, hicieron preguntas y cuando expresaron sus reacciones. Cada vez, todo eso provenía de personas que no me conocían pero que, sin embargo, reflejaban, de una manera totalmente pertinente, una faceta mía. No solo era pertinente, sino que se expresaba de una manera que era amable y sin ninguna complacencia. Es como un cóctel que no podría describir de otra manera que diciendo que está a mitad de camino entre el pensamiento, el sentimiento, la intuición y las sensaciones ".

Mi experiencia del Hot seat fue la demostración de que esa vivencia es tan nutritiva para la persona que se sienta en el Hot seat como para los que le acogen. Me hizo sentir muy tranquilo, muy creativo, el ver esa estructura creativa, que parecía ligera y sólida a la vez. Te vas con ideas, con sensaciones. Las personas que están allí están dispuestas a llevarte a hombros a medida que avanzas en tu camino. Creo que puede removerte, por supuesto, puede sacudirte... Pero para eso estás allí ".

"En muy poco tiempo, porque solo se dispone de una hora, descubres todo el poder real del método Mastermind. Es una forma de mejorar, en muchos aspectos, el proyecto que se ha presentado, y que, como resultado, se puede poner en tela de juicio, para que otros puedan dar consejos, y luego se pueden abrir nuevos caminos... El individuo en cuestión, naturalmente, nos presentó su proyecto, y tuvimos siete minutos para bombardearlo con preguntas. Pasó rápido. Tuvimos suficiente tiempo para llegar al fondo de las cosas. Todos queríamos estar en el Love seat, porque también queríamos beneficiarnos de las preguntas de los demás sobre nuestros propios proyectos ".

Capítulo 6

¿Qué factores clave conducen al éxito de un Grupo Mastermind?

Mirando la formación de un Grupo Mastermind desde una perspectiva sistémica, vemos que muchos factores entran en juego cuando se lanza un grupo. Atender estos factores ayudará a los participantes a lo largo del proceso, para que puedan alcanzar, e incluso superar, los resultados que esperan del grupo.

Un Grupo Mastermind es una reunión única y especial. Si se espera que los participantes alcancen la excelencia, entonces esa intención debe reforzarse en cada paso del camino. Cuando el mensaje es coherente, el Grupo Mastermind se convierte en un caldo de cultivo para el aprendizaje y el éxito absolutamente deslumbrantes. Cada paso que se da, al participar a un Mastermind, debe considerarse como un evento en sí mismo. El éxito del grupo requiere una gran cantidad de trabajo por parte de todos.

Integrando lo que hemos aprendido en la formación "Facilitating Collective Intelligence" con Robert Dilts, leyendo numerosos artículos y participando a nuestro propio Grupo Mastermind, queremos compartir los elementos clave que, pensamos, garantizan el éxito de un Grupo Mastermind.

Tenga en cuenta que el éxito de tal Grupo viene, en particular, de su capacidad para crear un estado generativo. Esto requiere la participación total de todos los miembros para agrupar su poder mental. Eso debería conducir a la creación de un grupo que produce resultados que son "más grandes que la suma de sus partes".

Los Grupos Mastermind son una expresión de colaboración generativa. Las personas se reúnen con el propósito de crear o generar algo nuevo y, a menudo sorprendente, algo que excederá las capacidades individuales. Es algo similar a lo que ocurre cuando un átomo de oxígeno y dos de hidrógeno se unen para crear agua.

Sin embargo, existen numerosos factores negativos que pueden limitar el aprendizaje y la eficacia del grupo. Estos factores negativos reducen la capacidad de los participantes para ser más productivos, incluso cuando los miembros intentan trabajar juntos, lo que les hace funcionar por debajo de lo esperado.

Los siguientes factores limitantes provienen de un artículo, escrito por Dominique Oberlé, que apareció en la revista Cerveau et Psycho, edición de junio de 2016[1]. Identifica algunos de los bloqueos y obstáculos con los que el facilitador deberá familiarizarse para poder gestionarlos:

* El sesgo de la conformidad, que lleva a las personas a adoptar el punto de vista de la mayoría.

* La falta de un intercambio de información, por lo que solo una persona está en posesión del conocimiento clave.

* El sesgo de la confirmación, que hace que las personas seleccionen y se centren únicamente en partes de la totalidad de la información que se ha intercambiado, en función de lo cómodo que les hace sentir y de cuánto confirma su propia información.

---

[1] Oberlé, Dominque, *Les clés de l'intelligence collective-Comment bien raisonner ensemble*, *Cerveau et Psycho*, June 2016, No. 78., p.44.

La capacidad de los participantes de un grupo para reflexionar sobre sus propios bloqueos y obstáculos, de manera honesta y auténtica, a través del debate (y que ello no sea solo un compromiso débil), es necesaria para el surgimiento de decisiones colectivas inteligentes.

Incluso cuando los miembros no participan en el proceso de toma de decisiones colectivas, como cuando el grupo apoya a un participante en particular para actuar sobre algo que desea implementar, sigue siendo apropiado mantener esos sesgos en mente, ya que pueden afectar y frenar la capacidad del grupo.

Como resultado de nuestra experiencia, hemos identificado los siguientes cinco factores esenciales para el éxito de un grupo:

1. La "calidad" de los participantes.
2. El papel del facilitador.
3. Los campos relacionales y generativos del grupo.
4. La toma de acción.
5. Un marco estimulante y protector para el buen funcionamiento del grupo.

6.1 La "calidad" de los participantes

Como se mencionó anteriormente, la selección de los miembros es un paso crucial para garantizar el éxito de un Grupo Mastermind. Antes de formar su grupo, el facilitador debe reflexionar y definir un proceso claro y riguroso para dicha selección.

Paradójicamente, los participantes del grupo deben ser homogéneos en algunos aspectos y heterogéneos en otros para poder compartir, aprender, evolucionar y experimentar el crecimiento personal y profesional juntos. Por ejemplo, el grupo debe ser homogéneo con respecto a las aspiraciones, ambiciones y éxitos profesionales de cada miembro. Es importante que cada participante comparta estas intenciones para poder dar y recibir de los demás de manera efectiva. Debe sentir que su contribución es útil y que se está beneficiando de las contribuciones de los demás.

Como ejemplo, un joven promotor de sí mismo, con toda probabilidad, estará muy interesado en codearse con gerentes de negocios experimentados que son directores de compañías con ventas cifradas en decenas de millones. Sin embargo, es probable que los gerentes con experiencia no obtengan el mismo tipo de beneficios de la experiencia de ese joven.

Al mismo tiempo, el grupo debe ser lo suficientemente heterogéneo en cuanto a habilidades, trayectorias profesionales y marcos de referencia, para que haya diversidad real entre sus miembros. Bajo esas circunstancias, las personas se complementarán entre sí y se producirá una fertilización cruzada de ideas.

Nadie en el grupo debería estar todo el tiempo de acuerdo con todos los demás; cada individuo es responsable de sus propias decisiones y de llevar a cabo las acciones que conducen a su éxito. Reúne tantos pensamientos y propuestas de otros mastermindianos acerca de cómo él/ella podría querer actuar como él / ella puede. La diversidad de los puntos de vista de los participantes es esencial; conducirá a los participantes a mirar desde todos los ángulos, considerar todas las opciones y elegir aquellas que parezcan ofrecer la mayor promesa de éxito para él/ella.

La psicóloga Anita Woolley, de la Universidad Carnegie Mellon en Pittsburg, ha demostrado que los grupos que reúnen diversos estilos cognitivos son más efectivos que aquellos en los que las personalidades son muy similares. No es necesario contar con expertos para que un grupo alcance un alto nivel de desempeño y sea un ejemplo para otros. Pero es imperativo que el grupo reúna a personas curiosas, verdaderamente interesadas e implicadas en lo que está sucediendo, con diferentes tipos de conocimientos y siguiendo diferentes caminos personales y profesionales.

Los miembros del Grupo Mastermind pueden integrar diferentes perspectivas, desarrollar recursos e implementar nuevas estrategias confrontando sus diversas ideas. La complejidad de las situaciones a abordar para las que las personas se unen a un Grupo Mastermind requiere más tipos de conocimiento y habilidades que cualquier individuo poseerá jamás. Una gran cantidad de ideas complementarias surge al reunir varias mentes, creando una inteligencia verdaderamente colectiva que puede ayudar a todos en el grupo.

Ese tipo de diversidad es un factor positivo; pero también es un riesgo cuando uno lo piensa desde el punto de vista de diferentes personalidades. Es necesario que los miembros de un grupo tengan personalidades que sean al menos mínimamente compatibles. También necesitan compartir ciertos valores y principios que especificaremos en la sección "¿Cómo establecer el marco para operar un Grupo Mastermind?" (ver página 207).

Lo esencial para cada participante es estar completamente presente, aceptar que necesita revelarse como realmente es, compartir sus experiencias, recibir retroalimentación para que pueda progresar hacia sus metas, resultado de la variedad de perspectivas e ideas que ofrece el grupo.

En resumen, el facilitador debe concentrarse en construir un grupo que sea a la vez diverso y consistente entre sus miembros.

6.2 El papel del facilitador

Al igual que Otto Scharmer, a quien se le ocurrió la Theory U, ha señalado que el éxito de una intervención depende del estado interno del que lo está haciendo. esa suposición es ilustrativa del segundo elemento que es clave para el éxito de un Grupo Mastermind: el rol y la actitud del facilitador.

Cada Grupo Mastermind es único, sin duda por la singularidad de los miembros que lo componen, pero también por la personalidad y los objetivos del facilitador. Los dos últimos elementos le dan un color muy específico a su grupo.

Al igual que con todas las técnicas de soporte, las herramientas y los métodos son necesarios; pero el éxito del grupo y su carácter único dependen fundamentalmente de la consistencia del facilitador y de su forma de ser.

También es necesario que el facilitador tenga bien definidos su propia visión, objetivos, misión y rol para su Grupo Mastermind. Ella / Él debe tener claro el "por qué" de su grupo. Esto incluye lo que tiene la intención de aportar al grupo y a su entorno, y lo que quiere obtener para sí mismo. ¿Desea diversificar su actividad comercial, desarrollar una estrategia de ventas, permitir que terceros se beneficien de un método especializado, potente y de alto rendimiento? Hay tantos objetivos como facilitadores; Depende de cada uno de ellos decidir cuál es el suyo.

Ella / Él también necesita aclarar la finalidad de su Grupo Mastermind y a quién se dirige más específicamente. Por ejemplo, puede ser para mujeres que quieren romper el techo de cristal, jóvenes emprendedores que tienen al menos 30 años o gerentes que desean desarrollar sus negocios internacionalmente...

Si se supone que un Grupo Mastermind ofrece una plataforma donde todos sus miembros pueden alcanzar la excelencia, entonces esta intención debe darse como un mensaje claro y consistente desde el principio por parte de quien lo crea.

El facilitador debe ser consciente del tipo de impacto que tendrá y de cómo puede influir en el logro de los objetivos de los miembros de su grupo. Su actitud debe ser tan ejemplar y coherente como sea posible para que pueda motivar a cada uno de ellos a asumir una similar. Debe ser lo suficientemente atrevido como para ir más allá de sus propias creencias limitadoras y superar cualquier barrera que parezca una limitación.

La habilidad previa en la organización de actividades grupales o en el entrenamiento de equipos será, sin duda, una ventaja. Uno simplemente no puede improvisar cuando se trata de desempeñar este rol concreto.

Es necesario, desde nuestro punto de vista, ser entusiasta para infundir pasión y deseo a los demás, mostrar "amor" hacia otras personas, tener el deseo de contribuir a su progreso. También es importante creer en ellos y en su potencial sin por ello "hacer las cosas" en su lugar.

En efecto, las metas, los objetivos, los métodos implementados y las acciones que se llevan a cabo son todos de los miembros; el facilitador debe asegurarse constantemente de que no le quita su rol. En un Grupo Mastermind, el facilitador y los participantes son socios en la relación y en la acción.

El participante es responsable de su propio desarrollo y progreso, ya que interactúa consigo mismo y con todo el grupo; eso asegura que todos tengan un papel que garantice el progreso de cada persona. El facilitador es responsable de asegurar que el proceso se desarrolla sin problemas y de gestionar la membresía del grupo.

El apoyo ofrecido por el facilitador debe respaldar este compromiso mutuo. Dependiendo de la situación, debe ayudar a enfocar las interacciones del grupo, resumir y sintetizar las contribuciones de los miembros y volver a enfocar los intercambios. Debe permanecer lo más neutro y objetivo posible, y respetar totalmente la confidencialidad de los intercambios. Finalmente, tiene que actuar como árbitro mientras que, a la vez, permite la confrontación y el intercambio de modo que puedan surgir ideas y soluciones. Así es como los participantes pueden llevar a cabo acciones innovadoras.

Por lo tanto, el facilitador tiene una doble responsabilidad:

1. Una de naturaleza relacional, ya que promueve las interacciones humanas. Debe crear y mantener la motivación, la confianza y un clima de apertura en el que los miembros del grupo puedan abrirse. Esto último es fundamental para el logro del nivel de generatividad que diferenciará a los grupos de Mastermind de otros métodos de desarrollo profesional.

2. Otra, de naturaleza operacional, ya que establece métodos y crea procesos. El facilitador se asegura de que el proceso es fluido y supervisa cada paso. También se asegura de que el Grupo Mastermind dura todo el tiempo que se supone que debe hacerlo, incluso más allá de los encuentros en persona. Es esencial que los miembros inviertan tiempo y energía entre las reuniones. Con ese fin, el facilitador puede proponer algunas conferencias telefónicas y acceder a una plataforma colaborativa para que los miembros del grupo desarrollen un fuerte sentido de pertenencia y un sentimiento de solidaridad, que permita que cada persona pueda ser un recurso para los demás.

6.3 Campos relacionales y generativos

Sabemos que entre los elementos básicos que permiten el éxito de los equipos, el elemento humano es el más importante. Esto tiene que ver con la capacidad de los individuos para formar y mantener vínculos, para cooperar y multiplicar sinergias que permitan al equipo desarrollarse a un alto nivel.

J.S. Brown, un directivo de Rank Xerox, ilustra bastante bien esta idea: "Todo lo que se logra aquí es el resultado de la colaboración; eso es así en todo el mundo de la alta tecnología de hoy. Ya no hay más genios solitarios. Incluso Edison era el líder brillante de un equipo. Nosotros, en primer lugar, gestionamos el capital humano: las ideas no provienen de un solo cerebro, sino que son el resultado de un intercambio, una colaboración, en su sentido más profundo".

Estos mismos principios colaborativos obviamente se aplican al funcionamiento de los Grupos Mastermind. Es a través del reconocimiento de las diferencias mutuas y del refuerzo de la aptitud para identificar y aprovechar las sinergias, que los participantes podrán desarrollar un campo relacional y generativo de alto nivel entre ellos.

Esos campos dependen de tres factores que ya han sido explicados - resonancia, sinergia y emergencia-. Es con la combinación de estos tres fenómenos que se crea un campo generativo. Es a través de la calidad de las interacciones y de las relaciones entre las personas, que este campo se transforma en generativo y creativo; un campo lleno de posibilidades que están listas para convertirse en realidad.

La calidad de este campo es muy importante porque, si es alta, fortalece la colaboración generativa y permite que la inteligencia individual de los miembros del grupo se multiplique. Los talentos de ciertos individuos son un catalizador para desarrollar talentos en otros; las ideas rebotan entre sí, las soluciones aparecen en el horizonte, y el resultado final excede en gran medida al que los individuos podrían lograr trabajando por separado: "El todo es mayor que la suma de sus partes".

Chuck Steele, un ex entrenador del equipo de Baloncesto "los Piratas de Pittsburgh", confió lo siguiente a Daniel Goleman, un psicólogo PhD que enseña en Harvard: "Como matemático, siempre creí que el todo es igual a la suma de sus partes. Y cuando me convertí en entrenador, noté que el conjunto no es NUNCA igual a la suma de sus partes. Es más grande o no es tan grande, depende de cómo las personas que lo componen trabajen juntas ".

Entonces, ¿qué es lo que hace que un equipo o un grupo obtenga mejores resultados que solo la adición de sus miembros? ¿Qué le hace volverse más innovador y con un mayor rendimiento? ¿Qué le permite alcanzar el nivel más alto? Ciertos individuos como Napoleon Hill, Robert Dilts y Olivier Zara describen esta capacidad colectiva como un tipo de inteligencia superior que trasciende a los individuos, al mismo tiempo que respeta a cada individuo presente. Es como una inteligencia exponencial que nunca podría ser alcanzada por una sola persona.

Aplicado a un Grupo Mastermind, el compartir un objetivo colectivo crea un entorno que permite a los participantes recopilar información e ideas que nunca hubieran podido encontrar por sí mismos, a pesar de sus experiencias y habilidades individuales. Un tipo especial de creatividad, entonces, está en el trabajo entre los miembros. Además, no es tan raro que mastermindianos tengan la misma idea al mismo tiempo. La calidad de la comunicación y la escucha es más intensa y se desarrolla yendo más allá de las palabras. Eso va al corazón de lo que realmente está sucediendo.

La explicación de este fenómeno reside, para Daniel Goleman, en la naturaleza de las relaciones entre los miembros del grupo y de la química emocional que los une. Él dice que "un intelecto excelente y un talento técnico no hacen, por sí solos, un gran equipo". Continúa señalando: "Los grupos que se complacen en trabajar juntos, colaboradores que se aprecian entre sí, que saben bromear entre sí y compartir los buenos momentos, poseen un capital emocional que les permite no solo sobresalir durante los períodos cuando son prósperos, sino también pasan por fases difíciles. Los grupos que no se han dado cuenta o que no han podido establecer estos vínculos corren un mayor riesgo de parálisis, disfunción, e incluso de desintegración, si caen bajo presión".

Usando eso como punto de partida, uno puede entender la verdadera importancia de usar emociones de una manera eficaz durante una reunión Mastermind.

La palabra "emoción" proviene del latín motere, que significa "mover"; su primera letra, "e", es indicativa de "movimiento hacia el exterior". Entonces, hablando etimológicamente, las emociones no son sentimientos pasivos, sino que desencadenan el movimiento. Desafortunadamente, estando en la escuela, no nos enseñaron a reconocer y usar las emociones de la manera más efectiva posible, y la gestión positiva de las mismas no es todavía aceptada del todo en el mundo profesional. Todo lo contrario: a menudo se dice que las emociones son embarazosas, potencialmente dañinas y deben ser controladas y superadas. Creemos que, dado que las emociones juegan un papel central en lo que respecta a cómo funcionamos, ignorar su poder positivo demuestra una falta de conocimiento.

Nuestras emociones nos preparan para actuar. Pensar en nuestros procesos de pensamiento como únicas palancas que dictan nuestras acciones es un error. Nuestras emociones nos guían, de manera significativa, mientras tomamos nuestras decisiones para que podamos alcanzar nuestros logros. Nos ayudan, más específicamente, a enfrentar situaciones difíciles y a veces peligrosas, a llevar a cabo acciones valientes, a restablecer el contacto con otras personas, a desarrollar vínculos poderosos y a reforzar nuestra energía y motivación.

Para ser efectivo, un Grupo Mastermind necesita enfocarse en el uso apropiado de las emociones e integrarlo completamente con la capacidad de comprensión racional. Ambas son palancas esenciales que marcarán la diferencia en lo que se refiere a la fuerza de los vínculos entre los mastermindianos, la pertinencia de las propuestas y la solidez de los compromisos que asumirán los participantes.

Durante una reunión Mastermind, todas las emociones, ya sean expresadas o no, son bienvenidas. Las emociones desestabilizadoras, como la vergüenza, la culpa, por ejemplo, necesitan ser reconocidas, aceptadas, escuchadas y dadas un lugar para que no se conviertan en el proverbial "elefante en la habitación". También hemos visto que un Grupo Mastermind le permite a uno progresar como ser humano. Garantizamos que una mejor gestión de las emociones ayudará al grupo a progresar en lo que respecta a su capacidad para enfrentar situaciones desafiantes. Apoyar a los participantes para lidiar con situaciones incómodas, dudas, desgracias, preocupaciones o miedos puede ayudarles a ir más allá de los recuerdos que todavía les persiguen en el presente.

El facilitador debe hacer un gran esfuerzo para crear un marco emocional que permita a cada persona expresarse de una manera absolutamente segura. Este marco se construye a partir de la confianza que emerge entre los miembros del grupo. Algunas personas pueden expresar y tratar sus emociones más fácilmente que otras. Pueden servir de ejemplo, de "modelo" para los demás, abriendo el camino para que otros participantes puedan aprender a dejarse ir e ir más allá de lo que les bloquea, lograr superar sus límites actuales. Ser un mastermindiano significa que aceptas enfrentarte a ti mismo, a tus fortalezas, éxitos, áreas grises, zonas de progresión, y a las formas en que te has auto limitado. Esta es una gran parte de lo que le da valor a un Grupo Mastermind. El facilitador debe insistir en este punto para que los participantes aprendan a identificar sus desafíos y puntos flojos y los transformen en oportunidades de crecimiento y fortalezas.

Es importante darse cuenta de que estar en el "Hot seat" no es necesariamente una experiencia fácil ni cómoda... Obtendrá muchos tipos diferentes de información, y esto, en su interior, puede molestarle. A veces es una experiencia confrontativa. El grupo, atento, pero no complaciente, empuja a Johnny hasta sus propios límites, lo confronta con sus contradicciones y miedos, e incluso a veces con su falta de coraje... Es bajo tales condiciones que el progreso de Johnny será rápido y decisivo. Es posible que tal interacción desate algunas oleadas de emoción en él / ella. La liberación de las emociones bloqueadas es parte del proceso del progreso humano. Este tipo de emociones pueden convertirse en verdaderos recursos si son comprendidos y respaldados por otras personas importantes para nosotros. Por lo tanto, es muy valioso que todo el grupo dé la bienvenida a las emociones, suyas y de los demás, de una manera atenta y cuidadosa.

Estas emociones, que entran en la conciencia y luego se usan inteligentemente, pueden acelerar nuestros logros profesionales. Nuestras emociones sirven como palancas que nos permiten desarrollar una fuerte motivación; nos guían hacia nuestros objetivos, nos permiten ir más allá de las situaciones tensas, reforzar nuestra agudeza para percibir lo que es importante en diferentes momentos y ayudarnos a gestionar mejor nuestras relaciones humanas.

Tenemos un amplio repertorio de emociones. Aún hoy en día, los investigadores no están de acuerdo sobre cuántas emociones básicas existen realmente. Las emociones principales son la alegría, la ira, la tristeza y el miedo. Otras que pueden agregarse son el disgusto, la sorpresa, y sentimientos más complejos como la vergüenza, el placer y el amor. Hay otras muchas emociones, y cuanto más los miembros del grupo ejerzan el hábito de reconocer sus propias emociones, más podrán reconocer y responder a las de los demás, ya que la empatía surge de la autoconciencia.

No es raro que los participantes experimenten algunas de estas emociones cuando se sientan en el "Hot seat". La tabla siguiente da algunos ejemplos de ello:

Emociones	Ejemplos de emociones que pueden surgir cuando uno está en el "Hot seat"
Ira	* Se siente enojado consigo mismo porque se da cuenta de que, muy imprudentemente, ha permitido que oportunidades que, obviamente eran buenas y / o útiles, se hayan quedado en el camino. * Ciertos participantes le dicen cosas que cree que son falsas o que le resultan molestas (incluso aunque sean expresadas con benevolencia). * Es consciente de que hay algún obstáculo que le impide alcanzar su objetivo.
Alegría	* Ve una solución a un problema que lo ha estado bloqueando durante mucho tiempo. La situación se vuelve clara. * Usted reconsidera una situación debido a los comentarios que otros formularon y cambia su punto de vista al respecto. Eso le hace sentir feliz.
Miedo	* Hace tiempo que sabe que va a tener que hacer algo que ha estado posponiendo. Decide tomar medidas, pero aún tiene miedo.
Tristeza	* Se da cuenta de que ha perdido cosas importantes debido a una limitación o a un temor que pudiera haber gestionado mejor. Nota ahora su impotencia y se siente abrumado por un sentimiento de tristeza.
Disgusto	* La solución propuesta por un participante, o una idea que acaba de tener, le disgusta.
Sorpresa	* Parece que un participante ha entendido cosas que ha estado experimentando durante mucho tiempo, o cosas que siempre ha mantenido ocultas, ya sea de forma consciente o no.

Hay muchas otras emociones. Cuanto más aprendan los participantes a reconocer sus propias emociones, más podrán reconocer las de los demás. Y más allá de solo fortalecer sus habilidades emocionales, los participantes también desarrollarán habilidades sociales que reforzarán sus relaciones con otras personas.

Es sobre la base de este tipo de relaciones que el Grupo Mastermind establece su efectividad única. La calidad de los vínculos y la sensación de pertenencia permiten que se desarrolle una "alianza" especial entre los miembros. El grupo resulta excelente cuando la alianza es sólida. El grupo está allí, para ser explotado por todos. Sin duda, ello crea u altísimo nivel de energía.

6.4 Pasar a la acción

Es esencial tener en cuenta que es a través de la adopción de medidas que la aplicación del conocimiento y los cambios profundos y duraderos se conseguirán concretar. Por esto es importante que los procesos Mastermind lleven a decisiones claras sobre acciones y no a meras aspiraciones.

Uno de los procesos básicos consiste en invitar a los participantes a establecer objetivos y luego apoyarlos para que tomen medidas claras que favorezcan que cada miembro alcance/supere sus metas, modifique sus actividades profesionales, aproveche la riqueza del soporte que le aporta el grupo. Esto crea un acelerador para el éxito.

Por lo tanto, el facilitador debe cuidar el no permitir pasar demasiado tiempo en discusiones inútiles que no conducen a la acción. Sin embargo, ¡los intercambios personales tienen un lugar importante en la producción de buenas dinámicas de grupo! El facilitador también debe respetar el tiempo de los intercambios puramente sociales al comienzo y al final de las sesiones.

Para que un proyecto tenga éxito, es necesario dejar surgir la idea básica, imaginar todo tipo de opciones, mirar hacia adelante, definir una visión y una estrategia, consolidarlo todo, encontrar una solución y, sobre todo, con determinación, pasar a la acción. Algunos participantes de Grupo Mastermind tienen que decidir que se arriesgarán y tomarán medidas. No puede haber más postergaciones de ningún tipo si uno desea lograr un progreso rápido.

Una definición clara de nuestros objetivos y de nuestros criterios para el éxito nos ayudará a saber si estamos avanzando hacia el estado deseado. Cada miembro del grupo define sus metas, intenciones y ambiciones durante las reuniones y las comparte con sus compañeros. Cada persona se permite a sí misma decir que tiene derecho a tener éxito con el proyecto elegido y a obtener beneficios significativos de él. Es lo que se llama "The big Hairy goal" (la gran meta peluda audaz)". Todos tenemos el derecho a tener éxito y a obtener generosos beneficios de nuestros esfuerzos.

El facilitador apoya a cada participante en el seguimiento de su progreso y le ayuda hacia el éxito de su proyecto. Como dice Alain Cardon: "Saber decidir solo tiene sentido si uno puede continuar, con el tiempo, en la implementación de sus decisiones. Una ley no tiene sentido sin un decreto de aplicación de esa ley que incluya elementos específicos para su implementación precisa y su seguimiento. Se trata de medidas para la puesta en práctica durante todo un período de tiempo. Se trata de saber medir su progreso durante la realización de un proyecto, de un viaje, de una tarea trivial, o durante la realización de una misión compleja que nos llevará muchos años". En cada encuentro del Grupo Mastermind, cada participante explica lo que ha implementado, y dónde se encuentra en el camino hacia la consecución de sus objetivos.

Volvamos por un momento a la idea de que las emociones actúan como disparador de la acción. Suscitar la emergencia de las emociones es una intención primordial de la metodología Mastermind.

Durante el procedimiento de "Hot seat", hay, para Johnny y sus compañeros, varios intercambios durante los cuales cada participante debe expresar sus sentimientos. Cada persona aprende así a verbalizar sus emociones y lo que ha vivido durante el proceso. No es necesariamente habitual por parte de los participantes. Sin embargo, representa un trampolín que ayuda a guiarlo hacia el futuro. Por lo tanto, es necesario aprender a identificar las emociones que nos embargan para que podamos desarrollar una mejor autoconciencia y fortalecer nuestras percepciones de las emociones de otras personas.

Este tipo de retroalimentación empática es fundamentalmente diferente del tipo de retroalimentación racional que, por lo general, solemos poner en práctica. La retroalimentación racional, sin embargo, solo desencadena una ligera motivación. Cuando Johnny reciba comentarios que sean más intelectuales y cognitivos, sin duda se dirá a sí mismo: "Sí, así es. Sería bueno para mí pensar en estudiar la pertinencia de lo que se me ha dicho. Lo investigaré más tarde".

Por otro lado, si Johnny se ve invadido en la parte más profunda de su ser por una emoción sincera, verdadera y realmente significativa para él, es más probable que se diga a sí mismo: "¡Wau!" Lo han descubierto correctamente, eso es realmente lo que debo hacer ¿Cómo no me di cuenta antes? Realmente quiero hacer lo que me han hecho ver y propuesto. Siento que eso sí funcionará. Voy a remangarme para lograrlo, porque sé que eso sí, me traerá lo que deseo". De hecho, ese es el tipo de emoción que desencadena una motivación decisiva. Ese es el tipo de motivación que el facilitador quiere movilizar.

Un Grupo Mastermind es definitivamente una de las maneras más efectivas, para cualquier persona emprendedora, de ir más allá de sus límites y de acelerar su éxito personal y profesional. A través de este enfoque innovador, cada miembro recibe aliento, ideas, consejos, apoyo, desafíos constructivos y orientación ... Todo esto surgirá de las dinámicas muy específicas y productivas que crea el propio grupo.

6.5 Un marco de funcionamiento estimulante y protector

Al igual que con todo trabajo en grupo o en equipo, el marco establecido para la interacción del grupo debe adaptarse de acuerdo con los objetivos establecidos del grupo. Se basa en reglas que permiten hacer ciertas cosas y que prohíben hacer otras. Juntas, las reglas regulan toda la interacción del grupo para su propio beneficio.

Un Grupo Mastermind reúne a personas que tienen objetivos comunes, que casi siempre tienen que ver con la iniciativa empresarial y el liderazgo empresarial. Los miembros del grupo aprenden juntos y cultivan la "inteligencia colectiva" debido a los diferentes procesos del Grupo Mastermind, especialmente el "Hot seat". Estos procesos proporcionan estructura a los intercambios del grupo y ayudan a los participantes a tomar medidas y a pasar a la acción. Pero la pertinencia y efectividad de un grupo de pares está vinculada a los valores, principios y reglas que todos los miembros deben compartir y respetar. Así es como se asegura su éxito. El facilitador debe hacer explícitas las reglas para el funcionamiento del grupo, de modo que el equipo y la autorregulación que tenga lugar dentro de él funcionen de manera impecable.

Un trabajo grupal tiene aspectos buenos y malos Lo bueno es que es estimulante, es una fuente de reflexión individual y colectiva, y es muy eficaz ya que promueve la puesta en acción inmediata. Lo menos buenos es que podemos desperdiciar nuestro tiempo en cotilleos y conversaciones superficiales, o incluso en conflictos improductivos, en detrimento de una fructífera toma de decisión y un productivo paso a la acción.

Sin embargo, hay que evitar imponer demasiadas reglas. Podrían perder su efectividad solo porque sean demasiadas, porque los participantes puedan olvidarse de ellas y/o ya no las respeten. Nos parece suficiente el definir algunos principios que apoyen el funcionamiento y la armonía del grupo, la aparición de colaboraciones generativas y las ganas de auto superación. Estos principios fundacionales deben ser lo suficientemente amplios como para que puedan adaptarse a diferentes situaciones, y lo suficientemente claros para que cada participante sepa qué puede hacer y qué no.

El facilitador, en el momento de la creación del grupo, presentará unos principios que respalden el buen funcionamiento del equipo; los someterá a la aprobación de los miembros del grupo poniendo en práctica el primer principio de corresponsabilidad. Los Grupos Mastermind experimentados podrán más adelante hacer evolucionar dichos principios, así como las reglas para implementarlos, dependiendo de cuán maduros sean y de cuáles sean sus necesidades.

A la hora de lanzar su Grupo Mastermind, el facilitador deberá dedicar una cantidad de tiempo suficientemente importante a la presentación y explicación de esos principios de funcionamiento, de los valores que representan, de modo que cada persona comprenda cómo apoyan el funcionamiento del grupo y el crecimiento de sus miembros. Un facilitador con experiencia también podrá pedir que los participantes firmen un documento de política interna para que el compromiso de los miembros del grupo quede claro, y para que el que lo desee, de ser necesario, pueda consultarlo. En particular, si resulta necesario excluir a un miembro de un grupo, el facilitador querrá poder confiar en esos compromisos.

La selección de nuevos miembros ya ha sido tratado ampliamente en capítulos anteriores. Recordemos que es esencial que los objetivos del grupo sean claros, transparentes y aceptados por cada nuevo miembro antes de que su integración, en particular cuando se trata de comprometerse con estos principios fundacionales.

Además de incorporar a nuevos participantes, también se plantea la situación de la posible salida de una persona, si resulta necesario. En concreto, la cuestión está en cómo pedirle a alguien que deje el grupo, si causa disfunción en el grupo o no respeta las reglas ni piensa hacerlo.

Los facilitadores principiantes pueden tener miedo de expulsar a un miembro de su Grupo Mastermind. Sin embargo, pedirle a un participante que abandone el grupo puede ser una decisión necesaria, cuando se trata de salvar al grupo. Los otros miembros del grupo también podrían culpar al facilitador y cuestionar su profesionalismo o incluso considerarle cobarde, al permitir que permanezca en el grupo un miembro que no respeta ni reglas ni los principios acordados.

Expulsar a un miembro del grupo hará felices a algunos participantes; pero también puede crear un revuelo entre otros, si la persona en cuestión se ha llevado bien con ellos. Debido a esto, no entenderán por qué dicha persona tiene que ser excluida. El facilitador deberá explicar, de manera clara y honesta, los motivos de su decisión y basarse únicamente en hechos. Es bastante obvio que el facilitador querrá plantear primero el problema con el miembro en cuestión en privado, y escuchará lo que tiene que decir. El facilitador puede consultar con el resto de los mastermindianos; pero al final, la decisión depende de ella / él. Si se trata de un Grupo Mastermind donde uno tiene que pagar una tarifa, el facilitador tendrá cuidado en especificar, en el contrato, si el miembro expulsado tiene derecho o no a recibir un reembolso.

Estas reglas están configuradas para ofrecer un marco protector a cada miembro del grupo, permitiéndole expresarse con libertad y autenticidad, en el respeto de su persona y del conjunto de los miembros del grupo. Las reglas también permiten al facilitador tomar el control en caso de situaciones difíciles, como la postergación, el ausentismo o el mal estado de ánimo o un comportamiento perturbador.

1 – Principio de ASIDUIDAD y PUNTUALIDAD

El éxito de los Grupos Mastermind se construye en el tiempo y necesita la presencia de todos los participantes en cada reunión. Cada persona debe comprometerse personalmente a estar presente y completamente disponible durante los encuentros planificados con antelación. Los mastermindianos deben evitar todo tipo de interrupciones, llamadas telefónicas, correos electrónicos o conversaciones paralelas durante las sesiones.

A su llegada al grupo, cada miembro acepta comprometerse durante todo el período que haya acordado inicialmente con el creador del Grupo Mastermind. El Grupo es necesariamente "duradero en el tiempo" para poder acompañar a los cambios que cada participante se propone lograr mientras participa en el grupo.

La duración habitual de un grupo suele ser generalmente de un año; pero eso puede variar, dependiendo del grupo. Algunos líderes de grupo ofrecen períodos de prueba, al final de los cuales los recién llegados se comprometen entonces a participar durante un año.

Al final de este período, cualquier participante puede dejar el Grupo Mastermind o continuar su participación en él, siempre y cuando siga las reglas que se han establecido. Lo mejor es que aquellos que quieran abandonar un Grupo Mastermind den a conocer su decisión con uno o dos meses de antelación. Permite a los involucrados tener el tiempo suficiente para concluir respetuosamente cualquier colaboración generativa en curso, a menudo fuerte en emociones. También permite que el grupo celebre, de una manera especial, los éxitos de los miembros que se marchan antes de su partida.

Cualquiera que esté ausente del grupo debe informar a todos por qué no pudo asistir. En caso de ausencia, se deberá igualmente abonar el importe de la reunión. Esta regla está implementada para garantizar el marco de trabajo del grupo y para facilitar la inclusión y el compromiso.

Cada persona se compromete a llegar e irse respetando los horarios previstos para las reuniones, en persona o virtuales, por respeto al grupo.

La puntualidad y la asistencia regular son dos indicadores clave del nivel de compromiso de cada miembro con el grupo, con sus propios objetivos y con su propia capacidad para exigirse. La sinergia y la dinámica del grupo pueden verse negativamente afectadas incluso si solo uno de los miembros retrasa a los otros al no respetar estas reglas básicas.

2 – Principio de CO-RESPONSABILIDAD y COMPROMISO

Los grupos de pares a menudo funcionan al utilizar el principio de corresponsabilidad como base. Este principio está dirigido a que cada persona en el grupo piense en sí misma como responsable del éxito de los otros miembros, así como también del suyo propio. Cada individuo trabaja para el logro de sus propios objetivos, así como los de sus compañeros. Cada individuo es también responsable de asegurar que reunión se desarrolla bien; es decir, debe participar de una manera que contribuya a una buena dinámica grupal, al participar activamente y al tener la actitud correcta.

Para promover la efectividad de las sesiones grupales, cada persona se prepara para las próximas reuniones incorporando cualquier retroalimentación pendiente tras las reuniones anteriores, los momentos en el "Hot seat", alguna información importante a compartir, o cualquier otra demanda que necesite hacer para obtener el apoyo del grupo.

Una de las expectativas clave para cada miembro es el paso a la acción. Cada participante es responsable de los compromisos que haya decidido emprender delante del grupo. Solo informa de qué acciones va a tomar, si cree que podrá cumplir con sus compromisos, o al menos si podrá movilizar algunos recursos para tratar de alcanzarlos. Si el participante no puede cumplir con éxito esos compromisos, informará a los demás al respecto y lo señalará como un fracaso del que aprendió. Eso hace que sea más fácil seguir avanzando en la dirección deseada.

Citando a Ed Catmull, presidente de Pixar: "Los errores no son un mal necesario. No son un mal en absoluto. Son la consecuencia inevitable de la novedad y se deberían considerar como muy valiosos".[2]

Cada participante se compromete a dar los pasos necesarios para alcanzar sus objetivos, objetivos ambiciosos. Cada uno es juez de lo que es bueno para él/ ella, y de las decisiones que puede tomar. Cada participante asume toda la responsabilidad de tomar o no tomar medidas. Por lo tanto, los mastermindianos deben centrarse en los objetivos que deben alcanzarse y en "vivir" un alto nivel de compromiso en relación con ellos y con su grupo. Cada participante acepta ser confrontado con sus dificultades, debilidades, áreas grises, miedos, para que pueda ir más allá de ellos.

A partir de ese momento, cada mastermindiano se convierte en un "partner en responsabilidad" con todos los demás miembros.

---

2   *Harvard Business Review*, diciembre 2016-enero 2017, nº 18, Birkinshaw, Julian, and Haas, Martine. *Aprenda de sus fallos: aumente el aprendizaje de sus fallos*, p. 44.

Esto tiene que ver con el compromiso recíproco del que hablamos antes. Cada persona actúa para servirse a sí misma y servir a los demás participantes. Todos invierten sus esfuerzos en lo que sucede en el grupo; cada persona acepta ser abierta con los demás participantes, en función de su propia experiencia y conocimiento, para que pueda ayudarles a progresar. Cada miembro acepta contribuir con sus aportes y recibir ayuda de otros participantes.

También es importante que el compromiso de cada participante sea completamente activo durante los encuentros grupales; todos están enfocados en lo que está pasando. Cada miembro debe de estar disponible para cada individuo que se exprese, escuchándole y sirviéndole. Debe estar totalmente enfocado en lo que piensa que es más útil para la otra persona. Iniciar encuentros grupales desde el estado C.O.A.C.H., como se explicó anteriormente en este libro, ayuda a crear más rápidamente las condiciones óptimas para las interacciones grupales.

3 – Principio de CONFIANZA

La confianza no puede darse por sentada. Emerge naturalmente cuando se cumplen una serie de condiciones que la promueven.

Cada miembro del grupo debe aceptar el principio de que la confianza entre los participantes es necesaria para que cada uno sea más exitoso y para que la dinámica colectiva funcione. Los participantes se comprometen a confiar en los demás durante las actividades organizadas que establece el facilitador.

Patrick Lencioni, conferenciante estadounidense y autor de numerosos libros, explica que la confianza es la certeza de que cada miembro de un grupo solo tiene buenas intenciones hacia sus pares y que es innecesario estar en guardia, ya que la vulnerabilidad no se verá utilizada en contra de los participantes.

La confianza se hace realidad en un grupo a través de acciones, gestos, palabras y la atención que los miembros se prestan mutuamente. Se basa en experiencias compartidas que están asociadas con emociones fuertes. La confianza emerge; aparece o no aparece. Todo lo que el facilitador puede hacer es crear un entorno en el que los participantes se sientan lo suficientemente cómodos unos con otros, para que la confianza pueda surgir.

Los miembros de un grupo en el que no hay confianza no se permiten darse a conocer, no reconocen sus debilidades, ni hablan de sus dudas; tampoco comparten con los demás los errores que han cometido para que puedan convertirse en experiencias de aprendizaje.

Por otro lado, cuando los miembros de un grupo sienten que confían el uno en el otro, no tratan de protegerse, como si llevaran armadura. Pueden invertir su tiempo y energía en sus relaciones, al servicio de su proyecto y su propio crecimiento, y no en estrategias de defensa o ataque, ni en inútiles juegos psicológicos. Como se sienten serenos, corren el riesgo de emprender más iniciativas y ofrecer espontáneamente su ayuda.

Dependiendo de su biografía, su educación, su trayectoria profesional y su personalidad, algunas personas pueden confiar "a priori", mientras que otras necesitarán un período más largo para " ser domesticados" y acostumbrarse a las demás.

Cada participante debe, como mínimo, reconocer que la confianza entre los miembros es necesaria para que cada uno tenga un mayor grado de éxito, y para que la "magia" colectiva pueda funcionar. Como notará si participa en un Grupo Mastermind, no es tan fácil abrirse ante personas que uno no conoce. Para progresar, ya sea empresarialmente o como ser humano, uno tiene que vencer cierto pudor, confrontarse consigo mismo, mostrarse a sí mismo, y ser consciente de sus limitaciones para que pueda superarlas más fácilmente. Hablar de uno mismo es un ejercicio fácil y agradable para algunos, mientras para otros puede ser arduo y complicado. Es lo mismo cuando se trata de exponer proyectos cuando la confianza aún no ha surgido. La gente tiene miedo de que los demás participantes le roben sus ideas. Este miedo nunca existe en un grupo donde se ha establecido la confianza.

El facilitador, por lo tanto, tiene un papel importante cuando se trata de hacer emerger la confianza. ¿Formuló un encuadre claro y seguro? ¿Las reglas que propone ofrecen a los participantes el deseo de comprometerse? ¿Se toma el tiempo de construir una relación de calidad con cada participante? ¿Da una poderosa demostración del gran principio de la benevolencia, e incluso más que eso, se preocupa sin complacencia?

Hoy en día, no se puede negar que, incluso dentro de un contexto global y con el crecimiento exponencial de la información, cada uno de nosotros solo tiene parte de los conocimientos y habilidades necesarios para nuestro trabajo. Por lo tanto, es esencial para nosotros fortalecer nuestra red y apoyarnos en otras personas que completen las lagunas de nuestra experiencia y conocimiento profesional, y hacerlo con total confianza.

Por lo tanto, el facilitador deberá prestar especial atención a la creación de un contexto general que promueva la confianza y el intercambio; factores que son esenciales para la eficacia de un Grupo Mastermind.

4 – Principio de HONESTIDAD y CUIDADO

Una de las promesas a la que se compromete un Grupo Mastermind es la de permitir a cada participante progresar rápidamente, que este progreso esté relacionado bien sea con su actividad profesional, bien sea con su desarrollo personal. Creemos que no es evitando hablar de los puntos débiles que percibimos en otros o en sus trabajos, como les ayudaremos mejor a progresar. Como socios en la responsabilidad, los participantes deberán, por lo tanto, ofrecerse los unos a los otros un feedback honesto, sincero que ayude a desatar algunos saltos cuánticos. Un Grupo Mastermind es un espacio donde se lleva a cabo la experimentación y el aprendizaje a la velocidad del rayo. Los feed-backs de los participantes también deberían ser ágiles.

"Sabes que puedes decirnos cómo te sientes".

Los participantes también aplican este principio de honestidad y cuidado sin complacencia, -ser cuidadosos al mismo tiempo que exigentes- para al facilitador.

Los mastermindianos deberían decirle lo que quieren y necesitan; cómo les gustaría ver el contenido del grupo y el desarrollo de los procesos. El facilitador debe estar dispuesto a escuchar estos comentarios, que son, por supuesto, constructivos siempre y cuando haya adoptado el principio de benevolencia sin complacencia.

Esta regla permite un entorno donde no se dice nada y se pueden evitar camarillas. Favorece la inclusión y promueve la reintegración de la energía, que es útil para todos.

El facilitador debe tener cuidado de no tratar de controlar al grupo; al igual que debe asegurarse de que ninguna otra persona se le permita tomar el control del mismo. Puede haber personalidades fuertes que siempre quieren tener ventaja sobre los demás desde el primer momento en que se unen a un grupo. Tales personalidades dominantes deben poder expresarse, pero no se les debe permitir perturbar el surgimiento de las dinámicas del grupo, que son necesarias en este caso. Del mismo modo, el facilitador debe permitir un amplio margen de libertad para los participantes, al mismo tiempo que mantiene la estructura del proceso, para que los procesos de grupo planificados puedan tener lugar fácilmente.

El cuidado debe ser un principio reinante entre los participantes. Este cuidado se expresa a través de palabras y acciones respetuosas, así como por un deseo de ayudar a los demás. El cuidado, como principio, es cuidado incondicional, y se ofrece libremente, sin conocer al otro. Uno lo ofrece a otros participantes por la simple y buena razón de que es parte del mismo Grupo Mastermind y que es un ser humano.

El grupo es un lugar de experimentación y aprendizaje para cada participante. Cada persona tiene el derecho de "no saber" antes de tomar conciencia y de "no entender" antes de que termine entendiendo.

Cuidar, sin embargo, no siempre significa que uno tiene que usar guantes de seda con otros participantes. Una honestidad franca también debería existir entre los participantes. Eso implica que se pueden decir cosas difíciles, si eso hará que un participante avance, y si, en particular, hay diferencias entre lo que dice y la realidad. No se trata de proteger a los demás, sino de ayudarlos a crecer.

Cuidar sin complacencia, o preocuparse por hacer demandas, son factores que conducen al éxito de un Grupo Mastermind. Los miembros deben llevar a cabo una crítica constructiva y distanciarse de los prejuicios y comentarios inútiles y excesivamente amables que uno podría hacer para que la persona del lado receptor no se sienta molesta.

Todos los comentarios deben estar orientados a la mejora de la actividad profesional de los demás y su actividad profesional, y deben contener algunas aperturas hacia soluciones. Debe ser una fuente de información útil. La retroalimentación no debe consistir en ningún tipo de juicio de valor, o de comentarios cortantes y juiciosos, como "usted está equivocado" o "eso realmente no es un problema".

La retroalimentación (o la devolución de comentarios, como respuesta a los comentarios de otro miembro) no debe contener nada que pueda interpretarse como un ataque personal o como burlarse de la persona que lo está recibiendo. Este tipo de errores de comunicación puede hacer que el receptor se sienta inhibido y evitará que escuche o identifique sugerencias para su mejora. Peor aún, podría organizar un contraataque. Por el contrario, cada opción que está orientada al futuro desarrolla el potencial de los participantes.

Psicoanalista Harry Levinson propone que los siguientes cuatro elementos se apliquen a la retroalimentación, para que sea una fuente de mejora:

* Sea preciso y específico.

* Ofrezca sugerencias y abra nuevas posibilidades que no han sido identificadas por la persona en cuestión.

* Esté presente para que el otro pueda establecer una comunicación personalizada.

* Sea sensible, es decir, tenga en cuenta el impacto que sus palabras puedan tener en la persona, y muestre empatía por él.

Aquí hay un extracto sobre una situación que tuvo lugar durante uno de nuestros grupos de Mastermind. Ilustra el principio de cuidar sin complacencia:

Niza, enero de 2016. Un participante pasa a ocupar un lugar destacado y plantea un desafío económico que es parte de un proyecto de desarrollo inmobiliario. Él quiere comentarios de otros mastermindianos. Al final de su presentación, después de una fase en la que se comparten las impresiones, y después de las preguntas, para que su situación pueda ser aclarada, los otros participantes le ofrecen sus comentarios a Johnny. La mayoría de ellos aportan ideas, propuestas y, sobre todo, apoyo, porque parece que algo no está totalmente desarrollado, que Johnny duda y no sabe por dónde empezar. Sin embargo, uno de los mastermindianos va a hacer exactamente lo contrario de lo que los demás están haciendo: él no contribuirá con ninguna idea o aliento. Por el contrario, va a desafiar a Johnny y su proyecto diciéndole que no cree en él, y que tiene la impresión de que Johnny está trayendo el proyecto de otra persona, y como eso es lo que está haciendo, él tendrá dificultades para llevarlo a una conclusión exitosa.

Uno necesita entender que el apoyo que se arroja a la mezcla por parte de esos mastermindianos iniciales, y la confrontación llevada a cabo por el último, están al mismo nivel de cuidado. El cuidado que está presente en un Grupo Mastermind también consiste en promover el progreso de Johnny permitiéndole enfrentar sus propias limitaciones y superarlas. Si es necesario desestabilizarlo para que pueda tener éxito, entonces no hay ninguna razón para que el último participante se abstenga de esa acción. El participante que no intervendrá porque cree que su opinión podría molestar a Johnny no está desempeñando su papel como socio en la responsabilidad de la manera en que debería hacerlo.

La confrontación dirigida a Johnny es un regalo que se le otorga, de la misma manera que todas las ideas realmente buenas, siempre y cuando le permita a Johnny crecer, ampliar su alcance y sus perspectivas sobre las soluciones, desarrollar su liderazgo, y fortalecer su modelo de negocio.

Por lo tanto, el principio de cuidado en un Grupo Mastermind es un poco diferente del que generalmente está presente en los grupos de formación, desarrollo o codesarrollo. La mayoría de las veces, el hecho de cuidar a un grupo consiste en expresar las cosas de una manera mesurada para que las persona que reciban los comentarios nunca se sorprendan o se molesten, ni por las palabras ni por las actitudes expresadas. En un Grupo Mastermind, la benevolencia consiste en un principio general de cuidado más que en cualquier otra forma específica de cuidado. Mostrar complacencia hacia el otro no le ayuda a avanzar en sus objetivos. Por lo tanto, insistimos en la idea de que la benevolencia sin complacencia debería ser importante en un Grupo Mastermind; el cuidado debe combinarse con alguna forma de demanda de acción hacia el otro.

En esto consiste una gran parte del poder específico de los grupos de Mastermind; y es la búsqueda a la que se enfrentan los líderes empresariales visionarios.

Un Grupo Mastermind obviamente puede decidir funcionar basado en principios de cuidado que son más "típicos", como aquellos que se usan para grupos de codesarrollo.

Ante todo, le aconsejamos al facilitador que pregunte a Johnny, antes que ocupe el "Hot seat", si quiere que lo manejen con guantes de seda (principio de benevolencia) o si es susceptible de ser un poco desestabilizado (principio de exigir ser cuidado sin ninguna complacencia).

Más allá de cuidar sin complacencia, puede haber fricción dentro del grupo. Eso no es problemático en sí mismo. La pregunta es si el grupo entrará o no en lo que hemos llamado un estado C.R.A.S.H., que si puede ser contraproducente; aunque los estados de C.R.A.S.H.., si se administran adecuadamente, pueden introducir nuevos recursos. Y de todos modos, todas las grandes relaciones necesitan confrontaciones productivas.

La confrontación saludable puede ser productiva en el sentido de que permite a los participantes profundizar en un tema, en lugar de posponerlo para siempre. Les permite debatir con pasión, sobre la base de sus propias ideas. Por otro lado, el facilitador debe manejar rápidamente los conflictos de personalidad, ya que existe el riesgo de que sean perjudiciales para todo el grupo.

5 – Principio de CONFIDENCIALIDAD y APROPIACIÓN DE IDEAS

La confidencialidad es, por supuesto, el factor clave cuando se trata de cualquier grupo de pares. Es un principio sagrado que el facilitador debe recordar regularmente a los participantes.

Por lo tanto, cada mastermindiano acepta que nunca divulgará, en ningún momento, ahora o en el futuro, lo que se ha dicho en su grupo, ni nada sobre las situaciones y sentimientos que se compartieron entre los miembros. Lo que se dice dentro del grupo pertenece al grupo y a nadie más. Cualquier infracción de esta regla puede ser una razón válida para pedir al instigador que abandone el grupo, aunque ese tipo de indiscreciones son, en la mayoría de los casos, involuntarias y rara vez intencionales.

Si se produce esta situación, debe tener lugar una discusión, preferiblemente dentro del grupo, para que se pueda tomarse una decisión colectiva sobre lo que se va a hacer. Cada grupo tendrá interés en determinar qué se puede y qué no se puede decir sobre tal situación. Por ejemplo, ¿está mal divulgar el nombre de las personas que componen un Grupo Mastermind? En este punto, creemos que uno debería ser capaz de decir quién es parte de nuestro grupo. Un Grupo Mastermind no es una especie de camarilla secreta sino un grupo que lleva a cabo un desarrollo

La confidencialidad es algo que tiene que ver con la adecuación de las ideas que se presentan. Aunque las ideas que emergen del grupo no pertenecen a una sola persona, las que aporta un participante individual le pertenecen. Cada participante, obviamente, tiene que abstenerse de usar, para su beneficio, una idea o proyecto que haya sido compartido por otro miembro.

Algunas colaboraciones en esas ideas y proyectos podrían, por supuesto, surgir y establecerse dentro de un Grupo Mastermind. En efecto, los participantes, en general, se complementan entre sí, ya que el facilitador siempre sigue el principio de seleccionar personas involucradas en diferentes tipos de actividades. El riesgo de que haya competencia entre los miembros es, por eso, generalmente pequeño, especialmente si el facilitador ha realizado un buen trabajo de selección para su grupo desde el comienzo. Esto asegura que las condiciones estén en su lugar para que los participantes encuentren oportunidades de negocios que puedan llevar a cabo juntas.

La emulación por parte de un mastermindiano de otro u otros mastermindianos es un fenómeno importante, pero no debe conducir a un clima de competencia. Si eso ocurre, el facilitador deberá tomar todas las medidas necesarias para poner fin a ese tipo de situación. Un conflicto de este tipo dentro del grupo, si no se resuelve, puede tener un efecto muy negativo en la dinámica del grupo.

6 – Principio de ALEGRÍA y CORDIALIDAD

Hemos guardado el principio más importante para el final. Insistimos en que las sesiones deben ser momentos de bienestar y cordialidad, al mismo tiempo que espacios de trabajo y desarrollo. Cada participante acepta que mantendrá una actitud de curiosidad, apertura, hacia los demás miembros del grupo, de modo que se establezca una conexión real entre ellos.

Establecer vínculos con otros miembros del grupo, interesarse por sus problemas, compartir e intercambiar bromas es la principal fuerza impulsora detrás del proceso de construcción del grupo. La dinámica de las sesiones Mastermind debe brindar alegría a los participantes.

La alta calidad de las interacciones entre los miembros surge también de los lugares emblemáticos, con carácter, elegidos o lugares inspiradores, que no permiten que los egos se enfrenten.

Sobre todo, recordemos que aprendemos, innovamos, resonamos cuando el espacio que habitamos brinda bienestar, emulación y confianza.

Los acuerdos toltecas, por Don Miguel Ruiz[3]

Además de los principios que hemos presentado, creemos que también es importante incluir los 5 acuerdos toltecas que el escritor mexicano Miguel Ruiz hizo populares. Estas cualidades "lógicas" tienen relevancia en todas las relaciones humanas. El Grupo Mastermind no es una excepción.

1. **Sé impecable con tus palabras**. Habla con integridad. Di solo lo que quieres decir. Evita utilizar tus palabras para hablar en contra de ti mismo o para chismear sobre los demás. Usa el poder de tus palabras en el apoyo de la verdad y del amor.

2. **No importa lo que suceda, no te tomes nada personalmente**. Lo que otros dicen y hacen no es más que una proyección de su propia realidad, de su propio mapa del mundo. Cuando eres inmune a eso, ya no eres la víctima de un sufrimiento inútil.

3. **No hagas presuposiciones**. Ten el coraje de hacer preguntas y expresar tus verdaderos deseos. Comunícate claramente con los demás para evitar la tristeza, los malentendidos y el drama. Este acuerdo, por sí mismo, tiene el poder de cambiar tu vida por completo.

4. **Haz siempre lo mejor**. Tus "mejores" cambios, momento a momento, sin importar las circunstancias. Simplemente pon tu mejor esfuerzo para que puedas evitar culparte y juzgarte a ti mismo y para no arrepentirte.

5. **Sé escéptico, pero aprende a escuchar**. No te creas ni a ti ni a nadie. Usa el poder de la duda para cuestionar todo lo que oyes: ¿Es realmente la verdad? Escucha la intención detrás de las palabras; entonces entenderás el mensaje real.

---

3 Ruiz, M. Les quatre accords Toltèques, 2016, Éditions Jouvence.

Conclusión

Santa Cruz, California
Agosto 2016

Ya se acabó. 10 días de entrenamiento en inteligencia colectiva, con 40 personas de 26 nacionalidades diferentes, en el corazón de California. 10 días por supuesto para integrar las herramientas de colaboración generativa, pero, sobre todo, 10 días en los que 40 personas comenzaron a soñar juntas sobre el mundo de mañana: sobre un liderazgo consciente, organizaciones solidarias e incluso asociaciones de vecinos para las próximas generaciones. Cada grupo reflexionó sobre su visión, misión y ambición con respecto a su proyecto. Fue algo hermoso ver toda esa energía, ese entusiasmo y toda la resonancia vivida entre los participantes, en contacto con sus deseos profundos.

En el momento en que a cada grupo se le pidió que pasará del sueño a la realización de su proyecto, o sea, identificará lo que cada uno necesitaba para continuar con su sueño con impulso una vez de vuelta a casa, se me hizo clara la necesidad de un grupo de apoyo. Cada persona, sola, iba a regresar a su país, y llevaría consigo una maravillosa esperanza. Pero no pude evitar tener miedo de que dicha esperanza desapareciera rápidamente una vez que cada uno tuviera que retomar sus actividades diarias habituales; cierto que no todos los sueños están llamados a convertirse en realidad. Pero ¿Qué pasaría si los Grupos Mastermind pudieran formar parte de estos espacios de transición entre lo que está dentro de uno y todas las posibilidades en el exterior? ¿Podría ser esa " patada en el trasero" bien intencionada, ese impulso, que nos obligue a mantener nuestros sueños en marcha y a darles una forma concreta?

Mientras escribo esto, estoy pensando en el video que está circulando en Internet en este momento. Muestra a un pequeño muchacho asiático que participa en una presentación de gimnasia. Uno lo ve mientras intenta saltar sobre su potro de gimnasia. Vestido con su equipo, intenta hacerlo una, dos, tres veces, y cada vez, el obstáculo sigue siendo demasiado alto. Uno puede leer el desaliento en su rostro. De repente, todos los otros niños corren hacia él, siguiendo las instrucciones del entrenador. Abrazados, le rodean, le animan. El volumen de sus voces agudas, que se mezclan para apoyarle, aumenta. A medida que vuelven a sus lugares, es fácil ver que la confianza del niño se renueva. Él hace el siguiente intento con una nueva energía, saltando triunfante sobre el obstáculo, muy por encima del nivel de sus intentos anteriores. Todos los espectadores están jubilosos.

¿No es eso lo que hemos estado viendo desde el comienzo de este libro?

Similar a lo que sucedió en el ejemplo de este joven atleta, el Grupo Mastermind te ofrece apoyo que mejorará enormemente tu rendimiento. Al igual que este niño, estás tratando de superar tus propios obstáculos en relación con tu vida personal y profesional, y eres consciente de la necesidad de recibir ayuda para llegar allí. Quieres una ayuda que te fortalezca para ir más allá de tus limitaciones, no solo de forma gradual, sino de una manera increíblemente rápida, en forma de un gran avance.

Debes tener en cuenta que no les corresponde a los demás superar tus obstáculos; eso implica que no lo harán por ti. Pero la calidad del vínculo entre los miembros del Grupo y el cuidado sin complacencia que tiene lugar entre todos los participantes, asociados en un proceso estructurado, son elementos que te harán sentir altamente apoyado en un ambiente de gran confianza.

Se llama a todo tu ser: a lo que piensas, a tus emociones, a tu cuerpo, todo sintoniza con la frecuencia del Grupo. El Grupo se compromete contigo y trabaja para ti. Refleja una armonía colectiva. Es una armonía totalmente alejada de la codependencia o del pensamiento grupal. En cambio, es una armonía que se basa en el reconocimiento y la sinergia de las diferencias.

Por supuesto, al final, lo más importante, no es lo que realmente sucede en los Grupos Mastermind. Aunque sí sea una parte clave del proceso, sentarse en el Hot seat no es suficiente para garantizar el éxito si después no pasas a la acción entre las sesiones. Porque, en el fondo, ahí es donde está la verdadera competencia: dentro de ti, en la acción. Pero nuevamente el Grupo está contigo. Te confronta y al mismo tiempo te brinda todo su apoyo.

El facilitador garantiza que el encuadre del grupo sea lo suficientemente flexible pero que a la vez proporcione la estructura suficiente. Ella / Él es quien orquesta la química colectiva del Grupo. Es su guardián. Es responsable de la selección de los participantes, de su diversidad / potencialidad, es responsable de los procesos de inteligencia colectiva que generarán la gran cantidad de ideas y experiencias vividas de modo que el todo sea mayor que la suma de sus partes. En resumen, es tanto un organizador que cuida a su equipo como un maestro de ceremonias y un guardián del tiempo; una combinación entre un puño de hierro y un guante de terciopelo. Para que el Grupo Mastermind tenga éxito, no se puede dejar nada al azar y deberá al mismo tiempo, dedicar una gran cantidad de energía para promover un espíritu generativo y apoyar todo lo que emerja de las interacciones del grupo.

Y luego, si todos estos elementos se combinan, es posible entonces que experimente un espacio donde el objetivo ya no es solamente su éxito sino también su autorrealización, un espacio donde la acción está vinculada con un sentido, donde el compromiso se convierte en disciplina, donde la tarea a realizar se desarrolla con alegría y en medio de la riqueza de las relaciones. Todo esto le da al ego la oportunidad de renunciar a su lugar preeminente en favor de un proyecto mucho más grande que él, gracias a los todos los demás.

Un comentario final: Este libro fue inspirado por varias entrevistas con facilitadores y participantes en Grupos Mastermind, algunos de los cuales reconocidos internacionalmente. La respuesta a la pregunta: "¿Cuál es el mejor consejo que puede darle a alguien que quiere formar su propio grupo?" fue una respuesta unánime:

"Si quieres crear un grupo de expertos con calidad, deberías convertirte primero en un participante de un Grupo Mastermind tú mismo. Tu experiencia como participante solidificará tus convicciones sobre su efectividad, algo muy necesario, para que puedas ayudar a decidir a tus futuros participantes. Tu coherencia hablará mucho de tí".

Checklist para la creación de un Grupo Mastermind

* ¿Qué tipo de Grupo Mastermind quieres crear?
* ¿Cuál será su propósito?
* ¿Qué valores propugna?
* ¿Cómo se llamará?
* ¿Cómo será de grande tu Grupo?
* ¿Cuánto costará?
* ¿Qué cualidades personales tienes que te ayudarán a facilitar este Grupo?
* ¿Qué habilidades tienes que te permitirán ser el líder / facilitador de un Grupo Mastermind?
* ¿Qué habilidades, competencias y experiencias traerás al Grupo?
* ¿De qué habilidades careces?
* ¿Qué tipo de procesos usarás durante las sesiones grupales de Mastermind?
* ¿Cuán exigente serás cuando se trate de que los participantes se comprometan a pasar a la acción?
* ¿Qué aspectos del encuadre del Grupo serán co-construidos y cuáles no serán negociables?
* ¿Qué tipo de perfiles están más en sintonía con tu visión para tu Grupo Mastermind?
* ¿Quién es tu opción número uno para tu Grupo? ¿Por qué?
* ¿Quién sería tu Número Dos, Tres, Cuatro, Cinco, Seis, Siete? ¿Por qué?
* ¿Con qué frecuencia tendrán lugar tus sesiones?
* ¿En qué fecha (s) tendrán lugar las sesiones?
* ¿Cuánto tiempo durarán?
* ¿Qué procedimiento vas a utilizar para que puedas cumplir con el cronograma del grupo, tal como se planificó, y para que se respete el tiempo asociado con él?

* ¿Dónde se llevará a cabo tu Grupo Mastermind?
* ¿Cómo apoyarás a los participantes para que puedan prepararse para las sesiones?
* ¿Cómo apoyarás a los participantes para que puedan mantenerse en contacto entre las sesiones?
* ¿Cómo apoyarás a los participantes para que puedan comprometerse con el Grupo?
* ¿Cómo vas a crear el título del Grupo?
* ¿Cómo vas a crear confianza entre los miembros del Grupo?
* ¿Cómo vas a seleccionar los miembros?
* ¿Qué harás cuando necesites excluir a algún miembro de tu grupo?
* ¿Cómo vas a evaluar el progreso de los miembros de tu grupo? (¿Cuándo vas a hacerlo?)

Para apoyarte cuando respondas a todas estas preguntas, los autores y traductores de este libro están en condiciones de ofrecerte capacitación para que puedas crear y dirigir tu Grupo Mastermind.

Sobre los coautores

Eric BAUDET pasó más de 30 años en el negocio de gestión y capacitación y descubrió que le apasionaban los mecanismos que impulsan la dinámica del equipo, el liderazgo y la inteligencia colectiva.

Ha sido certificado por Dilts Strategy Group como facilitador y formador en inteligencia colectiva. Está activo en diferentes grupos de investigación y despliega inteligencia colectiva en organizaciones, a través de formación, soporte, conferencias, talleres y Grupos Mastermind.

Su visión es la de ver los sistemas elevados a un nivel más alto de conciencia y rendimiento, para que cada jugador pueda descubrir tranquilamente su camino y prosperar.

Más información: http://eb-consult.fr
Communauté Groupe Mastermind: httpp://bit.ly/2i5V6iA
Facebook: http://bit.ly/2hKXrk3

Céline BAYSELLIER es formadora ejecutiva certificada y facilitadora de las relaciones laborales. Es socia del Institut Adelante; lidera y organiza intervenciones y se apoya en herramientas de colaboración en inteligencia colectiva, creatividad, emulación y toma de responsabilidad. Tiene un título superior en Recursos Humanos, es coach de Programación Neurolingüística y está certificada en *coaching* personal y de equipo. Está formada en inteligencia colectiva y entrenamiento de liderazgo, con un grupo dirigido por Robert Dilts. Ahora practica plenamente el proceso Grupos Mastermind, al igual que los otros siete autores de este libro. Miembro de la red de visión 2021.

Olivier CHRISTOL es formador y coach ejecutivo para empresas, certificado en inteligencia colectiva por Dilts Strategy Group. Después de más de 20 años como ingeniero y gerente de grupos empresariales internacionales, ahora apoya a las empresas ayudándolas a desarrollar el compromiso de sus colaboradores, a optimizar el desempeño de los equipos, desarrollar habilidades y liberar energías, hacer emerger una visión común, poner en marcha proyectos de transformación, y traer innovaciones a la vida. Apasionado con la inteligencia colectiva, facilita Grupos Mastermind para empresarios y gerentes de micro, pequeñas y medianas empresas

Christophe GENRE-JEZELET es Director de Servicios Generales de una Comunidad de Bouches-du-Rhône. Formado tanto en *coaching* personal como colectivo, así como en mediación, sus intereses radican en la efectividad individual y del equipo. Interviene, utilizando el tema del desarrollo de la inteligencia colectiva, en diferentes institutos (CNFPT, Sciences Po...) y facilita el desarrollo de recursos profesionales y humanos. Es uno de los miembros fundadores de la Asociación Visión 2021, cuya agenda social es difundir los principios de la inteligencia colectiva a las organizaciones y a toda la sociedad. Es autor de un libro sobre el pensamiento positivo, "*Et si je prenais la vie du bon côté!*", Que ha sido publicado por Édition Eyrolles. Ofrece conferencias sobre el tema del pensamiento positivo, para que uno pueda vivir con una mejor salud y desarrollar una relación óptima consigo mismo y con la sociedad.

Nadia GRANDCLEMENT Su lema :"*No se trata de lo que haces, sino de cómo lo haces y por qué*". Nadia es Coach Certificada para empresas y ejecutivos, maestra profesional en PNL, certificada como facilitadora grupal en inteligencia colectiva por Dilts Strategy Group. Es formadora en temas de gestión, comunicación y ventas. Después de varios años de experiencia en compañías internacionales, ella ayuda a las organizaciones en su transformación. Positiva, piensa que: "todos juntos podemos crear un mundo más respetuoso, donde cada individuo podrá expresar sus talentos y gracias a nuestras diferencias cada uno será complementario de los demás". Miembro de la red de visión 2021.

Más información : www.calliope-consulting.fr.

Catherine PENA es *coach* sistémica, facilitadora en inteligencia colectiva y docente en economía y gestión en la Universidad de Aix-Marseille. Después de más de 10 años de experiencia en la gestión de empresas, ayuda a las organizaciones, sus gerentes y equipos a reactivar su potencial, mejorar su bienestar y optimizar sus recursos para lograr resultados duraderos que a veces superan los objetivos iniciales. Liderazgo, reciprocidad y alegría guían sus intervenciones de campo. Miembro de varios grupos de investigación y experimentación sobre liderazgo y Mastermind, participa en el desarrollo de la inteligencia colectiva dentro de la red Dilts / Vision 2021.

Laurent DE RAUGLAUDRE siempre está en la búsqueda de una buena manera de definirse a sí mismo... Le gusta liderar marchas/*coaching* por el desierto y escribir y aconsejar sobre gestión y responsabilidad (http://je-suis-manager.com/). En cuanto a gestión internacional, ha acumulado una gran experiencia en una empresa de alta tecnología de gran éxito y fuerte crecimiento. También asesora a empresas y a particulares. Su entrenamiento en inteligencia colectiva le ha ayudado a desarrollar su fuerte creencia de que cada individuo almacena muchos y grandes tesoros que deben compartirse con los demás, y que el desafío reside precisamente en revelar dichos tesoros.

Jean François THIRIET es formador y facilitador en inteligencia colectiva certificado por Dilts Strategy Group. Gracias a su experiencia en Grupos Mastermind como facilitador y participante, desea profesionalizar y poner al alcance de todos estos poderosos aceleradores de éxito y de inteligencia colectiva. Autor de "*J'ai décidé d'être heureux au travail*", "*Se préparer à résoudre un conflit*" y "*Pratique de la gratitude*". "*Les groupes Mastermind, aceleradors de éxito*" constituye su 4º libro. Miembro de la red Vision 2021

Más información : www.jftformation.fr

Sobre las responsables de la traducción al español

Dominique DUARTE Nacida en Paris (Francia) y residente en Madrid (España), profesional internacional en el acompañamiento y desarrollo profesional de personas y organizaciones, Dominique tiene una Maitrise Trilingue LEA (Université Rabelais - Tours), es Coach, Trainer, Terapeuta Socio Gestalt, Certified Coach en Liderazgo Consciente por Dilts Strategy Group, y Fundadora de Dd International Training & Coaching Group.

Su Misión: Business – Awareness – Wellness.

Motivada con el compromiso de colaborar en las organizaciones para el crecimiento humano y empresarial, promueve la toma de conciencia de capacidades individuales y abre vías de comunicación para la resolución de los retos identificados.

Más información: www.dominiqueduarteit.com

Florisela RODRIGUEZ MARTÍN Española y residente en España, abogada experta en Derecho Laboral en grandes empresas, ha dedicado los últimos 16 años a la gestión de Recursos Humanos en la multinacional Renault. *«Creo en las personas y en su felicidad. Es por ello que busco el camino para llegar a ella.»*

Sobre el ilustrador

Antonio MEZA

Antonio Meza lleva dibujando desde que puede recordar, pero su trabajo como dibujante profesional comenzó recientemente.

Nativo de Pachuca, México, Antonio es Master Practitioner y formador en Programación Neurolingüística (NLP). Tiene un grado en Ciencias de la Comunicación de la Fundación Universidad de las Américas Puebla, y obtuvo también una maestría en Estudios de Cine de la Universidad de París 3 Sorbonne Nouvelle, un diploma en Guión de cine de la Sociedad General de Escritores de México (SOGEM) y un Diploma en Películas Documentales de la Escuela Nacional de Operaciones de Francia Imagen y sonido (La Fémis).

Participó en una Startup de dibujos animados en México antes de trasladarse a Francia, donde actualmente trabaja como consultor, *coach* y formador, especializándose en pensamiento creativo e inteligencia colectiva.

Antonio también es conferenciante público y miembro de Toastmasters International. En 2015 fue galardonado como el mejor orador en el Concurso Internacional de Discurso del Distrito 59, que cubre el sudoeste de Europa, y alcanzó las semifinales a nivel internacional.

Sus dibujos e ilustraciones han sido publicadas por la Universidad Pantheon-Assas (París 2), y es co-autor de tres libros (como ilustrador); dos con Jean-Eric Branaa "English Law Made Simple" y "American Government Made simple", publicado por Ellipses en Paris y "Les Vrais Secrets de la Communication" con Beatrice Arnaud.

Antonio también utiliza sus habilidades como dibujante y formador para colaborar en seminarios, conferencias y sesiones de reflexión como facilitador gráfico. Además produce videos animados para explicar de una manera divertida información compleja.

Antonio ha ilustrado los tres volúmenes de la serie Success Factor Modeling en colaboración con Robert Dilts, volúmenes de los cuales se han utilizado muchos dibujos para este último libro.

Bibliografía

* Goleman, D., *L'intelligence émotionnelle*, 2014, J'ai Lu.
* Cardon, A., *Coaching d'équipe*, 2014, Eyrolles.
* Deering, A., Russel, J. and Dilts, R., *Alpha Leadership, les 3 A: anticiper, aligner, agir*, 2009, De boeck.
* De Saint Exupéry, A., *Le Petit Prince*, Paris 1943, Gallimard
* Dilts, R,. and DeLozier, J., Bacon Dilts, D., *NLP II: The Next Generation*, Meta Publications, Capitola, 2010.
* Dilts, R., *Next Generation Entrepreneurs*, Dilts Strategy Group, Santa Cruz 2015
* Dilts, R., *Generative Collaboration*, Dilts Strategy Group, Santa Cruz 2016
* Dilts, R., *Conscious Leadership and Resilience*, Dilts Strategy Group, Santa Cruz 2017
* Eskenazi, S., *Les règles d'une supervision collective*.
* Lencioni, P., *Optimisez votre équipe*, 2006, Un monde différent.
* Payette, A., and Champagne, C., 2002, *Le groupe de Codéveloppement professionnel*, Presse de l'Université du Québec.
* Surowiecki, J., *La sagesse des foules*, 2008, Jean-Claude Lattes Édition.

Enlaces útiles

Agradecemos a todos aquellos que han aceptado compartir con nosotros la riqueza de su experiencia en Grupos Mastermind, aquí están sus datos de contacto:

* Alex Barker: Alexbarker.co
* Yvonne Gerard: https://www.createmyindependence.com
* Karyn Greenstreet: http://www.TheSuccessAlliance.com
* Nick LaForce: http://www.nickleforce.com/
* Xavier Lee: http://corelc.org/your-core-leaders
* Colette Normandeau: http://www.colettenormandeau.com
* Dorothy A. Martin-Neville: www.askdrdorothy.com
* Laurie Wann: www.intentionalentrepreneurs.com

Direcciones útiles en internet

* *http://www.metasysteme-coaching.fr/francais/introduction-aux-micro-competences-systemiques/*
* *http://www.marcdussault.com/how-to-create-a-mastermind-group*
* *http://jonathanmilligan.com/how-to-launch-a-mastermind-group/*
* *http://www.jayfiset.com/tag/mastermind/*
* *http://www.metasysteme-coaching.fr/francais/introduction-aux-micro-competences-systemiques/*
* *Vision 2021: www.vision-2021.fr*
* *Formation Évolution et Synergie: http://www.coaching-pnl.org/coaching-pnl/*
* *http://www.diltsstrategygroup.com*
* *http://www.robertdilts.com*
* *http://www.dominiqueduarteit.com*

APÉNDICE

Síntesis del modelo de Grupo Mastermind de inteligencia colectiva

¿Qué hará que tu Grupo Mastermind sea único, original y poderoso?

Los Grupos Mastermind vienen en varias formas; algunos incluso provienen de marketing directo. El valor añadido que estamos proponiendo, la diferencia que hace toda la diferencia, es la contribución de la inteligencia colectiva, que catalizará este proceso ya de por sí poderoso, para aumentar, diez veces, los efectos generativos y los fenómenos relacionados con la emergencia de ideas.

Nuestro modelo se puede resumir en siete etapas clave:

1 - La creación de un campo de grupo que es favorable para el surgimiento de una tercera mente, la Mastermind

Esta es la esencia de cualquier Grupo Mastermind. Como señaló Napoleón Hill, La "Mastermind" surge de las interacciones donde 1 + 1 = 3 o más. Las prácticas que respaldan el desarrollo de un estado generativo (donde los miembros del grupo se centran en sí mismos, en una intención común y se conectan con sus recursos) ayudan a los miembros del grupo a formar esta tercera mente más rápida y fácilmente. Estas prácticas fortalecen la capacidad de los miembros del grupo para abrirse, abrir el corazón y dejar atrás los prejuicios, abrir la mente dejando de lado los juicios y las presuposiciones. Tal estado generativo permite a los miembros del grupo liberarse de las limitaciones y permitir que surjan nuevas ideas. Un buen ejemplo es la practica regular del estado C.O.A.C.H. hasta que uno pueda alcanzar y experimentar constantemente un estado de ánimo óptimo.

2 - Inclusión grupal y conclusión de las reuniones

Los tiempos para la inclusión (es decir, obtener la información de cada miembro del grupo) son muy importantes, pero a menudo inexistentes en las interacciones grupales. Asegurar que cada miembro contribuya es importante para que las personas formen conexiones, para que estén en sintonía entre sí y puedan tocar una hermosa sinfonía. Los momentos de inclusión ponen a las personas en un estado de resonancia para que puedan emerger ideas novedosas. Uno de los efectos de la inclusión es el de poner a los miembros en pie de igualdad en lo que respecta a la comunicación y a la presencia de cada uno en el grupo, ya sean personas introvertidas o extravertidas. Esta es una manera sutil de trabajar con personas con personalidades fuertes. Llevará a una sensación de seguridad psicológica, necesaria para que la dinámica grupal sea exitosa. La inclusión regular de aportes de todos los miembros del grupo también permite la creación de relaciones sólidas, la confianza y la apertura de un diálogo auténtico. Además es muy importante que, al final de cada reunión, haya un período de reflexión grupal y el establecimiento de compromisos antes de que cada uno se vaya.

3 - Tómese el tiempo para compartir su intención

La intención es esencial para el proceso de inteligencia colectiva. ¿Cómo me comprometeré y a qué contribuiré durante estas reuniones? ¿Por qué estoy aquí? ¿Qué tipo de presencia aportaré? La intención es donde comienzan la pasión y la motivación para actuar. Es la razón por la que nos unimos al Grupo Mastermind. Es báscio compartir la intención con regularidad, comenzando en el momento en que se inicia el grupo y luego en cada reunión posterior, enfocando toda su atención en ello. Incluso es preferible que el facilitador comparta su intención unos días antes de cada reunión; así se intensificará su efecto. Compartir la intención es un proceso que se convierte en parte del proceso de inclusión. La intención debe expresarse de una manera sencilla, en pocas palabras, a través de una metáfora, imagen, impresión, sentimiento o emoción. Expresar una intención dirige el nivel de energía, de compromiso y crea un buen estado de ánimo en los participantes presente durante las sesiones Mastermind.

4 - Tenga cuidado de concentrar su atención tanto en el individuo como en el grupo

Para mantener una buena dinámica de grupo, tiene que haber intercambios de ida y vuelta entre el individuo y los otros miembros. Eso permite que se sostenga la riqueza del grupo, generada por las diferencias individuales y la diversidad. Es fundamental tener en cuenta que todo comienza con el individuo.

Pero también es necesario asegurarse de que haya un equilibrio y una alineación entre los participantes individuales y lo que sucede en el grupo. En particular, el tiempo debe equilibrarse entre las intervenciones individuales, el trabajo grupal y el número de sesiones en el "Hot seat".

Debe haber una alineación entre cada participante individual, el propósito del grupo y los valores que representa. La calidad de la interacción que nace también permite el desarrollo del apoyo individual y del soporte grupal hacia los miembros; ayudará a fortalecer los principios de compromiso y corresponsabilidad.

Gracias a ello, un sentido de unidad y una sensación de seguridad psicológica se despertarán en el grupo, esencias mismas de un Mastermind.

5 - Use los tres tipos de inteligencia (cognitiva, somática y de campo) que son parte de los procesos de inteligencia colectiva

Las inteligencias emocional, cognitiva y de campo deben ser parte de todos los procesos. Los tres tipos de inteligencia que se usan en todos los procesos son un catalizador para el otro; sus efectos son mejorados. Esa es una de las bases de la inteligencia colectiva.

Durante una de nuestras conferencias, un facilitador que ya había dirigido varios talleres, aportó el siguiente comentario: "¡Voy con mis propios instintos y dejo que suceda lo que suceda!"

6 - Facilitar de tal manera que las cosas sucedan más fácilmente

La capacidad del facilitador para gestionar el proceso de "hot seat" del Grupo Mastermind es crucial para el éxito del grupo. Su rol consiste en guiar de manera clara y consistente los procesos del grupo. Ella / Él tendrá que ser capaz de utilizar, para sacarle el máximo beneficio para todos, el número de personas que están presentes (con su diversidad y diferencias), el grupo (el colectivo) y las interacciones que tienen lugar (que aumentan con el número de participantes) para que la misión del grupo se pueda llevar a cabo. Cabe señalar que cuando 10 personas se juntan, crean un campo en el que potencialmente hay 45 posibles interacciones en cualquier momento. Nuestra experiencia coincide con la conclusión del "Proyecto Aristóteles" de Google, que afirma que "la calidad de las interacciones es más importante que la calidad de cada individuo". Por lo tanto, es importante centrar un tipo de atención muy particular en las interacciones grupales, sin pasar por alto a cada individuo.

7 - Compromiso

El surgimiento de ideas, por grandioso que sea, no sirve de nada si nada se pone en práctica. Es elemental dedicarle tiempo a los diferentes procesos para enfocarse en el tema del compromiso. Las dificultades con el compromiso pueden suceder en cualquier momento y de diferentes maneras. Puede haber dificultades para comprometerse en el momento de las reuniones, o para implementarlo una vez en casa. Podemos sentirnos superados por dudas, temores o la incapacidad de actuar espontáneamente; eso es cuando el estado C.R.A.S.H. nos puede paralizar y evitar que pasemos a la acción. El apoyo mutuo, en concreto, nos permitirá superar estos obstáculos y enfrentarnos a los desafíos con mayor agilidad. El facilitador, que trabaja empleando las técnicas de la inteligencia colectiva, tiene a su disposición procesos poderosos que ayudarán a los participantes a superar esas dificultades más rápidamente durante las reuniones grupales.

Los participantes también se apoyan mutuamente para lograr sus objetivos. Tales interacciones pueden tener lugar por teléfono, a través de mensajería instantánea o, si es posible, durante encuentros presenciales, si la geografía y los horarios de los participantes lo permiten. Estas interacciones entre sesiones grupales tienen la ventaja de mantener un ritmo sostenido, lo que hacen más exitosos los procesos de inteligencia colectiva. Nuestra experiencia indica que la energía de los participantes disminuye después de aproximadamente seis semanas. Mantener un ritmo regular de interacción entre los miembros es una forma de sostener la dinámica del grupo. Es importante fomentar la interacción de apoyo entre personas con diferentes perfiles para que las sinergias (diferencias individuales y características diversas) puedan llevar a una abundante aparición de ideas durante esta etapa. Otra ventaja a subrayar, al promover una interacción regular en esta etapa, es que los miembros del grupo permanecen en contacto y reciben ayuda para salir de su soledad y romper con su rutina. Esto fomenta una aún mayor resonancia en el grupo.

La integración de varias de las sugerencias planteadas en esta sección puede catalizar y multiplicar los resultados de su Grupo Mastermind. Por ejemplo, establecer la intención combinando las múltiples formas de inteligencia -con palabras, gestos e imágenes- puede dar un aún mejor resultado.

Los autores de este libro ofrecen otros recursos adicionales que le permitirán complementar lo que ha aprendido al leer ese manual de trabajo. Para ayudarle a adquirir mejor los conocimientos necesarios para ser facilitador de Grupos Mastermind, le sugerimos lo siguiente:

* Una formación que le permitirá obtener la certificación para la nueva profesión de Facilitador en Inteligencia Colectiva.

* Un entrenamiento especial que lo preparará para facilitar Grupos Mastermind.

* Días de descubrimiento en los que puede "experienciar" y crear su propio Grupo Mastermind.

* Su propia participación como miembro de un Grupo Mastermind.

Todo lo anterior debería permitirle acelerar su propio éxito a la hora de crear su Mastermind.

Sobre el programa "Mastermind, acelerador de éxito" en español

El programa LEADERS Y MASTERMIND en español es un programa de desarrollo para directivos, empresarios, emprendedores, *coachs*, consultores y todo aquel que desee llegar al siguiente nivel de éxito.

Si eres una persona con inquietud por tu desarrollo profesional continuo, una persona que busca otras formas de trabajar y vivir juntos para el éxito de las personas y de las organizaciones, este programa te llevará hacia un completo aprendizaje profesional con la adquisición de Visión, Misión, Ambición, rol, técnicas, teoría, atención al cuerpo, crecimiento interior, relación y presencia humana, trabajando a la vez con tu Grupo Mastermind, sin dejar de tener en cuenta las realidades de tu mundo laboral.

Our mission:
Business,
Awareness,
Wellness

Todo ello con un profundo enfoque en Inteligencia Colectiva (Robert Dilts), Socio Gestalt y acompañado por tu Grupo Mastermind, tal como lo acabas de leer en este libro.

Compuesto de diversas sesiones complementarias, encontrarás en este espacio un verdadero lugar original de trabajo, con métodos, soportes innovadores acompañado por otros miembros de un Grupo Mastermind.

Si estás listo para llevar tu negocio y tus habilidades a un nivel máximo de resultados, crecimiento, bienestar, impacto e influencia, contáctanos y obtén la información que necesitas.

¿Estás listo?
Te esperamos.

Email: Dominique@dominiqueduarteit.com
Web: http://www.dominiqueduarteit.com
Móvil: +34 687 240 734

Conscious Leaders Mastermind

The Conscious Leaders Mastermind is an exclusive, accelerated growth program for successful entrepreneurs and business owners. The Conscious Leaders Mastermind integrates the seven core strategies shared by the world's most successful people with the practices of conscious leadership. This provides participants with a clear roadmap for sustainable success, accelerated growth, and positive impact (see Chapter 1, pp. 66-71). Current members include influential leaders from a variety of fields who have positively impacted the lives of hundreds of millions of people.

Conscious Leaders Mastermind was created by author Robert Dilts, Mitchell Stevko (a Silicon Valley growth expert who has helped over 150 entrepreneurs achieve their dreams, raising over $5 billion in capital) and Dr. Olga Stevko (a Russian MD and Belief Medicine expert who specializes working with high level professionals). The Conscious Leaders Mastermind program is available only by approved application and interview or member referral.

If you are ready to take your business and your abilities to an entirely new level of impact and influence, you can learn more and apply for membership at:

E-Mail: mitchell@consciousleadersmm.com
Homepage: http://www.consciousleadersmm.com

www.ingramcontent.com/pod-product-compliance
Lightning Source LLC
Chambersburg PA
CBHW071728080526
44588CB00013B/1945